项目资助：青岛大学学术专著出版基金资助

全景模拟式外语教学

方法与应用

Global Simulation Foreign Language Teaching:
Methods and Applications

王 斐 ◎著

中国社会科学出版社

图书在版编目(CIP)数据

全景模拟式外语教学:方法与应用/王斐著. —北京:中国社会科学出版社,2023.9
ISBN 978-7-5227-1991-7

Ⅰ.①全… Ⅱ.①王… Ⅲ.①外语教学—教学研究 Ⅳ.①H09

中国国家版本馆 CIP 数据核字(2023)第 097293 号

出 版 人	赵剑英
责任编辑	张 浩
责任校对	姜志菊
责任印制	李寡寡

出 版	中国社会科学出版社
社 址	北京鼓楼西大街甲 158 号
邮 编	100720
网 址	http://www.csspw.cn
发 行 部	010-84083685
门 市 部	010-84029450
经 销	新华书店及其他书店
印 刷	北京明恒达印务有限公司
装 订	廊坊市广阳区广增装订厂
版 次	2023 年 9 月第 1 版
印 次	2023 年 9 月第 1 次印刷
开 本	710×1000 1/16
印 张	18
插 页	2
字 数	278 千字
定 价	98.00 元

凡购买中国社会科学出版社图书,如有质量问题请与本社营销中心联系调换
电话:010-84083683
版权所有 侵权必究

目 录

引言 ………………………………………………………………（1）

1 全景模拟教学的理论基础 ……………………………………（3）
　1.1 二语习得理论与全景模拟 ………………………………（3）
　1.2 语言学与全景模拟 ………………………………………（13）
　1.3 教学过程相关理论与全景模拟 …………………………（18）
　1.4 总结 ………………………………………………………（40）

2 分阶段全景模拟框架的理论基础 ……………………………（41）
　2.1 外语教学法的相关概念 …………………………………（41）
　2.2 外语教学法的发展进程与全景模拟 ……………………（48）
　2.3 新的方法论趋势与全景模拟 ……………………………（87）

3 全景模拟教学（Global Simulation）………………………（120）
　3.1 全景模拟教学简史 ………………………………………（120）
　3.2 全景模拟的基本概念 ……………………………………（122）
　3.3 全景模拟的组织形式 ……………………………………（131）
　3.4 保证全景模拟有效性的原则 ……………………………（137）
　3.5 全景模拟中教师的角色 …………………………………（140）
　3.6 全景模拟中学生的角色 …………………………………（143）
　3.7 评价 ………………………………………………………（144）

3.8　结论 …………………………………………………（146）

4　分阶段全景模拟框架（Systematic Global Simulation）…………（148）
　4.1　必要性 ……………………………………………（148）
　4.2　内涵 ………………………………………………（149）
　4.3　需求分析 …………………………………………（152）
　4.4　三个阶段:指导原则及课例 ………………………（190）
　4.5　结论 ………………………………………………（215）

5　写在最后 ……………………………………………（217）

参考文献 …………………………………………………（219）

引　言

　　分阶段全景模拟框架是一个以需求分析为基础，在实施过程中根据课堂观察、评价和反思而不断调整的外语教学框架；其最终目标是培养具有长期成长能力、自主学习能力和批判性思维的教师和学生。这一框架以"全景模拟教学"（Global Simulation）为基础，以 Kumaravadivelu 等人的后方法理论为根据。通过对外语教学法发展历史及影响理论的分析，我们认为教学法的历史发展阶段可以作为分阶段全景模拟框架三个阶段的设定依据。

　　全景模拟教学作为一种外语教学方法，能够帮助师生将不同的教学技巧、教学目的和学习方式融为一体。自其实施以来，该方法已在语言教学领域得到了广泛应用（参见 Jones, 1982; Debyser, 1996; Yaiche, 1996; García-Carbonell, 1998; Magnin, 2002; Blanco Canales, 2010; Levine, 2004; Levine et. al., 2004; Mills/Péron, 2009; Michelson, 2015; Perez/Paige, 2019 et. al.），且通常用于中高级外语学习者（Levine et. al., 2004; Blanco Canales, 2010）。在本书中，我们将研究并展示其对于高等教育阶段/成年的外语初学者的可行性（见第 4 章），这意味着我们将面临以下问题：学生的外语能力低下、缺乏外语交流技巧和经验、可能缺乏自主学习的意识和能力、教育制度和环境的限制等等。

　　本书希望为全景模拟教学，特别是为分阶段全景模拟框架研究构建一个坚实的理论基础。虽然全景模拟教学在国外已有诸多应用案例，但是很少有研究能为该教学法奠定完整、有序且坚实的理论基础（Jones, 1982; García-Carbonell et. al., 2001）。本书从社会文化理论、二语习得理论、心理学、体验学习理论和建构主义理论等方面对全景模拟教学进行了深入分析（见第一章），并与 Kumaravadivelu（2008）、Allwright（1993）、Stern（1992）和 Brown（2000）的后方法理论相呼应，为全景模拟教学构建了较为完整的理论基础。基于上述理论和我国高等教育阶段外语教学的实际需要，本文对全景模拟教学体系进行了重构，并建立了分阶段全景模拟框架。

- 本书的研究目标与对象：

1）论证在我国高等教育阶段外语教学中实施全景模拟教学的可行性；

2）构建分阶段全景模拟框架基础理论；

3）论证分阶段全景模拟框架的实用性和灵活性。

- 本书的初始假设：

1）全景模拟教学在中国是可行的；

2）针对不同需求的学生和教师应采用不同阶段的全景模拟教学；

3）分阶段全景模拟框架可以成为学生和教师互促成长的辅助系统，助力师生实现终身学习。

4）全景模拟教学的核心思想，即将现实、个人经历与课堂结合在一起，可以为解决现阶段外语课程思政的两张皮的问题提供新思路。

本书分为四个部分，依次介绍了全景模拟教学的理论基础（第一章）、二语教学法的发展历程（第二章）、全景模拟教学基本理论及其与其他教学法的关系（第三章）和分阶段全景模拟框架的基本理论及应用课例（第四章）。分阶段全景模拟框架不仅仅是一种简单的外语教学方法，为外语教学提供了一整套工具和解决方案，帮助我们改进学生的学习方式，促进教师的专业成长，它还可以根据学生和教师的需要而设计个性化教学方案，这将不仅影响到教材的开发、编写和使用，改变教学组织形式，还昭示着外语教育思想的转变。

1 全景模拟教学的理论基础

本章我们将探究全景模拟教学（GS：Global Simulation）和分阶段全景模拟框架（SGS：Systematic Global Simulation）的理论基础。我们将从二语习得理论、语言学、教育学、心理学等角度探讨上述理论对这两种全景教学的影响。

本章主要分为三部分。第一部分是对二语习得理论的分析。在这一部分，我们将着重讨论母语和母语文化对二语习得的影响，以及可理解性输入、输出之间动态的互动关系对全景模拟的影响。在第二部分，我们将从语用学的角度出发，从语用能力和交际能力两个方面讨论语言交际过程中编码和解码相结合的明示推理过程对全景模拟的影响。本章第三部分将着重从心理学和教育学角度，分析维果茨基（Lev S. Vygotsky）的社会文化理论、皮亚杰（Piaget）的建构主义理论，以及约翰·杜威（John Dewey）的经验学习理论对这二者与全景模拟教学和分阶段全景模拟框架之间的关系进行分析。在这些论证中，我们将构建起支持反思式学习和基于行动的学习的基础，从而实现在课堂中进行模拟现实教学的可能。

1.1 二语习得理论与全景模拟

1.1.1 母语及母语文化的作用和影响

本节主要从行为主义、认知理论和社会文化理论三个方面探讨母语[①]

[①] 本书中，我们将母语定义为"孩提时代人类学会的第一种语言，通常是人类思考和交流的自然工具"。(CVC, 1999, s. v. lengua materna)

对外语学习的作用与影响。我们将通过梳理上述理论的发展历程以及这一过程中的理论争锋，总结这些理论发展的总体趋势，并从多个角度对不同的理论进行分析和概括，从中总结出全景模拟教学和分阶段全景模拟框架是如何在上述理论的基础上更好地实现外语教学的。

在二语习得的发展过程中，对于母语对二语习得的影响的研究可以划分为三个主要阶段：20世纪50年代到60年代，结构主义框架下的比较语言学占据主导地位；60年代末到70年代初，受乔姆斯基（Chomsky）普遍语法观的影响，人们认为中介语语法不能从母语迁移而来；80年代以后，在认知语言学和社会文化语言学的框架下，人们对母语的关注从单纯的语言扩展到第二语言学习者本身（文秋芳，2010：125）。

以上研究可以分别归纳为三个学派：行为学派、认知学派和社会文化学派。根据 Foley/Flynn（2013）以及文秋芳（2010：第5章）的比较，行为主义认为母语是外语学习中出现错误和困难的原因之一，错误和困难的多少与两种语言的差异程度有关（Lado，1957）。对于这一问题，认知学派内部的观点并不一致。一方面，乔姆斯基（Chomsky，1974）及其追随者，Dulay Burt Krashen（1982）等许多研究人员认为，母语对外语学习没有任何影响。但 Schwartz/Sprouse（1996）等普遍语法观的追随者们却认为，母语是外语学习的起点，决定了外语学习的初始状态。这也符合 Carroll（2007）的自主归纳理论（autonomous induction theory）和 N. C. Ellis（2006a，2007）的联结认知框架的观点。Bardovi-Harlig（2007）和 Pienemann（Pienemann et. al.，2005）等人认为母语会在某种程度上影响外语学习，但这种影响并不像普遍语法观的追随者们所认为的那么大。与前两种观点不同，他们认为外语学习受母语干扰的程度受普遍语法、学习者语言处理能力等因素的影响。社会文化理论的追随者则认为，母语是外语学习的中介工具，而在外语学习的过程中，学习者应该将母语作为一种积极的学习策略（Centeno-Cortés/Jiménez-Jiménez，2004）。尽管研究视角不同，但多数学者认为，母语在外语学习中扮演着重要角色，主要包括：帮助人们判断在外语学习中可能出现的常见错误和可能遇到的困难的程度，判断外语学习的初始状态，并作为外语学习的中介工具和策略。

行为主义者将习惯的形成归因于人们对某些行为的模仿和强化（Skinner，1957），这会影响到语言学习领域中语音、词汇和语法（Ellis R.，2015：22）的学习。此外，行为主义还认为，旧习惯会阻碍新习惯的形成。因此，人脑中已有的母语语法结构会干扰人们对外语的习得（Bright/McGregor，1970：236），而这种干扰是前摄抑制的结果，即，先前的学习会阻碍或抑制新习惯的形成（Ellis, R.，2015：25）。因此，如果存在前摄抑制，就会造成母语向外语的负迁移，从而导致人们外语学习上的失误；但是，如果没有前摄抑制，即母语和外语有相同的习惯，就会形成母语向外语的正迁移（Ellis, R.，2015：25-26）。有鉴于此，在20世纪末，为了避免母语的负迁移，人们并未将母语适当地用作外语学习的辅助工具（Wells，1999），甚至认为在二语课堂中使用母语是不必要的或错误的，例如，Krashen/Terrell（1983）的自然法和1965年从加拿大开始的沉浸式外语教学。

乔姆斯基（1959）对批评了行为主义及其对于习惯的观点进行了批评，并把研究重点转向描述理想的母语使用者的语言能力。还有一些研究者指出，外语和母语的差异较大并不一定意味着外语学习者在学习上会有更大的困难，即便如此，较大的语言差异也不是学习者在学习外语时犯错误的主要原因（Jackson/Whitnam，1971）。对于部分研究者来说，上述困难通常会促使学习者避免使用特定的结构，而不只是使其必然犯某种特定的错误（Schachter，1974）。事实上，在Wode（1976）的同一性假设中，如果母语与外语有相似性，那么在外语教学的特定环境中，相比两种差异较大的语言，两种相似语言之间更容易产生相互干扰。

N. C. Ellis提出的联结认知框架（Associative-Cognitive CREED Framework）阐明了另一个可能的干扰来源。该理论认为，外语的联结—认知学习受到选择性注意（selective attention）[①]的影响（Ellis，2006a），因为"我们对世界的感知受到已有的分析信念和固有观念的影响。"[②]（同上：165）。Dewey的

---

① Ellis（2006a）指出，人类通过学习过程训练和修正选择性注意，进而限制人类的统计推论。
② "our perception of the world is shaped through the lenses of our prior analyses, beliefs, and preconceptions"（Ellis，2006a：165）.

经验教育理论（见下文1.3.2）与Ellis的观点一致。他认为，母语系统已经配置并设定了初始认知状态。然而，这种在母语中有效的认知状态阻碍了学习者对外语输入进行分析，从而导致了学习者在外语学习上的错误和困难（Ellis, N., 2006）。Ellis的理论也进一步解释了母语向外语的负迁移和正迁移。就母语迁移而言，与学习者使用同一种母语的外语教师比外教，特别是那些不懂学生母语的外教，更具优势。作为曾经的外语学习者，与学习者使用同一种母语的外语教师能够从自己的学习经验中发现学生的选择性注意，并在一定程度上指导他们避免由母语造成的局限。从这个层面讲，全景模拟教学，特别是分阶段全景模拟框架，并不认为外教一定比中教更好，这也是全景模拟教学在中国具有可行性的根本所在，因为在国内高等教育中，中教承担了大部分的语言教学工作。

很多研究者都把全景模拟教学视为沉浸式学习的一种形式（Angelini Doffo, 2012）。但若从社会文化理论的角度出发，并结合教学组织的不同阶段（参见3.3），则可看出全景模拟教学并非是一种纯粹的沉浸式教学。如下文1.3.1.2.1所述，这种教学方法基于中介理论，即在建构知识时，学习者将语言作为中介工具，在参与文化和社会活动时，从他者调控发展到较高水平的自我调控（Lantolf, 2006）。而母语也是一种中介工具，学习者可以自发地使用它来实现某种交际和社会目标（Rampton, 1997），或解决在认知中介活动中外语无法发挥作用的问题（Centeno-Cortés/Jiménez-Jiménez, 2004）。根据这一理论，外语教学不应禁止使用结母语，尤其不应禁止低级语言学习者使用母语，因为这有助于学习者理解和建构知识，从而实现外语的有效输出。

总之，我们可以认为，当前关于母语在外语学习中的作用的研究普遍认为，对母语的策略性使用不应受到阻碍（Spada/Lightbown, 1999；Cook, 2001；Stapa/Majid, 2009）。这也证明了中教在外语教学中的优势，他们能够通过母语帮助学生学习外语。这个问题在分阶段全景模拟框架的初期阶段尤其重要，尤其是在培养学生的认知、策略和社会文化能力等方面。

1.1.2 输入、输出和交互

在二语习得领域，除与母语作用相关的研究外，研究者将另一个重要的关注点放在了外语习得过程中输入和输出的形式和作用上面。

　　本节将重点介绍二语习得领域各学派在输入（input）、输出（output）和互动（interaction）研究方面的发展和争论。这些研究为全景模拟教学和分阶段全景模拟框架的提出提供了其他可能的理论基础。本节将着重分析Krashen/Terrell（1983）的输入—输出理论，Long（1996）的互动假说及Gass（1988）的输入—互动—输出整合模式。

　　有关输入、输出和互动的理论和假说的研究一直是二语习得领域的研究热点。这一研究一般分为两个学派：认知学派（Long，1996；Gass，1997；Gass/Selinker，2001；Carroll，2007）和社会文化学派（Lantolf/Throne，2006，2007；Larsen-Freeman，2007）。前者认为，尽管社会环境对二语习得有一定的影响，但二语习得实际上是一种获得新语言知识的心理认知过程。社会文化学派则认为认知主义者的观点过于强调个人发展、心理认知过程和语法学习。社会文化学派认为语言习得和学习都离不开语境和语用，语言的意义来自于语言的互动协商。Larsen-Freeman（2007：780）的研究表明，两派在语言与学习的本质、语境的作用、研究目的、哲学取向等12个重要方面存在不同。尽管双方在许多方面的立场不同，但是两个学派都认为，在二语习得中，交流和互动起着重要作用（Wagner-Gough/Hatch，1975；Lantolf/Throne，2006）。为避免重复讨论，本章将主要讨论认知主义有关二语习得的研究观点，并在1.3.1.2节讨论社会文化学派有关二语习得中语言教学、语言学习、互动协商等内容的重要观点。

　　Krashen & Terrell（1983：1）和Krashen（1985）主要强调语言输入的作用。在经验研究的基础上，他们提出了五个有影响力的假说，即习得—学习假说、监控假说、自然顺序假说、输入假说和情感过滤假说。这其中，我们最感兴趣的是输入假说，该假说认为可理解的输入是二语习得的充分必要条件，因此，如果语言学习者能够接触到大量可理解的输入，他就可以成功习得一门语言。

　　Swain（1985，2005）批判了Krashen的理论进行了批判。Swain认为，可理解的输入只是二语习得的必要条件，而非充分条件，因为可理解的输出也是二语习得不可缺少的环节。这包括在意义协商①过程中以准确、连贯且恰当的方式交换信息。这一过程可以帮助学习者检验语法结构的准确性和词汇的适切性，从而促进语言的成功使用和习得。

这两个假设对二语习得领域影响很大。除此之外，Wagner-Gough/Hatch（1975）等研究者认为会话在二语习得过程中也起着重要作用。沟通交互既是学习者获取可理解的输入的重要方式，也为他们提供了输出机会。以此为基础，Long 提出了交互假说（interaction hypothesis）②。该假说认同可理解的输入和输出的基本观点，认为意义协商，特别是促使母语者或更有能力的说话者进行互动调整的协商活动，可以将输入、学习者的内在能力（特别是选择性注意）和输出联系在一起，共同促进二语习得的产生（Long，1996：451－452）。意义协商为接受可理解的输入、获得正确的二语反馈、调整输出提供了大量的机会。意义协商其本身包含了多种不同类型的活动，如重复、重组、扩展等，它能使能力较强的说话者对句子的接收和解释与学习者自己的句子相结合，从而使学习者能够反复调整输出。举例来说，说话者通过强调核心词、重复句子、改变词汇等重组形式，能够让学习者注意到有问题部分的语言形式，而不仅仅是增加学习者的输入频率（Long，1996：452）。这时学习者的注意力主要放在自己的语言知识与二语知识之间的差异上，而二语知识中的陌生知识则直接导致学习者输出的调整。当母语者或能力较强的说话者意识到这一调整，知道学习者希望得到回应时，他们就会确认或者重新调整后再次进行输出。当要求的信息被清楚地表达出来，学习者的注意力就会集中到这个地方，甚至到之后的语言输出

---

① 意义协商是从话语分析中衍生出来的一个概念，目前在二语习得领域也得到了广泛的应用，它是指"语言使用者在语言交际过程中，为共同创造其言语意义而进行的工作。对话者基于他们共享的知识框架完成这一工作"。（CVC，1999，s. v. negociación del significado）。

② 该理论也被称为"口头互动假说"（the oral interaction hypothesis, Ellis, 1991）、"互动理论"（the interaction theory, Carroll, 1999）、"输入、互动和输出模式"（input, interaction and output model, Block, 2003）、以及"互动法"（the interaction approach, Gass/Mackey, 2006）。这一假说自提出以来一直处于发展阶段。形成之初，Long 采纳了 Krashen（1981）提出的输入概念，并将其视为二语习得的条件。但与 Krashen（1981、1985、1989）不同的是，Long（1983）认为，交互式输入，也就是在协商沟通中产生的输入，比 Krashen 提出的非交互式输入更为重要，因此，输入只是二语习得的必要条件，但并非充分条件。

上。此时，增加的可理解的输入增加，被二语学习者接受，甚至成功地融入了二语学习者的语言（Long，1996：452-453）。

Susan Gass[①]提出的二语习得整合模式，包括五个阶段：感知输入、理解输入、吸收、整合和输出。见图1.1（Gass，1988，翻译自Gass/Selinker，2008：481）。

在感知输入阶段，Gass（1997）（参见Gass/Selinker，2008）认为，并非所有输入（即被感知的对象）都能被感知。下列因素影响了感知的有效性。首先是输入频率，输入频率越高越容易被感知。以全景模拟教学为基础的课堂，无论是在准备阶段还是模拟现实阶段（见第四章），其重要特征之一是语言、副语言和社会文化知识的高呈现频率。在全景模拟教学课堂中，学生将面对不同类型、不同复杂程度的输入。例如，在准备阶段，学生会遇到他们想要学习的某些语法知识，然后有机会进行机械和/或开放式练习，并利用这些语法知识从书面材料或视听材料中提取必要的信息，为全景模拟活动做准备；在全景模拟活动中，他们将有机会进一步利用这些语法知识来完成全景模拟过程中的意义协商、互动交流以及全景模拟过程本身所需的书面和/或口头准备工作。尽管采用全景模拟教学的学生并不都具有较高的语言能力，但在许多情况下，由于他们在准备阶段就已经掌握了一定的知识，因而在全景模拟阶段就会产生一种预设期望（Gass称之为established expectations），这无疑将促使使用全景模拟教学的学生想要进行更复杂的交流，从而获得更复杂的输入。

如Gass和Selinker（同上：482）所述，影响输入感知的第二个因素是情绪因素[②]，其中包括学习者在外语社群文化中感知的社交距离、外语使用者的心理状态（如焦虑、自信等情绪和状态）、动机和态度。Gass认为，如果学习者感觉到与二语使用者群体之间的社会或心理距离过大，就不能

[①] Long和Gass的研究在20世纪后半叶里基本保持了同步，尽管Long比Gass早几年发表了他的研究结果（其第一部相关著作可以追溯到20世纪80年代），但我们认为Gass提出的模型比Long提出的更复杂、更完整。因此，接下来我们将主要介绍Gass的模型。

[②] 按照Ehrman等人（2003）的说法，情绪因素是个体差异的一部分，个体差异还包括学习方式和学习策略（见下文4.3.2.2）。

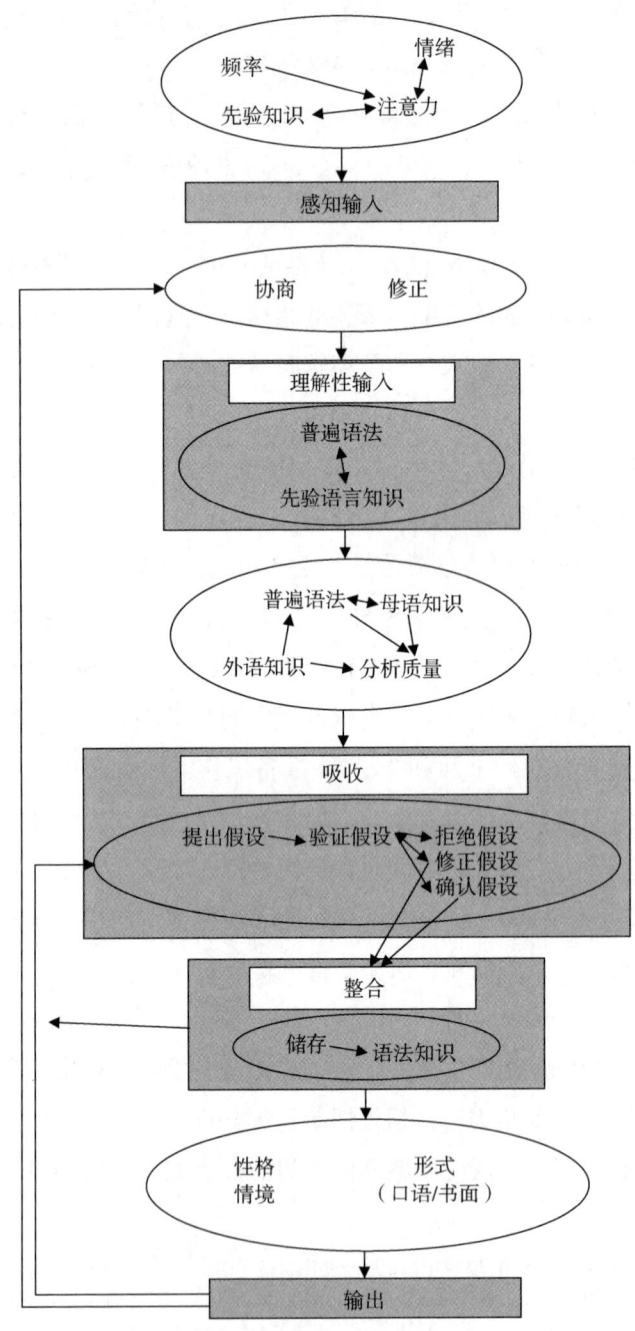

图1.1 Gass（1988）的二语习得模型（翻译自 Gass/Selinker，2008：481）

接受语言输入。而全景模拟教学的优点之一则是,它具有模拟语言使用现实的特点(见下文3.2.1节),因此能够使学生直接面对外语所处的社会和文化现实。此外,Lambert/Tucker(1972)和Gardner(1985)所做的研究则表明,参与沉浸式语言学习,如参与全景模拟教学,可能会大大改变外语学习者,特别是年轻外语学习者的学习态度,从而增加他们对目的语文化的兴趣。

根据Gass的研究(2008:483),影响输入感知的第三个因素是先验知识,先验知识包括母语语言知识、其他语言知识、二语语言知识、对世界的认知、通用语言知识或与语言能力有关的语言知识或技能等。Gass认为,学习是指新知识和旧知识的结合(同上)。这一观点既涉到社会文化理论,又符合全景模拟教学的基本理念,它们都认识到了外语学习过程中先验知识的重要性,而学习过程则是把新知识和先验知识结合起来,并转化为新的经验和知识的过程(见下文1.3.2节)。

影响语言输入感知的第四个也是最后一个因素是注意力(attention)。学生在学习外语时,会接触到大量的外语输入。Robinson等人(2012)认为,在选择可感知的输入时,学习者的注意力是这一过程的决定性因素之一。① 在Gass看来,如果学习者想要修改语法错误,首先必须认识到它是需要修改的(Gass/Selinker,2008:483)。也就是说,学习者对母语者输入与学习者二语知识之间的差异的认知,导致了他对语法的重新调整。Ruben/Lederman(1990:211)认为,只有当某人违反了他自己的母语文化的规范和标准,或遇到另一种语言文化中的个体并观察到某种特定行为时,他才意识到自己的母语文化的存在及其本质。对于全景模拟性教学法的参与者而言,他们将直接接触到特定的语言和文化环境,这将帮助他们认识到母语与目的语在语言和文化方面的差异,并将注意力转向这些差异。

上述影响语言输入感知的四个因素,并不是相互独立的(Gass/Selink-

---

① 另见Gass(1988,1997)和Schmidt(1990)的相关著述。在关于注意力对二语习得的作用的专门研究中,Tomlin/Villa(1994)提出注意力由三部分组成:警觉系统,定向系统和检测系统。

er，2008：483）。多数时候，它们相互作用，并共同影响学习者对输入的感知。但为了吸收（intake）新知识，学习者不只需要感知到新知识，还需要其他因素的作用及其相对应的过程的参与①（Gass，1997）。

Gass 二语习得模型的第二阶段（如图 1.1 所示），即理解性输入（comprehended input）阶段（Gass/Selinker，2008：484），它与可理解的输入（comprehensible input）不同，理解性输入由学习者自己控制，它可以包含从语义理解到语法结构分析等各种类型的语言知识。学习者通过意义协商，并借助已有的普遍语法知识，将感知输入转化为理解性输入，语言能力也随之发生了相应的变化。

Gass 二语习得模型的第三阶段是对理解性输入的吸收（intake）阶段，即把输入转化为外语语法知识的一系列心理活动（同上：486）。这一阶段的学习者可以将从输入中提取的信息与之前的知识进行比较、综合，从而形成记忆链和语言假设。接着，他们会验证这些假设是否成立，如果不成立就会否定它们，再重新调整，直至确认假设成立。这一过程中，如果在分析、综合和检验假设的过程中出现错误或失败，也可能导致外语的石化现象②（同上：486 - 487）。

在第四阶段，也就是整合阶段，输入信息的吸收将会导致新知识的储存和外语水平的提高。但是，就像学习者不能理解和吸收所有的输入一样，他也不能整合所有的输入。此外，如果学习者从输入信息中推断出的有关二语的信息与他们的先验知识相吻合，则该信息可用于重新证实和强化先前的假设。然而，如果学习者已经感知到了输入，但并未完全理解它，就无法用它来检验假设，那么这些信息就会储存起来，留待下一次整合（同上：487 - 490）。

在最后一个阶段，学习者利用可理解的输出来验证假设，并将其反馈

---

① 在这个问题上，与 Gass 不同，Schmidt（1990：139）认为，如果一个学习者感知到了输入，那么输入已经被部分吸收了。

② 石化现象（fossilization），由 Larry Selinker 于 1972 年提出。指第二语言学习者使用的语际语或中介语（inter language）在交际中出现语言僵化的现象，甚至停止学习的现象。语言僵化可以出现在语言的语音、语法、词汇等各个层次（梅明德，2017）。

给第三阶段（吸收阶段）。另外，除了在意义协商的基础上进行语义分析，学习者还在这一阶段通过对输入的句法分析，实现形式协商，将经过调整的形式协商转化为理解性输入（同上：490）。

总而言之，根据上述理论，当学生已经能够接收到大量的理解性输入，并且有时间借助先验知识和普遍语法来吸收它，并通过输出及与以自身要学习的外语为母语的人或在该语言上有较高能力与水平的人交流来提出、验证和修正假设时，二语习得就会被激活。在全景模拟教学的课堂中，学生将面对大量的理解性输入，这些输入具有灵活性和多样性的特点。从一定程度上说，它有利于每个学生在与老师、以自身要学习的外语为母语的人、同学进行外语沟通与协商的基础上，根据自己的情况提出并验证假设，将其整合到自身的语言学习知识体系中，从而促进自身外语水平的提高。

1.2　语言学与全景模拟

在上一小节，我们分析了全景模拟教学和分阶段全景模拟框架与二语习得理论的关系。本小节将重点讨论该教学法是否能够得到语言学相关理论的支持。我们以 20 世纪早期出版的诸多语言学著作，尤其是 1916 年 Ferdinand de Saussure 发布的《普通语言学教程》（*Cours de linguistique générale*）作为当代语言学理论的起点，该书同时也是结构主义的发端。

结构主义语言学将语言看作一种相互联系的符号系统，认为人类的行为和生产是有意义的，而且必定有一个底层的逻辑体系使之成为可能。这一认知对外语教学方法产生了显著影响，由此产生了听说教学法（audio-lingual method）等一系列外语教学方法（见下文 2.2）。

结构主义在语言学领域占领主导地位几十年之久，直到 Noam Chomsky 提出了生成语法理论。Chomsky（1965：4）将语言能力，即理想的说话人和听话人拥有的语言知识，与他们具体的语言使用行为区别开来。其研究

重点集中在描述理想的母语使用者的语言能力:

> ...knows its language perfectly and is unaffected by such grammatically irrelevant conditions as memory limitations, distractions, shifts of attention and interest, and errors (random or characteristic) in applying his knowledge of language in actual performance (Chomsky, 1965: 3).

Chomsky (1959, 1965) 认为语言是意义与物质相联系的系统,但同时又认为语言是一种心智能力,是每个人都具备的能力。在他看来,在语言能力这一相对抽象的层面上,所有人类都有一套通用体系。在正常情况下,该体系承认所有孩子都有掌握语言的能力,而不需要成人的特殊帮助。Chomsky将这一通用体系称之为普遍语法(Universal Grammar),他认为语言实际上是一种认知心理机制。

从60年代乔姆斯基学派兴起之时起,与Chomsky不同,Austin (1962)、Halliday (1970, 1975)、Hymes (1972) 和 Widdowson (1978) 等研究者开始把语言看作是社会交流的工具。渐渐地,这一观点得到了越来越多人的追捧。掌握一种语言已经超越了严格意义上的"语言"能力这一概念。这就使得交际能力(communicative competence)在二语教学中逐渐占有了一席之地。这一领域的研究者就语言和交际提出了几个重要问题,我们总结如下:

1. 在语言各类功能间相互作用的基础上,语言的交际功能和意义的多元可能性(Halliday et. al, 1964; Halliday, 1970, 1975);

2. 交际能力的概念(Hymes, 1972; Canale/Swain, 1980)的推广和深化;

3. 言语行为理论(Austin, 1962; Searle, 1969);

4. 合作原则及其指导方针以及它对交际的影响(Grice, 1975; Levinson, 2000);

5. 对乔姆斯基的语言能力/语言运用二分法提出质疑。对于最后一点,Labov (1969、1989、2001a、2001b) 认为,将语言从语言运用中分离出来进行单独研究是不可能的。他强调语言变异现象（sociolinguistic/language variation）①是语言因素和社会因素共同作用的结果。基于这一点，他提出了另外一个重要概念，即社会语言能力，这一概念包括"语言的内部水平（语言能力）、外部水平（语言运用）和社会因素"（CVC，1999，s. v.）。

语用学、社会语言学（Trudgill，2000；Meyerhoff，2015）以及语言社会学（Duranti/Ochs/Schiefflin，2012）的发展，进一步强化了这一领域的研究，使二语习得研究的范围不仅仅包含底层的认知过程和对话者之间的交际内容，也包括文化和社会结构、语境、交际方式、社会距离等因素（Escandell Vidal，2005，2014）（关于语言学理论的详细分析，见下文2.2.1.1）。这一理论转变也影响了第二语言教学和二语习得理论的发展。接下来，我们将简单讨论语用学、社会语言学和语言社会学与外语教学法之间的联系。

从交际的认知、语义和语用过程（Escandell Vital，2014）（见图1.2）来看，除了众所周知的明示推理②和编码解码过程之外，我们也特别关注上述过程的影响因素。在外语教学中，我们当然应该关注语言知识本身，因为语言知识始终是交际的基础，也是外语教学的核心内容之一；但在这一节，我们更感兴趣的是，为什么全景模拟教学和分阶段全景模拟框架似乎比其他交际法（如交际教学法、自然法、合作语言学习、任务型语言教学等③）更适合用来教授文化知识、解释行为和社会规范。

传统外语教学的核心集中在语言编码与解码方面，例如语音、词汇、语法、固定结构等等。在这种情况下，我们通常采用的教学方法是在书面和口头练习中分别进行不同类型的机械性练习（drills④）（见下文2.2.1.2）。直到后来，我们才逐渐将交际能力的培养融入外语课堂，并开始采用更多的

---

① 语言变异即受地理环境、社会文化、语境或历史因素的制约，人们对语言的使用进行调整的现象（CVC，1999：s. v. variación lingüística）。

② 明示和推理的概念来源于Sperber/Wilson（1994）的关联理论（Relevance theory）。在语言信息的编码—解码过程之外，交际过程要求说话者通过明示表现出交际意图，并且听话者从接收到的消息中推断出在当下最有意义的信息。

③ 详见2.2小节。

④ 机械性练习（drills），指的是为学习语法知识进行的受控制的练习。重复、替换（例如，使用代词代替名词）、变形（把现在时变为过去时）、补全句子、模仿例句等都是常见的机械性练习类型。（CVC，1999：s. v. ejercicio estructural）

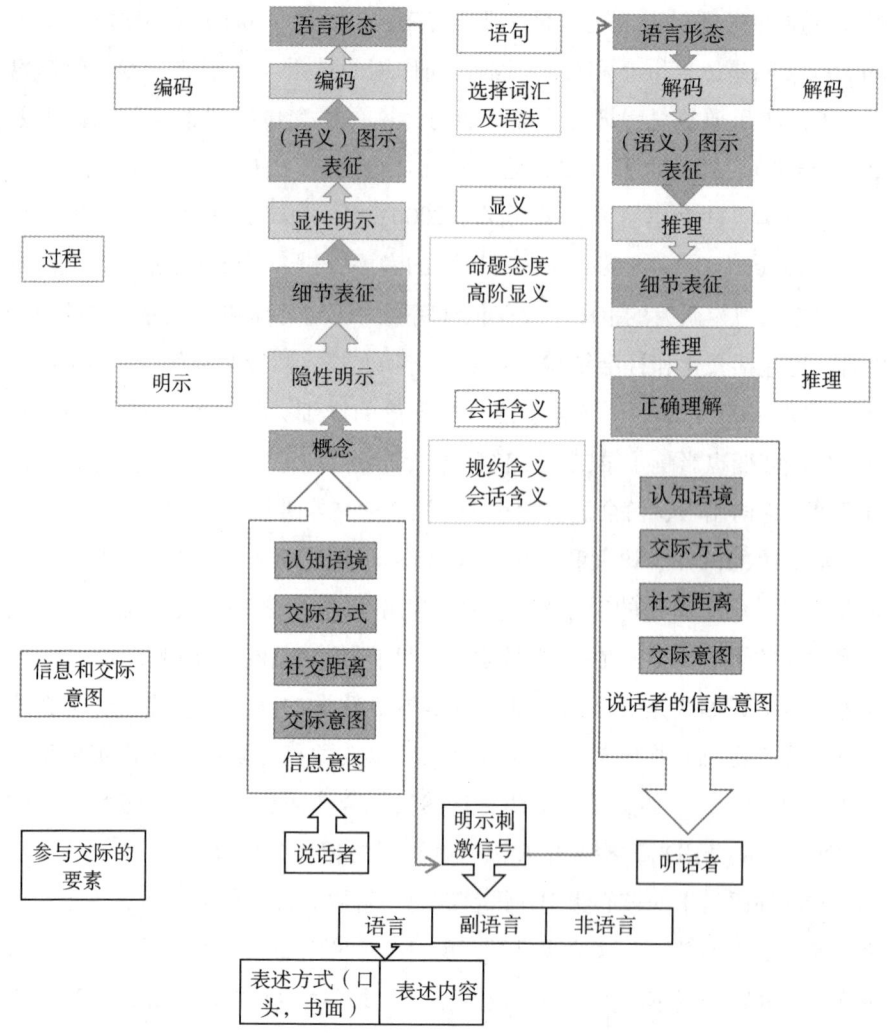

图1.2 认知、语义、语用交际过程（译自 Escandell Vidal，2014）

会话和交流形式进行练习。但是，Stubbs（1976）和 Long/Sato（1983）等研究者指出，在课堂上，通常只有一个说话者，也就是老师，控制着整个对话，其中包括：谁参与了对话，主题是什么，他们要发言多久，每个说话人要发言多少句以及用他们刚刚学习过的哪个语言结构或知识来表达自己的思想。这些口头交流通常是由教师主导的、对某种语法结构或语言知识的有控制的交流，而非对话者之间的自由交流活动。也就是说，这一学术目的的交际并不能体现现实场景下对话者之间的关系、各自所属的社会和文化群体以及其交际的语境和情境等典型交际特征。此后，语言学家们越来越多地注意到文化、习俗和社会行为对交际活动的影响，这些因素也对外语教学产生了很大影响，而实现个人的全面发展也逐渐成为外语教学的另一个重要目标（见下文2.2小节）。

Escandell Vidal（2005：31－37；2014：42－47）认为，交流中的很多误解并不是因为缺乏语言知识，而是因为未能理解说话者的真实意图及言外之意。按照Dewey的经验理论（见下文1.3.2小节），我们的感性知觉，也就是Escandell Vidal所说的对世界认知的个人表征，依赖于我们的个人经验，因此，每个人生活的环境和经历都会影响到他们的感性知觉和个人表征。同理，处于同一种文化、同一个社会群体的人们，由于具有相似的处境和生活经历，因而也具有相似的个人表征。而这些相似的个人表征就成为这一文化和社会群体的公共表征。所以，可以预见，不能与当地人分享环境和生活经验的外语学习者，会与母语者在公共表征的认知上表现出差异，进而影响他们在交流中的理解和表达，使他们难以融入目的语社会。所以在外语课堂上，我们应该鼓励学生通过扮演外语社会中常见的角色、参与日常性活动来接触类似于外语真实情境的语言环境，以便学生能够有类似于母语者在目的语社会所拥有的社会生活经验。这样，学生才能理解和习得尽可能接近于目的语社会环境的公共表征。

除公共表征外，来自同一社会和文化群体的个体都使用统一的规则来构建和表达他们想表达的内容。这些规则具有一系列内在的表达形式，不仅是语法和词汇规则，还包括抽象、选择和简化的过程①。另外，在交流中，对话者必须寻找最好的表达方式，使其"适应情境"（Escandell Vidal，2014：45），并且在考虑到情境影响的情况下，使用适当的规则来解释别人的表

---

① 这也是人类的认知过程：抽象是指"从源域和目标域的转化中总结通用结构"的过程（Ruiz de Mendoza Ibáñez/Galera-Masegosa，2012：19）；选择，即"在文本和上下文信息的辅助下，选择自我概念中最相关的信息"的过程（同上）；简化指"突出概念中的一部分"的过程（同上：21）。

达方式。因此，在外语课堂中，教师要为学生提供交际情境，该情境不仅帮助他们学习语言知识，还训练学生合理地处理情境信息。这样，我们就避免了语言知识的结构化交流，能使学生在一定程度上处于现实环境中，从而使他们能够综合运用各种必要的知识，包括语言知识、社会文化知识、个人经历等。

Escandell Vidal 对交际过程的描述，从整体上向我们展示了这样一种情况：说话人一方面需要具备产生共同表征的经验，另一方面需要能够适应交际情境，使用和解释语言表达方式的能力。因此，外语教学应尽可能地为学生提供类似于母语者的经验和交流环境，使他们在更现实的情境下学习和使用语言。（分阶段）全景模拟教学的一个最重要特征是：首先，它们是现实模型；其次，它们本身也是一种现实（见下文 3.2 小节）。因此，学生可以在富含现实情境信息的教学环境中，学习同时处理语言和社会情境信息。这一过程使学生亲身经历复杂环境下的语言使用，体会文化冲突、误会等现实交流障碍，在反思和调整后逐渐形成与目的语母语者类似的公共表征，更好地适应目的语社会的语言交流和生活。另外，这两个教学系统，都包括准备阶段（见下文 3.3 和 4.4 小节）。如果有需要，老师和学生在这个阶段将有充足的时间和空间来讲解语言知识，进行机械练习。因此，我们认为，（分阶段）全景模拟教学将有助于增强交际过程中的认知、理解交际过程中的语义和语用变化。

1.3 教学过程相关理论与全景模拟

在本章节我们将回顾有关外语教学过程的相关理论，其主要思想对于外语教学过程中的行为设计和决策都具有一定的参考价值。我们将从心理学理论入手，介绍 Piaget 的认知建构主义、Vygotsky 及其追随者的社会建构主义（Williams/Burden, 1999；Tavakoli, 2012），以及 Dewey 的实用主义和自然主义等教育思想。我们期望从上述理论中寻找到充分的依据来支持我们的假设：全景模拟教学，尤其是分阶段全景模拟框架在中国外语教学中有其必要性，且具有其他现阶段教学法所不具备的优势（见下文第四章）。

1.3.1 心理学理论与（分阶段）全景模拟教学

如前所述，本小节中，我们将从心理学领域入手，尤其要在建构主义心理学领域中寻找（分阶段）全景模拟教学的理论基础。建构主义心理学主要关心：

> … how humans come to understand the world and differentiate between justified belief and opinion… and proposes that reality only exists as seen through the filter or lens of the human mind operating both individually and collectively (Tavakoli, 2012: 84).

该研究领域主要有两大分支：Piaget 的认知建构主义理论和 Vygostsky 的社会文化理论[①]。

1.3.1.1 Piaget 的认知建构主义和二语习得

在传统观念中，我们认为"学习就像数据积累或者技能开发一样"（Williams/Bound, 1999: 30），想要学好，只需要将现实的形象化作图像或影像复制到大脑中即可（Kohler, 2014: 226）。建构主义修正了这种观念，它认为："To know an object is to act upon it. To know is to modify, to transform the object, and to understand the process of this transformation"（Piaget, 1964: 20）。这一观点是认知建构主义的基础，主要关注学习者对现实表征的建构过程（Tavakoli, 2012: 84）。在 Piaget 看来，这一观点可以解释学习或认知发展的过程。

> If the new structures —the development of which has been proven by history and psychogenesis— are not preformed in the ideal world of possibilities,

---

① 在很多研究中该理论被称作社会建构主义（Williams/Burden, 1999; Tavakoli, 2012; Ortega, 2014），下文中我们倾向于使用 Vygostky 自己和 Lantolf/Throne（2006, 2007）对该理论所使用的社会文化理论这一称呼来指代这一理论。

nor in the objects, or in the subject, then their authentic constitution can only be due to a historic-genetic process of construction (Piaget 1970b: 142).

Piaget 认为，成人的认知发展过程其本质即为儿童认知成熟的过程（见 Williams/Burden, 1999: 31）。所谓认知的成熟和发展，是指人可以对"某些可以孤立存在的系统或'图式'（schemata）的历史或起源进行重建"[①]（Piaget, 1933: 148）。根据这一观点，每一个系统或'图式'都是可以自我复制、可以普适化的反应模式（Piaget, 1954: 94），这一过程形成了人类的思维或认知过程。因此，所谓图式即一种工具，它在与环境交互的过程中遵循某些建构规则（Kohler, 2014: 163），通过"可应用于特定对象的转换系统"（Piaget 1970 a: 23）来认识和理解现实。在这一交互过程中，思维受情境和现实的制约和建构，新思维又对现实进行重构。就像 Piaget（1936: 18）所说的那样："While thinking adapts to things, it structures itself, and while it structures itself, it also structures things"

同化和顺应策略（Williams/Bound, 1999: 32; Kohler, 2014: 164）在这一过程中至关重要。同化就是利用一个已有的图式，把一个新的对象整合进思维里。也就是说，这个新的对象在头脑中被修改和改变，并与我们已经知道的事物相融合。如果同化过程失败，也就是当新对象不能合并到已有图式中时，顺应过程就会被激活。这意味着为了理解新对象，我们需要修改已有的图式或概念。Spencer（1863: 96）认为，这一过程连接了"内部关系和外部关系"。在与情境的互动中，新的概念会被重新评估和确认，并以此方式实现认知的建构式发展。

认知的建构过程显然需要个体的积极参与。所以，在外语习得过程中，与其将学生视为语言的被动接受者（Williams/Burden, 1999: 32），我们更应将学生视为积极参与认知建构过程的个体。在将新信息纳入已有知识（图式）的过程中，考虑到同化和顺应策略的运作方式，教师为学生准

---

① 原文为：the existence of certain systems or 'schemata', that can be isolated, and whose history or genesis can be reconstructed（Piaget, 1933: 148）

备的任务和活动不应高于或低于其水平。这一认知建构过程建立起的客观世界与认知的关系，相当于外语学习的经验与外语习得的关系。所以，在外语教学中，教师必须充分重视与外语及外语文化相关的经验，并懂得如何运用这些经验。

（分阶段）全景模拟教学将学生置于与外语相似的语境中，我们可以说，这两种方法都给学生提供了一个充满新信息的客观世界。学生在整个学习过程中都要参与到活动中，这促使他们激活自身的认知建构过程。另外，学生并不是进行完全由教师控制节奏和信息的活动，而是处于更开放的学习环境中，在教师设计和控制的总体框架下，他们或多或少地控制着自己的节奏和学习需要。就此而言，我们有必要特别关注一下分阶段全景模拟框架的三个阶段：交际、协商和经验模拟、反思和批判（参见下文4.4）。在不同阶段，学生对自身学习节奏和需求的控制将不断增加。

如果我们把建构主义的同化和顺应过程与分阶段全景模拟框架的三个阶段的任务联系起来，我们可以发现一些有趣的相似性。举例来说，在第一阶段，老师将要求学生理解外语语法和词汇系统中的某些规则和不规则现象，并给予指导，鼓励学生分析不规则现象，并找到它们可能的逻辑。在这一活动中，学生针对不同情况，通过考察新现象与他已有的语法和词汇系统是否可以融合，来激活他同化和顺应的建构性认知过程。这些语法和词汇可能来自其学习的外语，可能来自母语或其他已经习得的语言，也可能来自学生的其他生活经历。在第二阶段，教师将为学生提供演绎与归纳语法等语言知识的技巧与机会，引导学生注意语法化的过程，而非语法现象本身。在第三阶段，教师将帮助学生处理影响语言表达得体性的文化规范问题，并引导学生比较母语文化和目的语文化对语言运用的影响。由此可见，分阶段全景模拟框架的三个阶段都特别重视外语学习中的认知发展过程，教师将引导学生成为更好的认知建构者，帮助学生建立认知发展、语言和经验之间的联系。

1.3.1.2 Vygotsky 的社会文化理论和二语习得

就如我们在第1.1.2节中所提到的那样，在认知主义观点垄断了二语习得领域之后，自20世纪80年代以来，社会文化观也逐渐形成和发展。

这一流派主要是以俄罗斯心理学家列夫·维戈茨基（Lev Vygotsky, 1896—1943）的社会文化理论为基础。而我们对（分阶段）全景模拟教学的理论基础的探寻，不是直接依赖于 Vygotsky 本人的原著，而是依赖于对其思想进行阐释和概括的综合著作，这些研究者们被称为新 Vygotsky 流派（Mitchell/Myles, 2004：194）。

1.3.1.2.1 中介和内化：输入、输出和相互作用

正如前面所简述的那样，认知主义和社会文化两大心理学流派之间虽然有着很大的不同，但是在处理二语习得的过程和各层面上却是一致的，例如他们对输入、输出和交互作用的关注不仅可以从认知主义的相关理论中找到证据（见上文1.1.2），也可以从社会文化理论的两个主要概念——"中介"与"内化"—中找到证据。

对于中介的概念，社会文化理论认为，人类生活在两个世界，一个是由符号和象征构成的世界，这一世界主要通过语言进行控制；另一个是由物质构成的世界，这一世界主要通过我们自己的双手与大脑进行控制（Harre/Gillett, 1994：100-101）。Vygotsky 把这两个世界联系在一起（Lantolf/Throne, 2006：59；文秋芳，2010：257），并认为"人类发展是一个更广泛的系统的产物，特别是社会联系和关系、集体行为和社会合作系统的产物，而不仅仅是一个人的个人功能的产物"①（Vygotsky, 1999：41）。

这就是说，所有更高层次的思想形式都必须包含社会文化层面的内容和一系列符号形式，包括数字、算术系统、音乐、艺术，以及语言（Lantolf, 2000：80）。这些符号形式可以调节个人、社会和物质世界之间的关系（Lantolf/Throne, 2006：59）。人类创造了物质工具和语言作为中介，来调和世界、他人和自身的关系。物质工具（如望远镜）是一种人造的文化产物，我们用它来扩展我们在这个世界的能动范围，而物质工具的使用也改变了它的使用对象。就像物质工具一样，语言符号也能直接指向其他个体，对其产生影响，并在一定程度上调节言语所指的概念和行为。举例来

---

① 原文为：Human development is the product of a broader system than just the system of a person's individual functions, specifically, systems of social connections and relations, of collective forms of behavior and social cooperation（Vygotsky, 1999：41）.

说，通过说话，我们可以让听众坐在椅子上或者削苹果。在这一过程中我们不仅影响了听话者，还改变了坐椅的状态、听话者穿的衣服、削皮工具、苹果等。Vygotsky 把这种现象称为"他者调控"（other-regulation）。但与物质工具不同，语言也可以是自我调控的工具（Vygotsky，1997：62）。也就是说，在儿童的个体发展过程中，他们借助成年人和年龄较大的儿童的帮助，学会使用语言，来调整他们的行为。这一过程被划分为三个阶段：客体调控（object regulation）、他者调控（other-regulation）和自我调控（auto-regulation）（Luria，1982；Lantolf/Throne，2006：70–71）。

- 客体调控是指儿童无法依靠语言信息来克服环境对他的干扰。举例来说，一个两岁左右的孩子，尽管他能理解像"看那只小绵羊"这样简单的词句，却很容易受到一阵铃声或其他色彩鲜艳的玩具的干扰。
- 他者调控指儿童的思想和行为都依赖于成人的语言。两岁以上的儿童对语言形式和语义内容的反应越来越强烈。举例来说，如果周围没有太多人打扰，他就会在反复听到"拿起那个苹果"这一词句的时候去拿苹果。
- 自我调控指的是一个儿童能够通过自身语言来控制自己的行为和思想。举例来说，一个5岁以上的孩子已经知道，他看见红灯就不能横穿马路。因此，当他看见红灯时，就能控制自己不过马路，直到绿灯亮起。

显然，在二语习得过程中只有他者调控和自我调控。其中，他者调控具体指学习者在老师、父母、同伴或其他脚手架的帮助和指导下进行合作学习的情况，如交流、意义磋商、合作任务等，具体我们将在下一节中讨论。这个阶段所谓的帮助，主要是通过给学习者提供语言输入（input）的方式来实现，这与"社会先于个体，提供允许个体思维出现的条件"的假设（Frawley，1997：89，原文斜体）一致。就像 Vygotsky 说的那样，学习者接受的输入（input）所包含的社会语言在整个习得过程中通过自我中心语言的作用由内在语言向私人语言转换，由此产生了一个内化过程，这个过程"首先发生在人际的心理间平台（interpsychological plane），然后是个人的心理内平台（intrapsychological plane）"（Vygotsky，1978：57；Lantolf/Throne，2007：203）。在心理间平台阶段，学习者通过与社会环境的互动，获取文化符号所提供的工具，并在心理内平台阶段，通过上述心理过程，将文化符号转化为学习者内在的心理活动。

根据这一原则，首先，这一输入（input）所包含的社会语言通过一系列被称作自我中心语言（egocentric speech）的心理功能转变成一种内在语言（inner speech），并具有如下特征："虽然它形态上是社会性的，但其功能却越来越偏向心理性"[1]（Lantolf/Throne，2006：72）。虽然自我中心语言具有心理特征，但它本质上来自社会语言。也就是说，没有社会语言，或者没有产生自我中心语言的情境，自我中心语言就不能形成，或者如 Lantolf/Throne（2006：73）所说，其出现频率将会急剧下降，甚至完全消失。自我中心语言还存在于外语内化的开始阶段，这一阶段指"实践社区的成员将交际活动中使用的符号转换为调整其心理活动的符号的过程"（Lantolf/Throne，2006：90）。自我中心语言被内化后，就开始丧失其独特的社会特性，成为内在语言。Vygotsky 认为，这会促使人类意识活动向更高形式发展（Lantolf/Throne，2006：72）。内在语言使我们能够"自主地控制基本的生物学的大脑过程"（同上）。但是，内化的过程并没有到此结束，它将继续引导学习者将内在语言进行编码，转化为语言形式和声音。通过这种方式，内在语言变成了私人语言（private speech）。这个词最初由 Flavell（1966）提出。此时，私人语言指的是学习者用来调节自己大脑或身体活动的语言的外部形式[2]（Lantolf/Throne，2006：75）。已有研究（Lantolf/Yáñez-Prieto，2003）证明，私人语言具有重复性，它可以以老师或同学重复的话语为基础（文秋芳，2015：272），也可以被某些潜在的观察者听见，或仅以耳语或默读的形式对自己说话（Lantolf/Throne，

---

[1] 原文为：its formal appearance is social but its function is increasingly psychological（Lantolf/Throne，2006：72）。

[2] 我们认为，从自我中心语言到私人语言的转变过程与 1.1.2 中 Gass 所说的吸收和整合过程相一致。

2006：75）。Lantolf（1997，2003，2006：96）认为，如果没有私人语言，二语习得就不会发生。

虽然中介和内化的概念也考虑了学习者接受输入和能够产生输出的重要性，但是，与认知主义不同的是，社会文化理论强调社会和文化环境，尤其是社会参与的重要性，关于这一点，我们将在下一节中进一步说明。总之，直接引用 Vygotsky 的话来说，这一理论的关键是坚信"社会关系或人与人之间的关系是一切高级功能和它们之间的关系的基础"（1978：57；1981：163）。因此，为了更好地培养外语学习能力，我们需要把目的语所处的社会文化环境转移到课堂中去，让学生以最"自然"的方式参与"外语社会"、建立"社会关系"。全景模拟教学基于对现实社会的功能实在（详见 3.2.1.2）的模拟，完成课程设计，将尽可能完整的社会文化环境信息移植到课堂中。学生的学习过程即在课堂中的外语社会"生活"的过程。因此，学生可以在社会参与中，不断获取他者调控（即社会语言输入）和文化符号所提供的工具，启动语言学习的内化过程，最终帮助学生实现外语的自我调控，即使用外语思考和规范自身行为（即分阶段全景模拟的第三阶段：反思与批判）。

1.3.1.2.2 最近发展区

最近发展区（ZPD）是 Vygotsky 关于学习过程的相关理论中的一个基本概念。最近发展区指的是：个体独立活动时所能达到的解决问题的水平，与通过成人引导或与更有能力的同伴合作解决问题所获得的潜力水平之间的差距（Vygotksy 1978：86）①。

该定义揭示了最近发展区的一些关键特征。首先，最近发展区承认在任何学习领域中，辅助表现（assisted performance）对个体心理发展的重要性。其次，承认这一点促使我们关注个人在能够独立从事某项活动之前，可能需要哪些类型的协助。再次，这一概念直指未来个体的自主和独立能力（functioning）。这个概念既强调个体当下已具备的发展水平，也充分认

---

① 原文为："… the distance between the actual developmental level as determined by independent problem solving and the level of potential development as determined through problem solving under adult guidance or in collaboration with more capable peers"（Vygotksy 1978：86）.

识到其未来的潜力发展水平的重要性（Lantolf/Throne，2006：263）。Vygotsky 的追随者们提出了在教学中帮助最近发展区理论发挥作用的三个概念：脚手架（scaffolding）、反馈（feedback）和同伴帮助。

虽然有批评人士①认为应避免过度使用脚手架这一概念，但这一概念最常见的描述强调，"成人（或教师）对儿童能力以外的因素进行控制，让儿童专注于'并且只完成他能力范围内的事情'"（Wood et. al.，1976，转引自 Lantolf/Throne，2006：274）。所以至少在这个意义上，脚手架与最近发展区是明确相关的。在二语习得领域，一般情况下，脚手架式教学可以理解为教师、母语使用者或者更有能力的同伴对学习者展开的一系列的互动或提供的一系列的帮助。但是，"鉴于［最近期发展］区的构建式进程，其结果极可能是富有成效的变化，也有可能是糟糕的变化"（Newman et. al.，1989：2）。也就是说，并非每一种类型的互动或帮助对二语习得都是有益的。人们认为，只有能对当时学习者的学习和发展的需要做出正确回应的社会中介活动和对话互动才是有益的（Lantolf/Throne，2006：264）。另外，正如 Stetsenko（1999：243）等研究者所强调的，在二语习得过程中获得的各种帮助的性质和质量各不相同，这些因素也必须加以考虑。

Aljaafreh/Lantolf（1994）以及 Nassaji/Swain（2000）特别关注向二语学习者提供的帮助的类型和性质，同时又考虑到教师提供反馈和意义协商②的可能性。他们认为，纠正性反馈和意义协商是一种合作过程。在此过程中，互动本身的动态模式使反馈的性质具体化，并使学习者了解反馈以及学习者本身所产生的语言形式的用法和适用范围。隐式反馈和外显反馈③均能达到这一效果（Aljaafreh/Lantolf，1994：467；Lantolf/Throne，2006：276）。Aljaafreh/Lantolf（1994）为了研究如何在互动中为每一个学习者提供中介工具，着手研究了"纠错和外语学习之间"是否存在即时互

---

① 详见 Stone（1993：170）。
② 在第 1.3 节中，我们认为，意义协商指的是与学习过程的参与者讨论教学过程，向其他参与者进行反馈并寻求共同进步的过程。
③ 隐式反馈指从学生的行为推断出的反馈。例如，学生完成某项练习所需的时间，面对不同类型活动的情绪，选择补充阅读材料时的思考等。显式反馈指通过访谈、调查等收集的直接反馈。

动的问题（同上，467）。他们利用学习者收到的反馈信息，确定学习者进行某项活动所需要的协助的程度和类型，并分析学习者在最近发展区定义的框架内使用上述协助的能力（Lantolf/Throne，2006：277）。结果表明，学习者的语法纠正能力在不断地发展，在发现和纠正错误的过程中，他们对他人的依赖程度逐渐降低，而其自我纠正能力在逐渐提高。同时，自我监测也从一系列显性策略变为隐性策略（Aljaafreh/Lantolf，1994：469－471，转引自 Lantolf/Throne，2006：279）。Nassaji/Swain（2000）的调查证实了这些结果，并证实这种反馈从显式到隐式是连续统一、不断校正的。该调查还证实该统一体由与学习者最近发展区一致的不同类型的协商和互动构成，与程序化反馈或随机反馈①相比，该反馈更有助于学生语言能力和交际能力的发展。

最近发展区、脚手架和不同类型的递进式反馈提示我们，通过某种类型的帮助或开展某种活动，能够促进人类的高级活动——在二语习得领域中指掌握一门外语和自主学习的能力——从较低的发展水平发展到潜在的较高的发展水平。在分阶段全景模拟课堂中，学生从一个阶段到另一个阶段，在语言和学习技巧方面，一点一点取得进步，并逐步成为熟练的说话者和学习者就体现了这一点。在二语习得领域，这些进步和发展需要更有能力的指导者提供各种形式的帮助，即学习者与教师、目的语母语者、更有能力的非母语者和同学之间的协商互动。这与外语教师作为（分阶段）全景模拟教学的学习推动者所发挥的作用十分吻合（见下文 3.5、4.3.1 和 4.4）。理论上，对学生的反馈应该从最显式反馈到最隐式反馈逐步过渡，换句话说，为学习者提供的帮助应该是发展的、动态的。（分阶段）全景模拟教学完全认同这一观点，并且在其教学组织过程中教师与学生的角色是不断演变、进化的。如果学习者需要的帮助或反馈较少，并更多地

---

① 程序化反馈是指通过一组符号或分数进行的反馈，如果在反馈之后不能与学生进一步讨论反馈结果，则学习者可能误解反馈结果。例如，使用评分（从1到10，从1到5或从1到100等）、等级（优秀、良好、及格、不及格）或图片（笑脸、花朵、星星等）等等。随机性反馈指教师不考虑学生的最近发展区水平所提供的反馈。例如，当教师不分析或思考学生当下的水平、是否需要纠正此项错误时，而对错误直接进行纠正（Nassaji/Swain，2000：37）。

使用了隐式反馈，那么我们就可以假定，学习者已经达到了潜在发展水平，并且准备开始一个新的发展循环。我们可以用图1.3中所示的图形来表示这一发展过程，这个图形中所使用的术语是：

A：一级显性帮助

B：一级隐性帮助

C：学习者的当前水平（一级）

D：一级发展水平的潜在发展水平＝C′：学习者的当前水平（二级）

A′：二级显性帮助

B′：二级隐性帮助。

D′：二级发展水平的潜在发展水平＝C″：学习者的当前水平（三级）

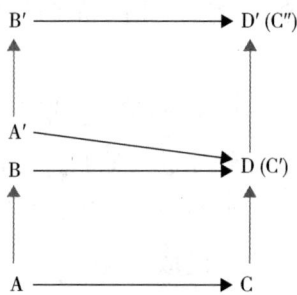

图1.3　以最近发展区为基础的学习发展循环

到现在为止，我们主要讨论的是作为儿童辅导老师的成年人，例如教师、目的语母语者、更有能力的目的语学习者所提供的帮助，但是事实上，与学习者的学习情境最接近的人就是他的同伴。社会文化理论、脚手架和最近发展区的概念一般倾向于支持前一种研究，但也有另外一些研究（Donato，1994），扩大了脚手架和最近发展区的概念，认为在学习过程中获得的帮助应包括同侪互助（peer assistance）（学习者之间互相支持和帮助）和同侪互构（mutual construction assistance）（专家学习者帮助初级学习者）。Donato认为这样做是有效的，因为在通过共同努力达到某一目标的过程中，学习者之间就形成了一种类似于集体专家（collective expert）的机制，他们能够通过合作完成团队中任何个人都无法完成的任务。原因在于，尽管他们处于相同或相似的发展水平，但他们各自的知识储备可能并不相同（Lantolf/Throne，2006：282-284）。这个结果与 Aljaafreh/Lantolf（1994）和 Nassaji/Swain（2000）在研究中观察到的结果一致，他们认为学习者之间在某种程度上能够更好地感知同伴学习者的水平，并且能够互相提供更合适的帮助。Ohta（2000）和 Storch（2002）等的调查也证实了这一观点的正确性。（分阶段）全景模拟教学鼓励同伴间的互动和协作活动，所有上述研究进一步论证了（分阶段）全景模拟教学的有效性。

Ohta（2000：76）的研究还证实，教师设计的活动并不能决定"学习者所进行的活动的性质"。也就是说，每个学生事先设定的目标与教师设计任务或活动时预期的目标并不完全一致。所以，老师讲授的内容和每个学生根据自己的需要和兴趣所关注的内容是有偏差的。Storch（2002）认为，出于这一原因，在课堂上，常常错失大量传播知识的机会[①]。而（分阶段）全景模拟教学似乎可以解决这一问题。因为在（分阶段）全景模拟教学课堂中，教师只设计一个全景模拟活动框架，向学生讲解完成活动所需的精确知识，为他们提供必要的工具，帮助他们查找更多需要的知识和信息，并指导他们共同努力，实现目标。在这一动态化过程中，教师既不事先确定每一个学生的全部目标，也不事先确定每一个学生的全部需求，而是始终留出空间让学生提出自己的需求。

1.3.1.2.3 活动理论

活动理论（activity theory）中的"activity"一词描述了一系列的辩证矛盾，例如"思考和执行，认识和行动，个人和社会，唯心主义和唯物主义，使用价值和交换价值，内化和外化"（Lantolf/Throne，2006：209）。Vygotsky 把这些矛盾看作是通过学习来实现发展的机会。因此，活动理论的任务就是寻找一系列工具来帮助人们解释人类行为和认知之间的关系，同时它也旨在寻找一种可以解释推动人类发展过程的社会实践的分析理论（Hedegaard 等，1999）。总之，活动理论是揭示人的认知、行为和其所处社会之间的关系的理论。

活动理论经历了三个发展阶段。第一阶段主要是对 Vygotsky 文化中介

---

① 详见 2.3.3.3. Kumaravadivelu 的相关理论。

概念的发展。在 Vygotsky 看来，个人是由概念和文化实体共同调节的。文化实体不仅包含了个体大脑中可能存在的观点，也包含了个体周围的物品、社会结构和自然变化（Engeström，2001）。这些实体只能通过人类的行为来对个人进行调节。因此，由这些实体引导的行为就成为理解人类思想的核心。

第二阶段是活动理论的产生（Leont'ev，1981）。Leont'ev 承认 Vygotsky 提出的文化中介概念的重要性，但他再次强调活动（activity）是一项涉及社会物质活动和个人发展的准则。他认为："内在心理活动是人类社会在劳动基础上发展起来的实践活动，是在每一个新生代的个体发展过程中形成的，也就是说，内在心理活动是对现实变化的心理反映形式"①（Leont'ev，1981：56）。

Leont'ev 对活动理论中的三个主要概念：活动（particular activity）、行动（action）和操作（operation）进行了区分。活动是受生理需求和/或社会需求或欲望驱使的。活动与另外两个概念的主要区别在于它的客体，活动的客体为活动指明了方向。活动的客体也就是活动的真正动机，反之亦然。正如 Leont'ev 所说"没有动机就没有活动"（1981：59）。客体是活动的焦点，而动机则是文化、心理和制度上的冲动，它将人类活动引向特定的客体（Lantolf/Throne，2006：218）。而行动是一个服从于目标意识的过程。换言之，行动通过目标驱动的行为实现动机（Leont'ev，1981：59-60）。操作是指一种自动的或习惯性的行为，它能对即时的社会物质条件做出反应。就像 Leont'ev 所说，"操作［……］取决于实现具体目标的条件"②（1981：65）。

活动理论的第三阶段仍在发展中，并以 Engeström（1993，2001）为代表。从 Vygotsky 和 Leont'ev 的理论出发，Engeström 用图形方法描述了一个群

---

① 原文为：Internal mental activities emerge from practical activity developed in human society on the basis of labor, and are formed in the course of each person's ontogenesis in each new generation — that is, the very form of the mental reflection of reality also changes（Leont'ev, 1981: 56）.

② 原文为："the operations […] depend directly on the conditions under which a concrete goal is attained"（Leont'ev, 1981: 65）

体活动系统（collective activity system）（图1.4）。在这一系统中，个人（主体）（subjects）的行为与Leont'ev观点中的个体的行为一致，并与以下三个因素相关：1）中介工具：符号和物质产品（mediational means：symbolic and material artifacts）；2）共同体（community）和规则（rules）；3）劳动分工（division of labour）。活动的主体指个人或团体（Engeström，1987，1993）。客体/对象（object）是指活动所作用的物理实体或社会文化实体。客体/对象通过活动转化为结果（outcome）（Engeström，1993：67）。共同体由活动的参与者组成，他们有着共同的目标。劳动分工是指共同体成员之间的横向互动，以及共同体内部地位和权力的纵向分工（Engeström，1993：67）。最后，共同体中的规则允许和限制活动功能系统中的事物发展（Lantolf/Throne，2006：223）。在活动过程中，社区内部的分工也由规则决定。Lantolf/Throne（2006）注意到，该系统提供了一个将本地人类活动与更广泛的社会文化和历史结构联系起来的概念框架，并概述了活动理论的主要准则，其中包括：

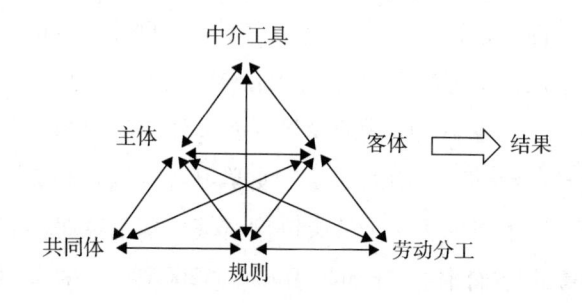

图1.4 活动系统（引自Lantolf/Throne，2006：222），基于（Engeström，1993，2001）

— 中介问题、内化—外化的对立统一和对象性（将社会和文化属性视为客观和有意义的）是活动理论（以及更广泛的文化—历史研究方法）的基本要素。

— 对象（物质对象、计划、共同目标、想法等）向结果的转化将推动活动的发展。

— 活动系统不是静态或纯描述性的，相反，该系统意味着变革和创新。

——所有活动系统都是异构和多声音（multi-voiced）的，既包括合作和协作，也包括冲突和阻力。

——活动系统内部的矛盾和不同活动系统之间的矛盾推动活动系统的发展。

——从活动理论的角度来看，不存在以"学生"、"教师"或"技术"为中心的教学法。

——活动系统不能独立运行。多个活动系统在不同程度上总是相关的，分析者的部分义务是理解外部系统如何影响被研究的焦点系统。（Lantolf/Throne，2006：226）.

把活动系统和二语习得联系起来之前，我们有必要对社会文化理论中的术语"活动"（activity）和认知理论中的术语"任务"（task）加以区别。Coughlan/Duff（1994：174）认为，"任务"是指研究人员获取语言数据的行为计划，而"活动"是交际过程中个体和群体的实际行为。在任务型教学中，学生可以练习特定的语言功能或特定的语法结构，也可以选择两者都做。所以，任务型教学法的设计主要关注语言材料，而把学习者与语境分开。但是，活动理论中的活动，使学习者的认知和交际行为得到统一，并在一定程度上形成了一个社会制度情境，即活动是学习者、物质条件和相关情境的结合体（Lantolf/Throne，2006：234；文秋芳，2015：264）。另外，在活动中教师构建任务，虽然不决定与任务相关的表现类型，但他们必须认识到"某种任务必会导致某种语言行为"（Ellis，2003：201）。

如果我们认识到交流是一种社会实践，那从社会文化的角度来研究语言，无疑是非常有趣的（Lantolf/Throne，2006：226）。同时这也可以评估（分阶段）全景模拟教学相较于其他可能的外语教学方法是否更具优势。以活动理论为基础进行分析，我们可以发现，（分阶段）全景模拟教学符合外语教学的思辨性取向。我们不能把外语教学的重点仅仅放在学习者的语言交际能力的发展上，而是更应该关注在外语学习中学习者作为人的个体的发展（Norton/Toohey，2004）。

在活动理论中，整个系统及其组成部分都处于发展变化的过程之中；因此，我们不应该把它的任何构成要素，例如动机，看作是稳定的、不变的。Lantolf/Genung（2002）分析了一位对汉语学习充满热情且掌握学习方法的学生在汉语学习过程中，如何在所有交际任务中都失败的案例。学生所在的传统学习环境、老师的介入让她认为学习一门语言就是要做练习、纠正自己的语言比交流重要得多、没有事先准备就不可能进行交流等。这都导致了她最初"学习汉语来交流"的动机被一种相当被动的行为和态度取代，变成了仅仅是为了获得相应文凭的强制性要求。通过这一具体实例，我们可以看出，动机不是一个稳定和独立的因素，因为教师的介入能够将初始的高认知动机转变为低认知动机（Lompscher，1999）①。但是，人际间的中介不仅能产生负面结果，也能产生正面结果。正如 Throne（2003）研究中的案例证明，在物质和社会教育条件发生变化（如通信工具的变化）时，认为自己是被迫学习外语的学习者也可能重新主动参与这一学习过程。通过在全景模拟教学中使用层次化的反馈（详见3.7），我们或许可以把学习外语的中国学生的典型的低认知动机转化为高认知动机。

以上研究也证实了活动系统的运作与某些外部变量密切相关。活动系统依赖于多种因素，这也是其变革和创新的原因所在。生活和学习并不是处于独立的时间和空间中（Lantolf/Throne，2006：249）。因此，我们在二语习得领域使用活动系统时，也不应只使用微观活动构成，而应寻求其与宏观社会和文化结构之间的联系。换言之，为二语习得所设计的活动系统应持续地表现出互动性和社会性，正如（分阶段）全景模拟教学所做的那样。在（分阶段）全景模拟教学的课堂中，在准备阶段，学生将会了解他们在全景模拟活动中的角色，并且准备好与他们的同伴一起扮演各自的角色。在全景模拟活动中，学生将直接暴露于一系列的社会文化和社会规则中，而每个学生都必须遵守这些文化和规则。另外，我们已经提到，活动

---

① 高认知动机出现在密集和周期性活动中，能够激发主体（学习者）的内在兴趣。低认知动机出现在为完成某个短期或即时目标所进行的单独的学习活动。（Lantolf/Throne，2006：243）.

系统是一个发展中的系统，系统中任何一个要素的变化都会引起其他要素的变化。该系统就像是一个机械齿轮系统，一个齿轮开始滚动时整个系统都会跟着滚动。（分阶段）全景模拟教学课程也是如此，学生们来上课是为了体验目的语所处的语言和社会文化体系。学生们是外语活动系统的主体，利用外语在社区中进行交流，所有成员都有一个共同的目标：扩展目的语的相关语言、社会、文化知识，提高语言、社会、文化理解能力。全景模拟活动中的社会运作受现实社会规则的制约。每一位同学，按照自己的分工，参与全景模拟活动。全景模拟活动一旦开始，根据图 1.4 所示的程序，每一个特定要素的改变都会导致所有其他要素的改变，从而推动外语学习的发展。但是，并非所有活动系统的改变都能带来积极的结果。这向我们提出了新的问题：确保改变的有效性的秘诀何在？又如何保证学习的发展是正向的呢？在下一小节我们将讨论 Dewey 的教育理论，Dewey 把这些变化看作是经验，这一假设给我们解决上述问题提供了一个合理的答案。

1.3.2　Dewey 的教育理论与全景模拟

在结束有关教与学过程的主要理论的讨论之前，我们不能忘记 Dewey 的实用主义或人文自然主义，该理论强调经验在教—学过程中的重要性。本小节主要论述 Dewey 教育思想的影响。首先我们将阐明 Dewey 的新达尔文主义中"习惯"的概念，以及经验的连续性对于探索和反思过程的重要性。其次，我们将探讨 Dewey 反思式学习的五个阶段。

John Dewey 教授（1859—1952），是美国哲学家、心理学家、教育学家和美国实用主义学派的代表人物。实用主义倡导一种自然主义方法，把知识看作是对生物体和人类环境的积极适应。因此，学习或研究不应该被理解为大脑以被动方式观察世界的过程，而应该被理解为为了验证某一猜想或解决所遇到的阻碍，通过对环境的主动操纵来检验最初的假设，并在对环境的重新适应过程中不断提出新的问题，进而再次采取行动的过程（Dewey，1896）。这种思想在教育改革中发挥了重要作用，因为其所包含的方法"为更有意义的学习打开了大门"（Angelini Doffo，2012：41）。为了从理论上证明（分阶段）全景模拟教学在现实情况下的可行性，在这一小节，我们将重点讨论 Dewey 的教育理论和经验重建理论。

Dewey 认为，我们需要一个经验理论，使教育能够"明智地以经验为基础"（1997a，第13卷：17）。Dewey 的实用主义或人文自然主义理论以建构主义的哲学为基础，认为经验产生于人类与环境相互作用、顺应和同化的过程中（Garrison et. al.，2012：42），而且"自然界中不存在孤立现象"（Dewey，1997b，第1卷：207）。所有人类都拥有同样的生活节奏体验："平衡、失衡和恢复平衡"（Garrison et. al.，2012：42）。这一"整体动态平衡"被 Dewey 称为"生命机能"（living function）（1997a，13卷：377）。这种机能通过人与环境的相互作用来实现，并为人类提供了主要的经验。按照 Dewey 的说法，这些经验是"存在的、定性的和即时获取的经验"①（Dewey，1997b，第5卷：253）。但是，把人类直接置于现实关系中的原初经验，不仅仅是人与环境之间的一种认知关系的体现（Dewey，1997b，第4卷：232），还应包括人立即应对环境的两种能力：探索（inquiry）和反思。

Dewey 的经验理论源于其对习惯的解释。对 Dewey 而言，习惯是一种管理技巧，也是一种旨在采取有效行动的行为方式。和传统观念中的简单刺激行为过程不同，Dewey 的习惯观念是指"以自然条件为最终手段的能力"。这是一种通过控制器官进而主动控制环境的方法（Dewey，1997a，第9卷：51）。我们的经验来自于过去通过控制行动器官和控制环境而形成的习惯。而经验会改变这些习惯，使之成为新的习惯。而新的习惯将控制我们未来的行为，因而也会对我们未来的经验产生影响。因此，Dewey 习惯观念的力量在于它把动机与行动联系起来，使新旧习惯具有连续性（Dewey，1997a，第14卷：33）。教育被视为连续的成长过程（a continuous process of growth；Dewey，1997a，第9卷：59），但并非所有的经验都能建立教育所需的连续性。为实现经验的连续性，Dewey（1997a，第9：46卷）提到了发展的能力（the ability to develop）的重要性，并由此提出了经验重建

---

① 原文为："existential, qualitative, and immediately had experiences"（Dewey，1997b，第5卷：253）

思想。在他看来,"正是经验的重构或重组,才增加了经验的意义,提高了指导随后的经验过程的能力"(1997a,第9卷:82)。另外,我们不仅要重构经验和环境,还要使自己能够适应现实,并对未来的经验加以控制(1997a,第9卷:51)。

在二语习得领域,在课堂上或学生学习外语时,围绕着学生的"环境",就是Dewey所谓的环境(environment)。在这样的环境下进行的学习构成了学生的学习经验。在开始外语学习时,学生已经具备了语言、学习、文化等方面的习惯和经验(包括知识)。在学习过程中,他们利用这些习惯创造新的经验,从而形成新的习惯。这一过程不断重复,直到课程结束。理想的情况是,在习惯发展的过程中,教师帮助学生重建或重组这些经验和习惯,换言之,帮助他们在新旧习惯的融合中达到平衡。为保证学生能理解和融入这种重建或重组的过程,教师应向他们提供一些工具,使他们能清楚地考虑到所学课程的环境和他们初始的习惯、经验和知识之间的关系。在(分阶段)全景模拟教学的准备阶段[①]能够确保学生了解环境和激活先验知识(在较低语言水平时,通过教师的帮助或在较高语言水平时,由学生自己完成这一过程。)并赋予它们意义。分阶段全景模拟框架对学生需求的分析可以帮助他们更好地理解其过去的习惯和经历。与此同时,(分阶段)全景模拟教学框架对语言技能、社会角色和社会文化等方面的准备活动使学习者清楚地认识到他们已经知道什么以及仍然需要学习什么,并以此为指导完成完整的全景模拟活动。因此,在持续的语言训练和教学发展过程中,(分阶段)全景模拟教学框架并不需要以特别的方式激励学生,因为学习者的动机来自于"通过建立对特定对象和目标的兴趣,在适当的发展方向上,协调学习者正在进行的活动及其所处世界"(Garrison et. al.,2012:42)。此外,在(分阶段)全景模拟活动中,考虑到每个学生对整体工作都负有部分责任,其在第一阶段所做的一切都必须是面向下一阶段的具体行动,因而学生应当具备足够的动力来推动学习。

---

① 有关(分阶段)全景模拟法的三个步骤(准备、全景模拟、反思)的具体内容,详见3.3和4.4。

最后，（分阶段）全景模拟教学的反思阶段给学生提供了一个空间，让他们重新构建自己的经验，并形成新的习惯，从而在下次模拟中获得更好的经验。而这类学习，从深层意义上来说，借鉴了我们接下来要讨论的反思式学习的五个阶段的理论。

如前所述，我们通过经验建立了现实和环境之间的关系，这一关系要求学习者具备探索（inquiry）和反思的能力。探索是指在主动理解、直觉和知识的探究过程中，对经验进行反思和思考（Garrison et. al.，2012：57）。反思指的是思考"我们想要做的事与结果之间的关系"（Dewey，1997c，第9卷：151）。从这个意义上讲，我们想进行的反思式学习，其实就是学习如何反思和如何思考。Dewey将反思学习分为五个阶段，学生和教师必须遵循这五个阶段的要求，才能实现教学经验的延续和完成更有意义的学习。而这五个阶段也为（分阶段）全景模拟教学各个步骤间的动态发展提供了良好基础：

A. 当我们的大脑遇到某种境况或障碍时，个体为找到可能的解决方案而采取行动，即可触发反思学习的第一阶段（Dewey，1997b，第8卷：200）。在这个阶段，个体尚不具备足够的信息对境况进行分析，且此时进行详细的分析还为时过早。因此，此时个体只是从过去的生活经历和习惯中获得初步建议。从本质上讲，这些建议完全是概念上的，不会被采取来进行任何建设性行动，以解决当下的问题，因为这些建议要么是不明确的，要么是明确但杂乱的，都不足以帮助个体实现积累和持续性发展（Garrison et. al.，2012：59-60）。在全景模拟活动中，当教师首次告诉学生他们将要进行的全景模拟活动时，学生就会触发反思学习的第一阶段。此时，学生所获取的建议既不是来自老师，也不是来自能力较强的说话者，而是在学生运用他们已有的思想、经验和知识去探索可能的解决方案后，在他们自己的头脑中形成的对新活动的初步建议。但是，正如我们上文所述，如果学生不进一步理清在全景模拟活动过程中需要解决哪些具体问题，那么这些建议就不会产生任何建设性行动，也不能推动全景模拟活动的完成。

B. 反思学习的第二个阶段是理智思考阶段（Dewey，1997b，第8卷：201），也就是确定并提出具体问题的阶段。无论是哪种学习方式，我们总会发现自己最初处于一种不确定的状态。在这种状态下，我们不得不面对一个构成要素未知的问题。但是，这个问题的某些部分是固定不变的。（Dewey，1997b，LW12：112）通过对境况的观察，我们可以确定某些事实（the facts of the case），并对其进行命名（同上，113），进而可以在认知层面上对问题进行处理。这个过程决定性地影响了我们对问题的设想，进而影响到我们选择的行动建议、提出的假设、可能使用的概念性资源、对问题构成的认知，和对后期用于解决问题的数据的收集①。在全景模拟活动中，这一工作主要在准备阶段进行。此时，学生们将会获得关于他们将要面对的情况的细节，并发现他们将要遇到的问题，对这些问题进行命名，即用语言来明示其所要解决的问题。当学生面临具体的语言问题时，也要经历这个阶段。学生需要观察给他们带来问题的语言样本，并试图给它们命名，以便进行认知处理。

C. 反思学习的第三个阶段是建立一种假设，这种假设将用来系统地指导后面的探索（inquiry）实践。这种假设与第一阶段的建议不同，那时的建议本质上既不精确也不直观。而在完成第二阶段，也就是理智思考阶段之后，我们已经对问题进行了命名，这就为我们提出假设提供了更符合逻辑的结构。所以，在第二阶段之后，我们已经有了编制信息网络的具体想法，这些信息将用于后续推理阶段，把假设和其他概念联系起来（Garrison et. al.，2012：62）。如果将这一过程带入语言学习领域，当学生面对一个语法问题时，在学生从认知上确定具体问题后，会先对语法的使用提出一个假设，然后就有了后面验证假设的指导方针。之后，学生会收集更多的数据，来帮助其进行新的推理，最终理解语法结构的运作方式。

---

① 原文为："The way in which the problem is conceived decides what specific suggestions are entertained and which are dismissed; what data are selected and which rejected; it is the criterion for relevancy and irrelevancy of hypotheses and conceptual structures"（Dewey，1997b，LW 12：112）。

D. 反思学习的第四个阶段是通过推理过程进行的。在这个过程中，我们将假设与问题结合到一起，并找到二者协调运作的方法。由此，我们得到了一个行动计划，一种解释，或是回应假设的一些有效或可能的结果。推论的过程依赖于一个人已有的知识，这些知识不仅来自于他所受的教育，也来自于他对文化和文化知识的理解及运用①（Garrison et. al.，2012：67）。在语言学习领域，我们可以说，当学生对于某个语法的使用方式已经有了一个假设后，他们将会继续收集更多的口语或书面语的样本，并在与该问题有关的其他知识的辅助下，例如，通过从母语或其他已经掌握的语言中了解到的知识，检查他们提出的假设的正确性，从而确认合理的假设。

E. 反思学习的最后阶段，是对已接受的假设以及学习者推理过程的结果进行实证和材料验证。此时，即使验证失败，学习也不会受到影响，因为从成功和失败中都可以很好地学习（Garrison et. al.，2012：68）。就外语学习而言，在有了合理假设之后，学生必须敢于与老师、母语者或其他语言能力较强的同伴进行交流和协商来测试其有效性。而这一过程与（分阶段）全景模拟教学密切相关。真正的全景模拟阶段会提供丰富的机会和场景。学生在该阶段不断使用自己的语言推理进行交流、意义磋商、合作学习等，因而有更多的机会对推理进行实证验证。在该阶段还需要不断处理各类背景、场景等的资料。这些也为学生提供了通过材料验证推理，测试准备阶段所提出的假设和推论的机会。

Dewey 提出的反思学习的五个阶段更详细地说明了学习者认知的过程。正如我们在刚刚的论述过程中所指出的，Dewey 的这一思想在外语教学领域有着深远的影响，Dewey 的理论将学习和行动联系起来，为（分阶段）全景模拟教学提供了基础。

---

① 原文为："This knowledge not only depends upon the individual's previous experience and education, but also on the culture and condition of intelligent inquiry within that culture"（Garrison et. al.，2012：67）。

1.4 总结

  本章节试图从二语习得理论、语言学理论、心理学理论、教育学理论四个方面系统总结（分阶段）全景模拟教学的理论基础。
  二语习得理论证明了在学习外语时使用母语的重要性。母语既可以作为一种教学语言，是学习外语的基础和开始，更是外语学习过程中选择性注意的调节因素。这也同时证明了非目的语母语教师的优势，为我们在中国，尤其是在语言学习的初级阶段应用（分阶段）全景模拟教学，提供了强有力的依据。Gass 的交互理论证明了（分阶段）全景模拟教学的有效性。因为这两种教学法不仅使获得丰富的可理解性输入成为可能，也为灵活的意义协商和输出提供了充足的机会。从语言学理论上讲，对认知、语义、语用因素和交际过程的关注，促使我们为学生提供尽可能接近现实的语言学习和使用的环境。分阶段全景模拟框架的各个阶段，对于学习者语言意识的形成、对语境的关注、直觉推理的激活、协商等方面的要求各不相同，语用学和 Piaget 的认知建构主义均为此提供了依据。最后，Vygotsky 的社会文化理论为我们的合作学习奠定了坚实的基础。而 Dewey 的教学理论再一次强调，如果要让认知学习过程成为有意义的学习过程，那么全景模拟活动将必不可少。

2 分阶段全景模拟框架的理论基础

在介绍全景模拟及分阶段全景模拟框架之前,我们将在本章节中,回顾外语教学法的发展历程,对其中涉及的基本概念进行界定。从外语教学法的理论基础和教师与学生在教学法中的角色两个方面进行分析,对外语教学方法进行分类,并以此为依据定义分阶段全景模拟框架的不同阶段。最后,我们将对后方法概念进行介绍,并通过对比几种主要的后方法理论,为全景模拟搭建更丰富坚实的理论基础,为确保分阶段全景模拟框架的有效性寻找到适合的原则。

2.1 外语教学法的相关概念

在对各类外语教学方法进行分析之前,我们认为有必要厘清外语教学中常用的一些理论术语,如 approach, method, methodology, technique, design, procedure, principle 等。从 20 世纪 60 年代至 21 世纪初,许多研究者对这些词的概念和适用范围进行了界定。(Antony, 1963; Richards/Rodgers, 1982, 2003; Larsen-Freeman, 2000; Nunan, 1991; Melero Abadía; 2000; Kumaravadivelu, 2008; Alcalde Mato, 2011) 研究人员主要关注两个问题:这些术语分别具有什么含义?在外语教学领域,如何阐述 approach, method, methodology 等术语之间的关系结构?

approach, method, methodology 这些术语都不可避免地出现在与外语教学相关的文章中。但是,研究者们对其定义的理解却并不一致,这就造成了在很多情况下其用法的混乱。这主要表现在 approach 和 method，以及 method 和 methodology 的混用上。尤其是中文翻译中，译者大多将此三词翻译为"教学法""法""教学"等。但从翻译中我们并不能看出三者之间的关系。

method 一词，来自希腊语 *méthodos*，在语言教学中，可指：1）语言分析方法，2）教学手册或教科书，3）教学路径。（Alcalde Mato，2011：11）在本文中，当涉及外语教学时，我们将采用其第三个含义，即"系统而有组织的教学路径"（同上），这一定义与我们常说的"教学法"概念基本一致。因此，后文中我们将使用"教学法"一词指代 method。Melero Abadía（2000：15）的观点与 Alcalde Mato 的类似，他谴责"人们常用 method 一词来指代实际为 approach 的内容，而［method 一词本身］是对语言和/或学习理论进行反思的基础"。与此相比，在一个 approach 中，"预留了更多的个性化解释和个体差异的空间"。Kumaravadivelu（2008：84）也强调 method 是由相关领域专家编写的系统性、理论性的教学系统。总而言之，语言教学法（method）是以促进外语教学的成功为目的，由该领域的专家基于语言、学习与教育理论及其他相关领域的知识而建立起来的一个系统。

就"方法论视角"而言，approach 一般被用于"确定方法论背景下的具体视角或理论"这一情景中（Alcalde Mato，2011：11）。正如前面所提到的，它是教学法（method）的扩展，因此一个 approach 中允许存在不同的教学法。Richards/Rodgers（2003）将其视为"语言本质和语言学习的理论集合"（同上：42），这与 Antony 的说法是一致的，他认为 approach 是"处理语言本质和语言教学本质的一组相关假设"（Antony，1963：63 - 64），因此，它也是形成外语教学法的框架和理论基础。基于上述定义，后文中我们将使用"教学路径"或"路径"一词指代 approach。

Methodology 一词是三个词中定义范围最小的一项，主要涉及"如何"进行外语教学的问题（Nunan，1991：2）。与由相关领域专家提出的教学法（method）不同，methodology 是由每一位教师受到某种教学法的启发，而对外语教学做出的个人解释。他们将其应用于课堂实践中，以实现其教学目标（Kumaravadivelu，2008：84）。基于上述定义，后文中我们将使用

"教学策略"或"策略"一词指代 methodology。

显然，根据所给的定义，这三个术语之间存在着一定的层级关系。教学路径为理解语言和语言教学的本质奠定了理论基础。语言教学专家由此发展出不同的教学方法时，也就是在制定教学计划，其中包括教学指导、教学内容、师生角色定位、教材的使用等等。最后，当教师在课堂中使用某一教学方法时，总是会对其细节进行修改，使之更适合于当下的情境和具体的教学目标，从而形成特定的教学策略。

与此三者的金字塔层级关系相似，在分析外语教学法的构成时学界主要有两种观点：三分法（Antony，1963；Richards/Rodgers，1982，2003）和二分法（Larsen-Freeman，2000；Kumaravadivelu，2008）。

Antony（1963）将外语教学法分为三个层次，包括路径、方法和技巧（technique）。与 Antony 相似，Richards/Rodgers（1982，2003）也将教学法分为三个部分，即是路径、设计（design）和过程（process）。Antonyy 认为，路径包含了理解语言及其教学本质的基本理论原则。这些原则控制着外语的教与学（Kumaravadivelu，2008：84）。Antony 将其视为"一种观点，一种哲学思想，一种信仰"（Antony，1963：65）。因此，路径是一种公理化的存在（Antony，1963：65），它包含了一系列"关于语言和语言学习本质的假设、信念和理论，这些就像是公理或参考基点一样，为语言教师最终如何在课堂上与学习者相处，提供理论基础"[①]（Richards/Rodgers，1982：154）。

因此，两种三分法对教学路径的理解基本一致，但它们之间在第二个层次有所区别：Antony 所说的教学方法和 Richards/Rodgers 所说的设计。Antony 认为，教学方法是以所选择的教学路径为基础，对"语料有序呈现的整体规划"（1963：65）。Richards/Rodgers（1982：154）则认为设计"规定了语言和学习理论与教学材料的形式和功能以及在教学环境中的活动的形式和功能之间的关系"，包括总体和具体目标、教学计划、教学活

---

① 原文是：Assumptions, beliefs, and theories about the nature of language and the nature of language learning which operate as axiomatic constructs or reference points and provide a theoretical foundation for what language teachers ultimately do with learners in classrooms. (Richards/Rodgers, 1982: 154)

动的类型、学生和教师的角色以及教材的特点（Richards/Rodgers，2003：42）。也就是说，设计的概念比方法的概念更宽、更具体，但是两者在这个层次上也有一些共同之处，即它们都是基于已选择的路径对外语教学进行总体的、程序性的规划。

在第三个层级，Antony 采用了技巧的概念，即"为实现当前的目标而采用的特殊技巧、策略或办法"①（1963：66）；而 Richards/Rodgers 则诉诸过程的概念，认为其"包括课堂上的技巧和实践，是特定路径和设计的结果"（1982：154）。

我们赞同 Clarke 对 Antony 的课堂技巧概念的批评，他认为，"这些技巧和活动可以被理解为独立于所发生环境的抽象概念，这掩盖了课堂实践是不同系统的动态互动这一事实"（Clarke，1983：111）。虽与此类似，但 Richards 和 Rodgers 的过程概念中，在课堂活动的应用方面还包括了"精确的使用情境，以及对各类练习的执行和结果的精确描述"（Kumaravadivelu，2008：86）。

为了对 Antony（1963）和 Richards/Rodgers（1982）的三分法有更为直观的理解和比较，我们设计了图 2.1 和图 2.2。从图 2.1 可以看出，Antony 认为每一种路径都可以包含不同的方法，但应共享教学技巧。但是，从图 2.2 中可以看出 Richards 和 Rodgers 在第一和第二层级（路径和设计）的关系上与 Antony 关于路径和方法的观点相似，但是他们认为，对不同设计所应采取的具体教学过程也应有所不同。

分析比较这两种三分法，我们认为 Richards 和 Rodgers 的观点更完整、更具体。但是，这两种方法都有同样的缺点：他们把不同的路径分成不同的方法（Antony）或设计（Richards/Rogers），仿佛不同方法间是互不相通的。正如 Nunan 所说："尽管方法多种多样，但所有方法都有一个共同点。它们都假设有一套原则将决定学习是否会发生。因此，它们都为教师和学生的课堂行为提出了一套单一的戒律，并断言如果忠实地遵循这些原

---

① 原文是："a particular trick, stratagem, or contrivance used to accomplish an immediate objective"

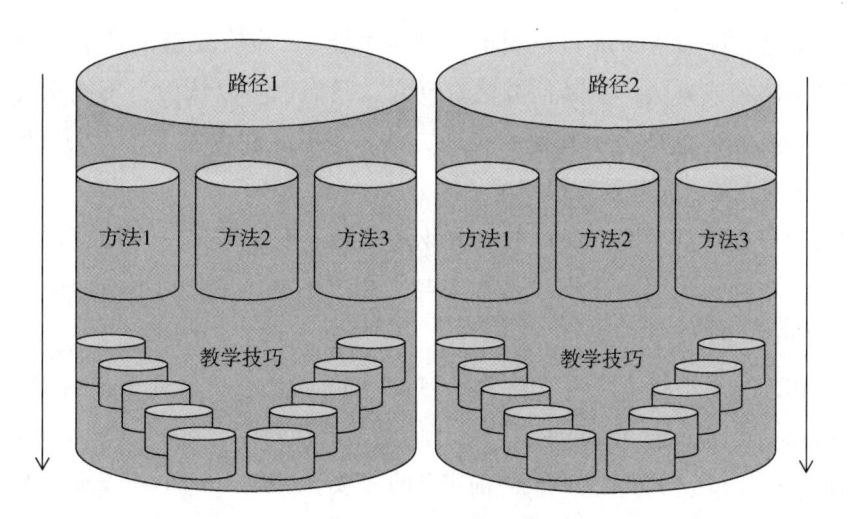

图 2.1 Antony 三分法模型

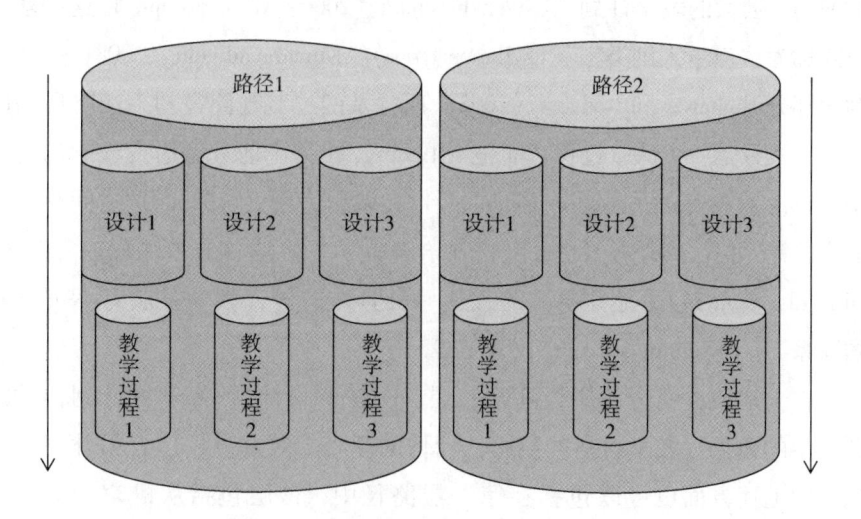

图 2.2 Richards 和 Rodgers 三分法模型

则,所有人就都能学好"① (1991:3)。

---

① 原文是:Despite their diversity, all methods have one thing in common. They all asume that there is a single set of principles which will determine whether or not learning will take place. Thus they all propose a single set of precepts for teacher and learner classroom behaviour, and assert that if these principles are faithfully followed, they will result in learning for all (Nunan, 1991:3)。

但是，正如 Nunan 自己说的那样（同上），没有足够的证据可以保证某种路径或方法优于其他方法。反之，我们也可以认为，不能保证某种路径或方法总是劣于其他路径或方法。另外，在课堂上，老师们所采用的不同方法之间并没有很明确的区分。Nunan（1987）、Thornbury（1996）和其他研究者基于课堂观察的研究均清楚地表明，即使是声称遵循特定方法的教师实际上也并不总是遵守与之相关的基本原则（Kumaravadivelu，2008：84）。

此外，很难将"全语言教学"（total language）、"任务型语言教学"（task-based language teaching）、"基于问题的语言教学"（problem-based language teaching）等界定为我们之前定义的"教学方法"（method），即由外语教学领域的专家们提出的，包含教学指导、教学内容、教师与学生角色、教材使用等要素的教学计划。Larsen-Freeman（2000：xiii）倾向于将这些教学方式称为"教学大纲类型"（syllabus types）。Kumaravadivelu（2008：94）认为大部分 Richards 和 Rodgers（2003）所提及的"其他路径和方法"所指的教学方式只是一个课堂过程，而他（1993b）在关于任务型语言教学的定义中也讨论了方法（原词为 methodology）和课程大纲（syllabus）之间存在的概念模糊。他认为任务（task）[①]，在语言教学中，是一个"课程内容"（a curricular content），而并不"与任何一种具体的语言教学方法有不可分割的联系"[②]（Kumaravadivelu，2008：95）。

在上述两种三分法中，除第二层（方法和设计），即学习计划，教师和学生的角色，教学材料的使用，评估的原则等等之外，还有另外一个问题，即上述方面也可以包括在第一层路径中，该层包括从语言学、社会学、心理学等学科及其理论中获得的知识和原则（Kumaravadivelu，2008：89）。因为严格来说，这两个层面都涉及日常外语教学的原则。

[①] Kumaravadivelu 将基于问题的学习（problem-based teaching）中的"问题"视为一种专注于学习的任务。在本文中我们也认同这一观点，并认为基于案例的学习（case-based learning）、基于项目的语言学习（project-based language learning）和全景模拟教学中的案例、项目和全景模拟活动，也是不同版本的以学习为中心的任务。

[②] 事实是，这种歧义源于强交际路径（strong version of the communicative approach）（Howatt，1984），而根据后来 Nunan（1989：1）的观点，教学方法和教学大纲之间的区别是微不足道的。

因此，这就出现了二分法的观点，Larsen-Freeman（2000）和 Kumaravadivelu（2008）都持类似看法。Larsen-Freeeman 认为语言教学法的概念既包含了原则（principle）层面也包含了技巧（technique）层面。其中，原则指的是理论的整合（转引自 Larsen-Freeman，2000：xi），技巧指的是课堂实践。与此类似，Kumaravadivelu 把原则定义为：一系列来自普通和应用语言学、认知心理学、信息科学和其他相关学科的见解，为语言学习、语言规划、语言教学、教学大纲设计、教学材料制作和教学评估的相关研究提供理论基础[①]（Kumaravadivelu，2008：89）。但 Kumaravadivelu 没有使用技巧这一概念，转而使用过程（process）这个词来指"教师为完成明确和不明确的、短期和长期的教学目标而采取或调整的教学策略"（同上）这包括各种课堂事件、活动和技巧。

若要对这两种二分法的观点进行比较，他们在第一层次，也就是原则的概念上，是基本一致的，尽管 Kumaravadivelu 的定义比 Larsen-Freeman 的定义更为详细和完整。然而，两人第二个层次的观点出现了分歧。Larsen-Freeman 认为指导原则下辖的应该是技巧，技巧既可以是独立的，也可以是有连续性的；可以是按一定顺序使用的，也可以是无序使用的。而 Kumaravadivelu 的过程则与技巧不同，它是由教师根据课程的具体目标进行调整的。也就是说，过程考虑到了在外语课堂上持续进行各种实践、活动、策略、技巧等等的重要性。本文中我们将采取 Kumaravadivelu 的观点。

二分法观点如下图所示（图2.3）。与前面展示的三分法观点相比，其优势在于，教师在选择某些特定的原则并在课堂中运用某些特定的过程之间没有任何障碍。因此，二分法向教师敞开了大门。教师可以选择他们认为合适的原则，并由此衍生出最适合自身教学情境的教学过程。

[①] 原文是：...a set of insights derived from theoretical and applied linguistics, cognitive psychology, information sciences, and other allied disciplines that provide theoretical bases for the study of language learning, language planning, and language teaching, also those governing syllabus design, materials production, and evaluation measures（Kumaravadivelu，2008：89）。

```
┌─────────────────────────────────────────────────┐
│          ╱‾‾‾‾‾‾‾‾‾‾‾‾‾‾‾‾‾‾‾‾‾‾‾‾‾‾‾‾╲        │
│         (  普通和应用语言学、认知心理学、信息科学和  )      │
│  原则    (  其他相关学科的理论                    )      │
│          ╲_____╱        │
│                        ⬇                           │
│- - - - - - - - - - - - - - - - - - - - - - - - - -│
│          ╱‾‾‾‾‾‾‾‾‾‾‾‾‾‾‾‾‾‾‾‾‾‾‾‾‾‾‾‾╲        │
│         (  语言规划、语言教学、教学大纲设计、教学  )     │
│  教学过程 (  材料制作和教学评估等                 )     │
│          ╲_____╱        │
│                        ⬇                           │
│          ╱‾‾‾‾‾‾‾‾‾‾‾‾‾‾‾‾‾‾‾‾‾‾╲               │
│         (  教学实践、活动、策略、技巧等  )              │
│          ╲_____╱          │
└─────────────────────────────────────────────────┘
```

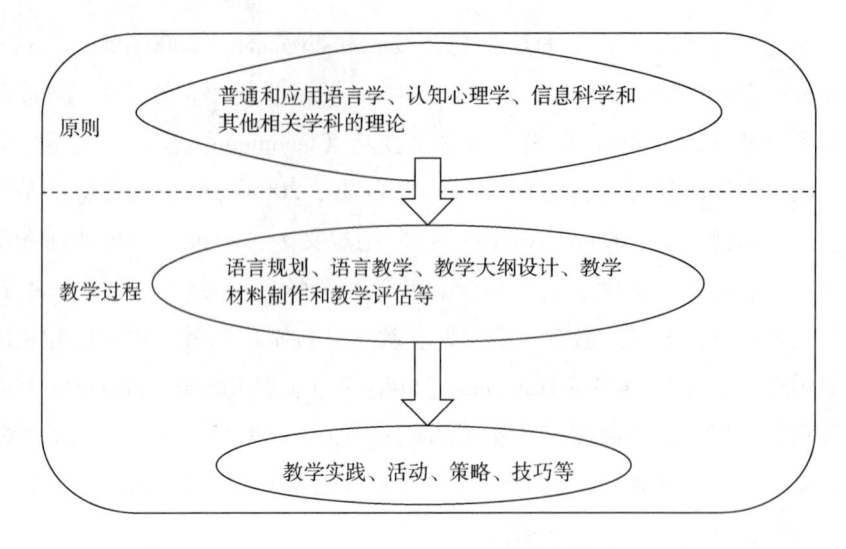

图 2.3 Kumaravadivelu 二分法模型

2.2 外语教学法的发展进程与全景模拟

前一节中，我们确定了路径、方法、技巧等术语的含义，明确了其与二分法之间的逻辑关系（Kumaravadivelu，2008）。本章节中，我们将在此基础上，阐述外语教学理论与语言学理论、教师和学生的角色以及教学过程的发展历程，以期发现外语教学方法的发展趋势，并从每一种教学方法中选择适合我们的元素，结合 Kumaravadivelu（2008）的二分法观点，来找到这些元素组合的通用规则，为分阶段全景模拟奠定基础。

目前，外语教学法的分组方式有多种，其中最为常见的是对每一种方法出现的时间进行排序（Howatt，1984；Sánchez Pérez，1992；Pentcheva/Shopov，2003；Richards/Rodgers，2003）。以此方式进行的分类，尽管不同的研究者之间的结果存在一些小的差异，但就目前而言，主要包含三个时期：1）20 世纪初到中期，2）20 世纪 50 年代到 70 年代，3）1975 年以后。

第一阶段以 1921 年 Palmer 提出的以口语法（oral method）为代表的直接教学法（direct methods），和 1926 年 Michael West 提出的阅读法（reading method)（Pentcheva/Shopov，2003）为主体。Richards/Rodgers（2003）也将20世纪40年代以来美国陆军语言学校（U. S. Army Language School）所采用的听说教学法（audiolingual method）纳入这个阶段。但是，根据Pentcheva/Shopov（2003）的观点，这种方法属于第二阶段，因为它与第二阶段的教学法一样，都基于相同的语言学（结构主义，Bloomfield，1933）和心理学（行为主义，Skinner，1957）理论[①]。实际上，出于同样的原因，大多数其他教学方式（alternative methods，Richards/Rodgers，2003），例如全身反应教学法（the total physical response）（Asher，1977）、沉默教学法（the silent way）（Gattegno，1972）、社区语言学习法（community learning）（Curran，1976）[②] 等，都属于第二阶段（Pentcheva/Shopov，2003）。而Hawatt的研究（1984）把注意力直接放在了第三阶段：交际教学路径（communicative approach）。

若以此为分类标准，则不难发现，尽管同一阶段的教学方法一般都受相同的语言学、心理学、教育学等理论的影响，但在某种程度上仅仅按其出现的日期排序，对理解外语教学法的发展意义不大。而影响教学法的不同理论的组合形式是多种多样的，从外语教学法的发展历史来看，这种时间上的分组方式并不具可操作性。例如，其他教学方式（alternative methods，Richards/Rodgers，2003）中的很多方法不仅借鉴了上述基本理论，也借鉴了生成语言学、功能语言学、人文主义、建构主义以及二语习得等各种理论。

另一些研究者（Nunan，1991；Richards/Renandya，2002；Mohammed，2013）倾向于以不同外语教学方法所强调的语言能力为基础进行分类，他们将外语教学法看作是一套训练不同语言能力的技巧：理解能力、口头和书面表达能力、语法能力、词汇能力等等。在这一分类体系中，研究者并没有直接且深入地分析他们所考察的每一种方法，他们所做的就是找出发

---

① 实际上，口语法也基于相同的语言学和心理学理论。
② Richards/Rodgers（2003）还包括了一些Pentcheva/Shopov（2003）没有提到的其他方法，例如全语言教学（total language）、语块教学法（lexical approach）和能力导向型教学法（competency-based language teaching）。

展每种语言能力的技巧,然后加以推广。

在我们看来,这两种分类方法都不甚令人满意,因为它们都没有真正考虑到不同教学方法的本质,而只注重其中一部分表面信息,没有将教学方法视为一个完整的、整体的系统。

我们在前面的章节中已经分析过,外语教学方法的创建需要一系列的理论基础做支撑,如语言学、心理学、教育学、信息工程等相关理论,并由此确立外语教学过程的基本原则,例如教学内容、教学材料、教学技巧、教学活动的选择等。通过对这些要素的分析可以发现外语教学法的真实发展脉络。按照这个思路,Kumaravadivelu 将目前的外语教学方法分为三类:以语言为中心①、以学习者为中心②和以学习为中心③(2008:90-157)。以语言为中心的教学法指主要关注语言形式的教学法(Kumaravadivelu, 2008:90)。以学习者为中心的教学法侧重于学习者的个人需求、愿望和情景(同上:91)。以学习为中心的教学法则侧重于语言学习的认知过程(同上:92)。

根据 Kumaravadivelu 的分类,在这一章,我们将只分析下面提到的教学方法,而并不详细考察前面提到的其他教学方式(alternative methods, Richards/Rodgers, 2003)。因为,一方面,这些方法通常并不完全来自于语言学、心理学和教育学理论,另一方面,它们在中国的外语教学领域影响也不大(Sánchez Pérez, 1992)。换句话说,我们只关注那些对中国外语教学有重大影响的教学方法。我们将主要分析口语法(oral method,或称情景教学法 situational language teaching)、听说教学法(audiolingual method)、语块教学法(lexical approach)、交际教学法(communicative language teaching)、自然教学法(natural approach)、基于内容的教学法(或称内容本位教学法,content-based instruction)、合作语言学习教学法(*cooperative*

---

① 以语言为中心的教学法包括口语法(oral method)和听说教学法(audiolingual method)。
② 以学习者为中心的教学法主要指交际教学路径(communicative approach)。
③ 以学习为中心的教学法主要包括领悟法(comprehension approach, Winitz, 1981)、自然教学法(natural approach, Krashen/Terrell, 1983)、能力导向教学法(proficiency-oriented approach, Omaggio, 1986)、沟通教学法(communicational approach, Prabhu, 1987)、语块教学法(lexical approach, Lewis, 1993; Willis, 1990)和过程教学法(process approach, Legutke/Thomas, 1991)

language learning)、基于问题的教学方法（problem-based learning）、基于项目的教学方法（*project-based language learning*）、案例教学法①（*the case method*）、模拟教学法（*simulation*）和全景模拟教学（*global simulation*）②。上述以斜体标注的教学方法，我们称它们为基于个体发展的教学方法。因为首先，它们有着共同的课堂设计框架，且源自共同的语言教学理论；其次，它们能够帮助学生和教师进行创造性、个性化和反思性学习；最后，它们能够帮助师生形成长期或终身的自我培养习惯。我们将合作语言学习教学法也包括在这一组中，尽管根据 Kumaravadivelu 的分类，它应属于以学习为中心的教学路径，但我们认为这种方法与基于个体发展的教学方法有更多的共同点（见表2.1）。

综上所述，本章的教学法分析主要考虑两个基本方面：教学法的理论起点，和师生在教学过程中的角色③。其中教学法的理论来源分析将包括对语言学理论以及其他与教学相关的理论的分析（详见第一章及本章2.2.1 节）。学生和教师是教学过程中的主要参与者，我们将探讨在语言教学研究、学习方式和学习策略研究及现行的教师培训体系中如何体现不同的教学方法所赋予的师生角色。

2.2.1 外语教学法的理论基础

如前所述，外语教学方法主要源于语言学、心理学、教育学和二语习得等理论。本节主要对教学方法相关的语言学理论及相关的教学理论进行简要的分析。本章节我们还将分析每一组方法所使用的语言概念和它们对外语学习的定义，以便我们定义分阶段全景模拟框架的不同阶段。

2.2.1.1 语言学理论与外语教学方法

我们在第1.2 节中已经提到，当代语言学的研究始于 Saussure 的结构

---

① 请参阅 Wassermann（1994）

② 根据 Kumaravadivelu（1993b，转引自2008：95）的观点，他认为"一项语言学习和教学任务不应只与某种特定的语言教学方法"相关联，因此我们的分析中没有包含基于任务的语言教学（task-based language teaching）。

③ 在为某一类学生选择合适的教学法时，不仅要考虑教学法对学生角色的要求，还应该考虑各种情感和动机因素对学生学习情况的影响。

主义，现代外语教学法也由此产生。口语法①（oral method）与听说教学法（audiolingual method）的指导思想分别来自两个主要的结构主义学派：欧洲结构主义和美国结构主义。两者有一些共同的特点：1）在课堂上只讲目的语，因而目的语既是教学目的，又是教学工具；2）口语表达能力优先于阅读能力；3）偏爱以目的语为母语的教师；4）强调好的发音；5）采用归纳式语法教学；6）使用明确的定义或图片来介绍和解释具象词汇，使用概念联想来理解抽象词汇；7）学习一门语言就是养成一系列习惯。

Palmer 的口语法（1921）创建于 1921 年。该方法通过完全使用目的语口语，摒弃学生的母语来进行外语教学，不论是翻译新单词，还是提供任何类型的指示和解释，都完全使用目的语（Byram，2000；Larsen-Freeman，2000）。口语法完全拒绝使用母语，主要源于欧洲结构主义学派对能指与所指、形式与物质的区分。在 Saussure 对语言符号的定义中，能指与所指是语言符号的两个方面，分别是语言符号的声音形象和该声音形象所反映的事物的概念。而这两者之间的联系具有任意性。也就是说，一个词的声音形象和与之相关的概念在逻辑上或理性上并不相关。同理可证，一种语言中的任何概念都不可能在另一种语言中具有精确对应的声音形象。

口语法坚持使用目的语口语教学，且坚持词汇的选择和语法内容的分级，这主要基于不同语言之间的差别和母语在外语学习中的作用的相关研究（详见 2.2.1.2）。另外，结构主义强调口语高于书面语，加之同时音韵学和语音学也有了长足的发展，因此口语法非常注重发音和教学顺序，首先从听说开始，然后逐步加入图形和语言符号（Pittman，1963）。Palmer 也强调了在初级阶段学习者之间纠正发音和使用口语学习外语的重要性（Yamamoto，1978）。

20 世纪 50 年代和 60 年代在美国兴起的听说教学法（audiolingual

---

① Richards/Rodgers（2003）用口语法（oral method）或情景教学法（situational language teaching）指代在外语课堂中只使用口语进行教学，且口语决定了教学内容的分级和选择的教学方法（Palmer，1921；Pittman，1963）。本文中我们主要关注 Palmer 的相关研究。

method)主要应用于陆军专业训练计划（ASTP）中，目的是帮助士兵们尽可能运用所学的外语进行口语表达。与口语法一样，听说教学法也十分重视发音、理解和口语输出。此外，该方法也强调句法和范式分析的重要性，体现了美国结构主义按层次区分语言结构即语音、音位、词法、句法、语义和形态之间的层级关系的观点。(Frisby, 1957; Larsen-Freeman, 2000)。听说教学法同时强调在语言教学时使用语言结构表、基本句型和机械练习①（drills）。

与结构主义相比，生成语言学并没有对外语教学产生如此直接的影响，尽管功能主义者如 Hymes、Canale、Swain 等讨论了 Chomsky 的语言能力的概念。Chomsky（1965：4）一开始就从根本上区分了能力（说话者与听话者之间的语言知识）与表现（在具体情境下实际使用语言）。另外，Chomsky 提出，语言知识是一种心理现象，在很大程度上是天生的（1959，1965），说话人和听话人的语言能力是隐性的（Lyons, 1996：30）。Chomsky 的语言能力实质上是一种语法能力，它包括在语音、句法和语义方面的能力。他将语言视为一种认知心理过程，而非社交工具（Kumaravadivelu, 2008：7）。

只有以学习为中心的语块教学法受到了 Chomsky 的影响。该教学法出自 Lewis 于 1993 年发表的 The Lexical Approach。他接受了 Chomsky 在微言主义中（minimalism, 1993, 1995, 2000）提出的关于语言概念的观点，即语言构成的基础是词汇，而不是语法结构。Chomsky 认为说话者具有创造和解释新句子的能力。即由于普遍语法的存在（Chomsky, 1965），说话者可以解释或创造以前从未听到或说过的句子。与此不同，语块教学法的研究者们认为，在我们的语言使用中，除了少数完全新创造的语句之外，我们流利输出的语言主要是我们以前所听过的词组（lexical chunks）（Pawley/Syder, 1983）。因此，语块教学法认为，交际的流畅性并不在于我们是否有一套语法生成规则，而在于我们是否能够很快地掌握词汇（Nattinger/DeCarrico, 1992）。因此，这一教学法主要能帮助学生更好地理解词组的

---

① 详见 15 页脚注。

位置和顺序等①。

　　Hymes 把能力的概念延伸到交际能力方面，指在具体情境中运用语言的能力，包括语言能力和社会语言能力。它受到场景、参与者、目的、行为顺序、基调、媒介、规则、体裁（Setting, Participants, Ends, Act, Key, Instrumentalities, Norms y Genre; SPEAKING, 1972）等因素的影响。多年以后，Canale/Swain（1980）将其总结为四个维度：语法能力、社会语言能力、语篇能力和策略能力。

　　　　语法能力即 Chomsky 所说的语言能力和 Hymes 所说的"形式上的可能"，包含语法和词汇能力。
　　　　社会语言能力指人们对交际发生时所处的社会语境的理解，它包括不同社会角色之间的关系，交际各方共享的信息以及交际目的。
　　　　语篇能力指通过信息要素之间的联系以及分析整个语篇或文本如何体现意义，来对信息要素进行阐释的能力。
　　　　策略能力指参与者用于开始、维持、纠正、重新引导沟通和结束交流的策略。（Richards/Rodgers，2003：160）

　　Halliday 把语言看作是一种"意义潜势"（1973），即在不同的社会背景下，说话人和听话人可选择的意义集合。在此基础上，Halliday 确定了成人语言的三大功能（1973）和儿童语言的七种功能（1964）。

　　　　通过对儿童语言发展的观察得出的儿童语言的七种功能
　　　　a. 工具功能：帮助获取所需事物。
　　　　b. 调节功能：控制他人的行为。
　　　　c. 交往功能：与周围人交流。

---

　　① 语块教学法认为词汇是意义创造的中心，而语法起着次要的管理作用（Lewis, 1993），因此，词汇和语法是密不可分的。例如，西班牙语中表示动作开始的词，例如 animar 和 persuadir，动作后面必须有动作的对象或进一步的动作，因此，此类词汇有着同样的语法结构，动词 + a + 直接宾语 + a + 动词原形，其中 a 是介词。

d. 表现自我功能：表达个人的感受和独特性，以吸引他人注意。

e. 启发功能：探索、发现和学习周围世界。

f. 想象功能：创造想象的世界。

g. 表达功能：向别人传递信息。

（Halliday，1975：11–17，转引自 Richards/Rogers，2003：159）

概念功能、人际功能和语篇功能是成人语言的三大宏观功能。

概念功能即个人表达的潜在意义，它与支配周围世界的自然现象的概念、过程和对象的表达和体验有关。

人际功能即处理人与人之间关系的功能。

语篇功能是指实现概念和人际功能的语言组织能力，它能够使个人构建连贯的口头或书面文本。

（Halliday，1973：312–354，Kumaravadivelu，2008：8）.

根据 Halliday 的观点，语言交流是语言概念功能、人际功能和语篇功能相互作用的结果，并可以借此实现"意义潜势"。也就是说，我们始终需要在社会文化环境中使用语言并实现意义潜势（Kumaravadivelu，2008：8）。

除交际能力和语言的功能之外，其他功能语言学派的相关研究者，如哲学家 Austin（1962）和 Searle（1969），认为言语行为是交际的最小单元，它既可以理解为在合适的情境中说出句子的行为，也可以理解为我们在许多场合和情况下使用语言所进行的活动，例如发表声明、发号施令、许诺等等[①]。

[①] 参见 Searle（1969：25），Escandell Vidal（2011：62–63）。此外，还应注意所有言语行为都有三个组成部分：言内行为（陈述话语）、言外行为（话语意图）、言后行为（话语的回应或导致的结果）（Austin，1962：lectura X）。言语行为研究的重点是言外行为，言外行为具有强迫遵守某些社会公约和要求的力量（即言外之力）。一句话的言外之力不取决于词义，而取决于其使用的具体情境。

与言语行为理论中的语境相似，部分语言学家把语言视为话语，认为语言是一种口语或书面语的实例，其形式和意义（例如单词、结构、衔接）的内部关系是可描述的且必须与外部交际功能或目的相一致，并面向给定的受众/对话者（Celce-Murcia/Olshtain，2000：4）。

按照这个定义，话语分析指对语言形式和意义的衔接和连贯机制，以及语言形式和意义与社会语境的关系的分析。其中必须包括语言的人际功能、变体和协商性（McCarthy/Carter，1994：xii）、在文化和意识形态层面的高阶功能（同上：38）和对世界的认知功能（Cook，1994：24）。

总之，基于 Hymes 提出的能力概念及其后期的发展，无论是研究者还是教师，都认为语言教学活动不仅应练习语言知识，更应该通过功能性交际活动、社会互动（Littlewood，1981）、合作任务（Coelho，1992）、参与性活动（Cassany，2009）等等来提升交际能力。另一方面，基于 Halliday 对语言功能的区分，出现了许多新型教学项目，例如功能模式（functional model, Jupp/Hodlin, 1975）、基于结构与功能的教学（based on structures and functions, Wilkin, 1976）、螺旋、功能、工具模式（the spiral, functional, instrumental model, Allen, 1980）等。

基于言语行为理论和话语分析所强调的社会情境，外语教师开始注重在具体语境中练习语言知识。在外语教学中，"语境"的重要使用方式就是"课堂协商"，即将外语教学过程本身看作是一种社会语境。反之，协商本身也提供了丰富的语境化输入（Breen/Candlin，1980：110）。而话语研究可以帮助我们"在外语课堂上研究话轮转换、话轮顺序、活动类型和诱导技巧"（Kumaravadivelu，2008：11）。

基于上述理论的第二类教学法，即以学习者为中心的教学路径，其中最著名的就是交际教学法（communicative language teaching）和内容本位教学法（content-based instruction）。交际教学法（Widdowson，1978；Breen/Candlin，1980；Littlewood，1981）以学生能够使用目的语自由交流为目的，从 20 世纪 70 年代开始获得应用，至今仍然在外语教学课堂中被广泛使用。Brinton/Snow/Wesche（1989）首先提出了内容本位教学法。该教学法通过在课堂上使用目的语，将语言教学与其他知识的教学相结合，例如，使用目的语学习自然科学、地理或数学，来帮助学生同时达到语言目标和其他内容的学习目标（Larsen-Freeman，2000）。

在以学习者为中心的教学路径课堂中，学生要想达到交际目的，就必须了解完成外语教学活动时所需的语言形式、意义和功能，尤其是要能够根据不同的社会背景和对话者的角色，选择最适合的形式和意义，以达到与语境相适应的语言功能。另外，他们必须有能力掌控与对话者的意义协商过程（Piepho，1981：8；Larsen-Freeman，2000：129）。此时，交流不仅是学习目的，也是教学工具。

内容教学（Brinton 等，1989）是 20 世纪 70 年代在英国兴起的"跨课程语言"运动的结果，其目的是使不同学科领域的学生能够使用目的语进行交流，并使学生能够在母语和外语文化之间建立理解的桥梁，激活和发展现有的母语技能来帮助他们掌握学习外语所需的技能和学习策略（Brinton 等，1989：32）。这一教学方法与交际教学法不同的是，目的语既是内容学习的工具，也是教学组织的手段。但是，这两种方法有一系列的共同点：1）语言在不同的语境和学科领域中交流和使用，既是学习目的，也是学习工具；2）为了切实的目的，允许使用母语和翻译；3）语言使用强调流利度，而非精确度；4）注重语言的功能、内容、意义和结构；5）偏爱话语构建类的活动，反对机械性练习（drills）。功能语言学不仅是以学习者为中心的教学路径的基石，还对以个体发展为中心的教学路径和以学习为中心的教学路径中的自然教学法有一定的影响。

从上述分析中我们发现，结构主义和功能语言学对外语教学产生了深远的影响。而生成语言学尽管未对外语教学法产生直接的影响，但它建立了思维与语言之间的联系（Chomsky，1998）。我们将在后文继续分析教与学的相关理论对外语教学法的影响。

2.2.1.2　外语教—学理论与外语教学方法

20 世纪以来对教—学过程的研究，例如心理学理论中的行为主义、认知主义和社会建构主义，以及二语习得相关理论，都对外语教学方法的发展产生了深远的影响，其中 Krashen 的监控模型（Krashen/Terrell，1983）无疑最具影响力。本节中我们主要讨论行为主义和认知主义对外语教学法的影响，而社会建构主义，由于我们已在第 1.3.1.2 节中详细讨论过它，故在此只简要提及。

行为主义（Skinner，1957）诞生自俄罗斯生理学家 Ivan Pávlov（1849—1936 年）所进行的著名的小狗条件反射实验。该研究（Pávlov，1897，1928）认为学习过程的研究应该注重"环境输入与生物行为"之间的关系（Tavakol，2012：41），即所有的学习者行为都是以刺激与环境的特定关系为基础的，它强调习惯的形成（SRR）。

刺激（Stimulus）：引起反应的环境符号，例如语境中的语言输入。
反应（Response）：学习者对刺激的反应。
强化（Reinforcement）：对恰当反应给予奖励，这些反应在强化后可被内化。

（Richards/Rodgers，2003：63；Tavakol，2012：41）

因此，行为主义的外语教学方法认为，语言学习是通过重复和类比形成机械性习惯的过程。学习者在学习母语的过程中，已经养成了一些习惯。而在外语学习过程中，学习者必须抑制母语习惯，通过反复进行 S—R—R 过程，来养成良好的外语习惯。因此，句型练习（pattern practice）或机械性练习（drills），是外语教学的一种重要手段。S—R—R 过程只有在特定的情况下才能起作用，所以学习者的对话和练习都必须是精心设计的，对话中的语言元素须嵌入在特定的语言和文化背景中，且配有丰富的词汇。所有这些准备工作都是为了避免错误。错误被认为是不恰当的反应，是学习失败的标志（Kumaravadivelu，2008：100 – 101；Tavakol，2012：41）。外语教学法中的口语法（oral method）和听说教学法（audiolingual method）都基于这一理论。二者都认同语言学习的过程就是通过记忆、使用和重复目的语而形成习惯的过程（Palmer，1957：136；Skinner，1957；Rivers，1964；Brown，2000；Larsen-Freeman，2000），因此，这两种教学法也非常提倡在外语教学中使用机械性练习（drills）。

行为主义心理学的观念受到了 Chomsky（1959）的严厉批评。首先，他认为，从实验室中观察到的动物反应，无法推断出人在自然环境中的反应；其次，行为主义并未考虑到语言的重要特征，如创造性；最后，经验证据表明错误并不一定对外语学习产生消极影响。与行为主义不同，Chomsky 认为人类大脑具备一套天生的机制，即普遍语法机制（universal grammar），孩子们可以通过这一机制学习任何语言。

与行为主义相反的另一种心理学思潮，认知主义，认为语言在大脑中并不占有特定的位置，语言学习的过程和学习其他知识的过程，如数学、物理，是一样的（Tavakoli，2012：65）。认知主义者认为，在外语教学中，学生的认知能力是由教师的输入和学生自己的输出来调节的。而学生根据其所接受的可理解输入而获得的数据，可以进行一系列与形成假设、评估假设或证实假设相关的心理过程，从而促进语言能力的发展（Kumaravadivelu，2008：118）。也就是说，学习者需要积极地参与学习过程，只有通过可理解并有意义的学习，才能内化所学的内容（同上；Tavacoli，2012：64）。在外语课上，教师有责任为学生提供可理解的输入，鼓励他们完成有意义的输出。例如，在基于内容的教学中，选择学生认为有趣、有用并有利于他们实现某些目标的内容作为教学的出发点（D'Anglejan/Tucker，1975：284）。在交际语言教学中，同样的原则适用于内容协商、信息交流、社会交往、功能交际等活动（Littlewood，1981）。

另一个在外语教学法发展中颇有影响、至今仍有争议的理论是 Krashen 在 1981 年、1982 年和 1985 年出版的著作中提出的监控模式。该模型基于以下五个假设：习得与学习假设、监控假设、自然顺序假设、输入假设和情感过滤假设。在这五个假设中，输入假设既是最受欢迎的，也是在二语习得理论领域中受到讨论最多的。

在习得与学习假设中，Krashen 区分了两种不同的提高外语熟练程度的方式。第一种方式由一个自然的、无意识的、非正式的过程构成，学习者通过理解语言并在交际情境中进行意义交流来学习，类似于母语的学习。第二种方式是有意识的、形式化的过程，例如语言规则的学习和有意识的借用，学习者对语言有了明确的认识后才具备口头表达的能力。

第一种取决于学习者的态度，第二种则取决于学习者的能力。此外，Krashen 认为学习不会导致习得①。尽管对有意识过程和无意识过程的区别缺乏精确的界定，但这种区分似乎适用于许多外语教师的教学。他们意识到学生明确地知道动词变位等规则，但却无法在交流中使用这些规则。根据 Krashen 的观点，这是由于学生已经学会了规则，但没有习得这些规则（Krashen, 1981；Richards/Rodger, 2003：178；Kumaravadivelu, 2008：136-138；Tavakoli, 2012：10-11）。此假设的支持者认为，在外语课堂上，应该专注于习得活动，练习仅发挥次要作用，只在某些情况下需要重视。

第二个假设，即监测假设，认为只有习得的知识才能在外语交际活动中使用，学习的知识只在输出之前或之后用于检查或/和修改。此外，该假设认为，只有当说话人有明确的语言规则、足够的时间选择并应用适当的学习规则时，才会执行对该假设的检测功能，从而激活学到的知识。因此，当满足所述条件时，外语教师应鼓励学生将所学知识作为监测过程中的工具，以便纠正自己的外语输出。然而，在真实的交际情境中，交际的压力和需求、时间的缺乏、流利度的需求、语法修正需求的降低等等因素，都阻止了这种单一化过程的进行。

从这个意义上讲，从学习者本身的行为来看，一方面，过度监测其外语输出，学生往往非常关注其输出语言的正确性，这会阻碍交际的流畅性；另一方面，若监测不充分，学生往往对错误关注较少，而主要关注交际的速度和流畅性，这会导致他们认为输出过程中所学的规则无法运用或对其不感兴趣。鉴于这两种关于监测的对立态度超出了外语教学的范围，这一假设也被用来解释同一外语学习者之间所表现出来的个体差异，特别是其对流畅性与正确性的关注（Richards/Rodger, 2003：178-179；Tavakoli. 2012：227-228）。

自然顺序假设，由于没有考虑到母语到外语的迁移情况以及学习者的个体差异而受到批评。例如，该假设认为任何一门外语的习得都与他们对

---

① 该观点受到了 Gregg（1984）等研究者的质疑。

母语的习得相似，外语学习者，随着其能力的提升，将会与目的语儿童采取同样的顺序和方式习得该目的语的语言形式、规则等。因此，同一外语的学习者，尽管他们的母语不同，但仍将以相似的顺序习得外语的语言形式（Krashen，1981；1982）。

Krashen 影响最大的假设即输入假设。该假设基于 Corder（1967）对吸收（intake）与输入（input）的区分，前者指学习者可理解的、已理解的、习得的和能够使用的语言输入，后者指输出给学习者的任何语言知识或片段，而不管它是否能够被理解。Krashen 认为可理解性输入是二语习得过程被触发的充分必要条件。当学习者理解语言输入的样本时，也就是当样本所包含的语法结构的复杂程度略高于他们目前的能力水平时，他们就会习得这些样本，Krashen 称这种略高于学习者目前水平的样本为"i+1"水平样本。当为学习者提供足够的可理解性输入时，学习者将自动获得"i+1"水平的能力。他认为，语言的发展建立在对输入的理解的基础上，因此教师只需确保学生理解给他们提供的输入，就可以让语言输出自动出现。当然，在外语课堂中，为了确保对输入的理解，将需要提供一种适合外国人和学习者的说话方式，其速度比目的语者之间的讲话速度要慢一些，并且输入中有更多的重复、改写，并提出一些简单疑问句问题，这些问题的作用恰恰是为了保证输入的可理解性（Krashen/Terrell 1983；Richards/Rodger，2003：179-180；Tavakoli，2012：173-176）。

Swain（1985、2005）、White（1987）、Gass/Selinker（2001）等学者基于该假设所做的进一步研究，对二语习得领域产生了很大的影响。例如，White（1987）不同意 Krashen 强调可理解性输入的观点，认为不可理解性输入是习得的真正核心，因为它能给学生提供一种负反馈，迫使他们通过意义协商来调整并发展语言技能。另一方面，Gass/Skinner（2001）认为，习得的发生，除了需要可理解性输入外，还需要被理解的输入。此外，Swain（1985，2005）也认为，除了可理解性输入外，学生还应进行可理解性输出，以提高他们使用外语的熟练程度（见上文第1.1.2节）。

Krashen 的最后一个假设是情感过滤假设。该假设认为学习者的态度或情感状态，如焦虑、动机减退或缺乏自信等，阻碍了输入，从而阻碍了理解和习得过程的最终完成。情感过滤决定了学生选择使用的语言结构、在课堂上对教师讲解的注意、自主学习和活动中的注意力、习得能否完成以及习得的效果和速度（Krashen，1985；Richards/Rodgers，2003：180；Tavakoli，2012：17-18）。诸如自然教学法等方法都注重降低学生在输出中体验到的焦虑。为此，他们坚持在学习的初始阶段对学生不要求任何类型的外语输出，而是让学生自由决定何时开始说话。此外，在这些方法中，所有的输出行为都被看成是积极的，老师从不直接纠正错误。

认知语言学，尤其是 Krashen 的假设对外语教学方法有深远影响。考虑到足够的可理解性输入即可使习得发生这一点，在以学习和以学习者为中心的教学法中，教师为学生提供了大量的输入和活动来保证理解的发生（Krashen/Terrell 1983）。情感过滤器的存在使教师意识到须避免上述过滤器的干扰，所以教师不坚持或逼迫学生进行口语输出，而是让其自发产生，并避免纠错，使用有助于减少焦虑的措施，来增加学生的自信和学习动机（Tavakoli，2012：18）。

在 1.3.1.2 中已经说到，社会建构主义理论也对外语教学方法，特别是以个体发展为中心的教学路径产生了很大的影响。因此，现在我们重新转向社会建构主义，这是建构主义的一个分支，强调社会交往和合作学习的重要性（Brown，2007）。其中，Vygotsky 提出的最近发展区理论为脚手架、反馈和同伴协助等方法的使用奠定了基础[①]，这恰恰是不同形式[②]合作学习[③]所依据的准则。这种外语教学方法，得到了 Kagan（1989）、McCafferty et. al.（2006）、张文忠（2010）等学者的广泛支持。合作活动指组织

---

① 如前所述（参见上文第 1.3.1.2.2 节），与外语相关的脚手架一般可以理解为学习者、教师、与学习者有联系的母语者或更有能力的同伴为学习者提供的一系列互动或其他类型的帮助。

② 这些方法不仅基于建构主义理论，也基于 Dewey 有关经验学习的相关理论（见上文 1.3.2），他认为学生应该有体验性、实践性和直接性的学习（Yu/Seepho，2015：1347）。

③ 例如，同伴互相指导：学生成对的互相指导和帮助。Jigsaw 游戏：每个小组成员都有完成小组任务所必需的信息。合作项目：学生合作完成某项任务，例如小组演示等。

班级学生共同努力参与活动，以实现某些共同目标①。因此，它不仅着眼于提高学生的交际能力和增加他们的学习经验，而且注重学生的社会能力、心理和认知的健康发展（Johnson/Johnson，1989；Johnson/Johnson/Smith，2014）。这种对合作学习持积极态度的精神，作为一种学习技巧，也影响了其他以个体发展为中心的教学路径②。

基于问题的学习（problem-based learning，PBL），（Andreu-Andrés/García-Casas，2010；Johnson/Johnson/Smith，2014；Yu/Seepho，2015），是基于一个非常简单的原则来展开的：即给学生一个必须理解和解决的问题，并从其解决问题的过程中学习一系列相关知识和实践步骤。在这方面，必须强调，基于问题的学习的成功更多地在于学生参与收集、分析特定信息和知识，并参与解决问题所必需的步骤等方面，而不在于正确解决这些问题（Johnson/Johnson/Smith，2014：111）。

该方法的变体之一是基于项目的学习（Eyring，1989；Van Lier，2003；张文忠，2007，2010）。它是围绕一个项目组织起来的，整合了对目的语的学习、对特定内容的掌握，以及对特定交际、社会和学习策略的实践等。模拟活动和全景模拟教学（详见第三章），也可以认为是以个体发展为中心的一种方法。在该类方法的课堂中，教师应引导学生理清要解决

---

① 为了确保合作学习的有效性，Olsen/Kagan（1992）提出了合作学习的一系列要素：
1）所有参与者必须具有积极的相互依存关系，明白对任何团体成员工作的帮助对整个团体都有好处，对任何团体成员工作的破坏对整个团体都有坏处；
2）必须根据任务、年龄和时间限制，决定小组的组成和规模；
3）必须照顾到学生角色的分配，不管是由教师来分配，还是由学生来分配，每个学生在合作学习中都应承担特定的角色；
4）每个参与者都要承担个人责任，因为他的参与和工作也影响小组的结果；
5）学生在合作学习中必须学习一些社会技能，这决定了小组内同伴之间的互动方式；
6）我们还必须注意互动和合作活动的组织结构，使之明确且有意义。
除了 Olsen 和 Kagan 提出的这些要素外，Johnson/Johnson（1989）和 Johnson/Johnson/Holubec（1998）针对这一问题还提出了另外两个要素：
7）必须保持面对面的促进性互动，包括口头讲解如何解决问题，讨论所学概念的性质，向同学传授知识，把现在与过去的学习联系起来等；
8）同一小组的学生应讨论他们在多大程度上实现了目标，以及如何维持能够促进高效合作的互动关系。
② 具体而言，我们指的是基于问题的学习、基于项目的语言学习、模拟和全景模拟法。

的问题由哪些事件构成,其中包含哪些人物和角色,在全景模拟情境可能产生哪些冲突,以及需要哪些信息来从内部了解全景模拟情境的规则等,对上述信息的了解有助于学习者在全景模拟活动中身份的构建(Pérez Gutiérrez,2000:172)。

综上所述,上文中我们回顾了有关外语教学方法与理论之间的主要关联,以及对外语教学法的基本划分(以语言为中心、以学习者为中心、以学习为中心和以个体发展为中心),其基本内容可参见下表:

表 2.1 四种基本类型的外语教学方法与相关教学理论的关联性

教学方法	外语教学理论
以语言为中心的教学路径 **Language-centered methods**	行为主义理论
口语法/情景教学法 (Oral method/situational language teaching)	行为理论(Richards/Rodgers,2003:49-50)
听说教学法 (Audiolinguistic method)	行为理论(Richards/Rodgers,2003:63-64;Kumaravadivelu,2008:100-101)
以学习者为中心的教学路径 **(Learner-centered methods)**	认知心理学
交际语言教学法 (Communicative language teaching)	认知心理学(Richards/Rodgers,2003:161-162)
基于内容的教学法 (Content-based instruction)	认知心理学,二语习得理论(Richards/Rodgers,2003:206-208;CoBaLTT,2014)
以学习为中心的教学路径 **(Learning-centered methods)**	二语习得理论
语块教学法 (Lexical focus)	Krashen 监测模型(Richards/Rodgers,2003:135)
自然教学法 (Natural focus)	Krashen 监测模型(Richards/Rodgers,2003:178-180)
以个体发展为中心的教学路径 **(Methods focused on individual development)**	二语习得理论与建构主义:做中学,关注现实生活,整合语言技能
合作语言学习 (Cooperative language learning)	Jean Piaget(1965)和 Lev Vygotsky(1962)的社会建构主义(Richards/Rodger,2003:191-912)

续表

教学方法	外语教学理论
基于问题的学习 (Problem-based learning)	社会建构主义与二语习得理论（Andreu-Andrés/García-Casas, 2010: 39; Yu/Seepho, 2015: 1347）最好通过外语的自然和语境化的使用来学习外语（Yu/Seepho, 2015: 1347）。
基于项目的外语教学法 (Project-based language learning)	二语习得理论，包括输入假说（Krashen, 1982, 1985）、输出假说（Swain, 1985, 2005）、交互假说（Long, 1996）。 建构主义，Dewey 的体验式学习（1926）（张文忠, 2010: 68–69）
模拟和全景模拟教学 Simulation and global simulation	Gass 的二语习得理论（1988, 2008）。 建构主义，Dewey 的体验式学习（1926）（García-Carbonell et. al., 2001: 483; see also section 1）

下文中我们将集中分析外语教学法本身，并从外语教学过程的主要参与者（教师和学生）的角度出发，分析所考察的理论对上表中的教学方法可能产生的影响。

2.2.1.3 外语教学法中学生和教师的角色

在上一节中我们分析了与教学过程相关的各种理论的变化是如何影响外语教学方法的发展的。在本小节中，我们将分析不同的教学方法赋予学生和教师的不同角色，研究专家们对"更好"的学习者和"更好"的教师培训，来找出学生和教师角色的变化趋势和教学过程的发展趋势，来判断何为"更好"的外语教学。

2.2.1.3.1 学生角色的发展

2.2.1.3.1.1 学生需求分析：情感因素和动机因素

尽管外语教学方法并不是以研究者所认为的好的学习者为目标来设计的，但不同教学方法在外语学习过程中赋予学生的各种角色的确在一定程度上能与上述研究结果相吻合。这表明，任何外语教学法都是为了鼓励在其指导原则下学习的学生能够成为良好的学习者。要证实这一想法，我们将比较本章中所关注的主要教学方法对学生角色的要求与外语教学中的学习策略（参见 Tarone, 1981; Chesterfield/Chesterfield, 1985; O'Malley et. al., 1985; Oxford, 1990; Brown, 2002b）的研究结果。在比较中，我们将参考前面提到的教学法分类，目的是找出一个好的语言学习者的特征以及他们使用的学习策略。

自20世纪70年代以来，研究者们对上述问题做了大量研究。其中 Rubin（1975）和 Naiman et. al.（1978）等人关于学习风格影响外语学习成就的研究对我们颇有启发。学习风格取决于学习者的个性、认知、情感和心理特征等变量，这些变量是相对稳定的，也是学习者感知学习环境、与其互动和进行应对的指标（Keefe, 1979: 4）。在所有这些变量中，在外语学习领域最受关注的是与环境有关的场独立性/场依赖性（field independence/dependence）、左脑型和右脑型（left-and right-brain functioning）、歧义容忍度（ambiguity tolerance）、反思型和冲动型（reflectivity and impulsivity）、视觉型和听觉型（visual and auditory styles），以及外向型和内向型（extroversion and introversion）学习风格（参见 Budner, 1962; Eysenck, 1965; Naiman et. al., 1978; Torrance, 1980; Reid, 1987; Jamieson, 1992; Mokhtari/Reichard, 2002; Pawlak, 2012 及下文 4.3.2.2）。

倾向于场独立型的学习者能够从一组分散其注意力的元素中感知到特定的元素。这使得这类学习者可以单独关注其中的每一个元素来理解整体，并单独分析它们，而不需要理解组合中每一个元素，这也就避免了对单一元素的理解受到组合中其他元素的干扰或"污染"的情况。在情感层面，这种类型的学习者是非常独立和具有竞争性的，与其他同学相比，他们能够更好地完成个体工作。在学习外语的过程中，当需要注意细节时，比如做机械性练习（参见上文第 2.2.1.2 节）、执行分析任务或进行其他需要集中注意力的活动时，他们的表现最好。因此，对这类学习者来说，演绎学习会比归纳学习[①]更适合他们。相反，场依存型学习者更习惯从整体上看待事物，较难单独关注其中某一特定要素。这类学习者容易看到一个问题的概貌，或者透视整个画面。与场独立型的学习者相比，这类学习者社交性更好，对他人的感受和想法更具有同理心，因为他们更清楚如何在群体中淡化自己的

---

① 演绎学习指学习者先学习对某一语言形式或现象的规则解释，然后观察所学的规则如何在所举的实例中进行使用，最后达到输出的目的。（CVC, 1999 s. v. aprendizaje deductivo）

归纳学习指学习者以观察和分析语言样本中的某一特征开始，总结其规律、用法，从而完成对语言现象的解释。（CVC, 1999 s. v. aprendizaje inductivo）

身份，这也使他们在协作和交流任务中感到更自由、更安全。在外语课堂上，他们擅长那些需要关注整体语境和概括整体思想的综合练习。（参见Witkin et. al., 1975; Naiman et. al., 1978; Brown, 2001; Ellis, 2004）

关于大脑半球对任务的划分，专家们指出，左脑型学习者更客观，对言语指令和解释更敏感，因为他们更擅长分析性任务、系统性任务，并能够计划任务和控制任务。在外语学习中，他们在分类和重组练习、语法和词法分析等方面表现得更好。另一方面，右脑型学习者更擅长图像记忆，对符号性指令反应更快。他们更主观，也更感性，能更好地完成自发的和直觉性的综合任务。在外语学习中，他们擅长通过总结性练习，借助手势、面部表情、图画等解释语言现象，并通过开放性问题学习语言（参见Torrance, 1980; Danesi, 1988; Stevick, 1982）。

关于第三个变量，研究者认为，对歧义容忍度高的学习者，在认知上更容易处理与自己所持的观点不同甚至相反的想法、命题等之间的关系，也更容易处理个人想法与实际情况之间的关系而对歧义容忍度低的学习者则更教条化，他们需要停下来考虑与自己世界观相反的每一个新观点是否适合自己的认知系统，如果不适合，就会拒绝接受它们。在外语学习中，对歧义容忍度高的学习者不容易感到愤怒，他们对教师在教学形式上可能的创新不敏感，也不太需要适应外语学习所带来的文化冲击。他们对歧义的高度容忍还体现在他们在面对外语学习中时常遇到的不确定性的所表现出的从容上，特别是在较低级别的学习者中，例如在缺乏对外语的了解，无法理解接收到的外语输入，在某些教学法课堂中不能使用母语辅助外语学习等这样的学习者中，这一点体现得更为明显。因此可以推断，这类学习者对沉浸式教学的接受度较高。但这些对歧义容忍度过高的学习者倾向于接受任何呈现给他们的内容，但却并没有实际有效地将其融入自己的认知系统。例如，当他们面对一种新的语法结构时，通常不会去分析它是否与中介语[①]中已经存在的语法体系相契合，而是直接记忆它，好像它是一个单独的规则，就像记忆词汇

[①] 中介语指的是在外语学习过程中所经历的每一个连续的习得阶段中，第二语言或外语学生的临时性语言系统。（CVC, 1999, s. v. interlengua）

搭配一样（参见 Naiman et. al., 1978；Ehrman/Oxford, 1995；Brown, 2001；Johnson, 2002）。

在第四个变量，即反思型和冲动型中，反思型学习者，在做出决定或回答之前，他们需要有足够的时间进行冷静的分析。在这个过程中他们会考虑到各种各样的可能性，以及如何能够更加系统地表达出来。相比之下，冲动型学习者更倾向于直觉或者直接给出一系列可能的解答。他们喜欢更快地做出决策和回答问题。在外语学习过程中，反思型学习者将是优秀的语言分析师，但他们可能进步得较慢，因此需要教师付出更多的耐心和时间才能帮助他们达到要求的水平。但从长远来看，他们与冲动型学习者相比，对知识的掌握将更精确（参见 Doron, 1973；Ehrman/Leaver/Oxford, 2003；Zhang/Sternberg, 2005）。

对于视觉型和听觉型的学生而言，视觉型学习者更喜欢进行表格、图形或图表的阅读和分析活动，而听觉型学习者更喜欢需要倾听的活动。然而，研究表明（参见 Ehrman/Oxford, 1995；Brown, 2001），现实中，成功的外语学习者对两种学习方式均很擅长。

最后一类学习风格中，外向型学习者更喜欢参与社交活动，他们易冲动、喜欢冒险；而内向型学生通常更冷静、周到或有计划，而不喜欢冒险。在外语学习中，与内向型相比，外向型学习者通常会更积极地参与口语互动任务，但也更容易分心，更难以专注于学习（参见 Eysenck, 1965；Skehan, 1989；Ehrman/Oxford, 1995）。

如上所述，学习风格的差异主要基于认知因素。然而，学习者之间还存在其他重要的个体差异，例如动机、自主性、焦虑程度、交流意愿（willingness to communicate）等。这些差异既取决于学习者以往的经验，也取决于他们的年龄、性别、文化程度、能力等。尽管上述每一个因素都与外语学习的成功与否相关，但在本文中，我们对情感因素和学习者以往的外语学习经验更感兴趣[①]。在这些因素中，我们将特别关注动机，因为它

[①] 其他因素，如年龄、性别、能力等，在很大程度上都是先天因素，我们无法通过改变或调整学习策略的方式来提高学习者的外语学习效果，因此在本文中不再赘述。

与其他因素如学习者的先验经验、自主学习的倾向、焦虑程度等有着密切的联系（参见 Wenden，1991；Dörnyei，2001b）。

学习者的动机一般是指他们学习外语的初心以及继续学习外语的努力和热情（Ortega，2009：189）。20 世纪 50 年代末开始的关于学习动机方面的研究（Gardner/Lambert，1959），大致经历了三个阶段。第一阶段，以 Gardner 及其合作者创建的传统动机模型为代表，他们将其称之为语言学习的社会教育模型（Socio-Educational Model of Language Learning）（Gardner/Lambert，1972，Gardner，1985）。这一模型以态度/动机测试量表（Attitude/Motivation Test Battery，AMTB）为基础，对动机进行定量研究①。第二阶段，以 Deci/Ryan（1985）提出的自我决定理论（Self-Depression Theory）为主导，应对了 Gardner 模型中发现的问题②。第三阶段，是从 21 世纪初开始的，并以二语动机自我系统（L2 Motivational Self System）为主导（参见 Dörnyei 2001a，2001b；Dörnyei et. al. 2006；Csizér/Dörnyei 2005a，2005b）③，该理论拓展了动机的概念，认为动机既具有动态的变化又是一种相对固定的状态。下面我们将对这三个阶段一一进行介绍。

---

① 学习动机研究初期，几乎继承了 Gardner/Lambert（1972）研究中的定量方法。研究者们通过封闭性的调查问卷获取数据，然后进行统计分析，以描述给定人群的特征、态度和意见。这类研究的特点是受控、系统、客观、推理性、实验性和可重复性。然而，一般情况下，定量研究的探索性能力是相当有限的，因为从被研究群体中收集数据的过程不可能公正地对待样本个体生活的主观变化，也很难发现某些特定现象或所考察的情况的原因或现象背后的动态。此外，这些方法得到的结果在很大程度上取决于研究者所使用的工具的性质，问卷内容的选择几乎总是反映了研究者的一些主观偏见，这自然也影响了研究的客观性。

② 20 世纪 90 年代，学习动机的研究者认识到了量化方法的不足，并基于开放的数据收集程序，创建了质性研究模型（Language Learning Direction Scale，LLOS）。该模型无需借助统计方法，由研究者直接进行分析，并由参与者自己验证。一般对个别案例和特定案例进行的分析，都具有自然主义、观察性、主观性、描述性、过程性、整体性等特点，并不一定具有概括性，但比量化分析更深刻。然而，由于定性研究侧重于被调查对象的小样本的特质性，因此很可能其研究结果不具有代表性，更不用说，这种方法很少有确凿的方法来确保研究结果不受研究者个人偏见和特质的影响。（参见 Cohen/Macaro，2010：109）。

③ 考虑到以往两种学习动机研究方法的特点和不足，Dörnyei（2007）提出使用混合研究方法，包括收集和/或分析定量和定性数据，以实现在复杂的教育和社会背景下对某种客观现象的更完整的理解（Sandelowski，2003）。该方法特别适用于多层次分析，即同时捕捉现象的本质（通过定性分析）及其分布（通过定量分析），以便研究者获得关于个体情境和更广泛的社会和教育情境的数据。然而，是否能使这两种方法互相弥补其不足，很大程度上取决于研究者对这两种方法的了解程度（Hesse-Biber/Leavy，2006）（参见 Cohen/Macaro，2010：109）。

Gardner 在其最初提出的语言学习的社会教育模式（Socio-educational Model of Language Learning）中，对两类动机，即融合性动机和工具性动机进行了区分。融合性动机是对外来文化的积极态度和作为成员积极融入目的语文化的愿望的体现，这一观点受到了不少研究者的批评（Oxford/Shearin, 1994），因为这一动机在大多数外语学习者中几乎是不可能或很少存在的[①]（Dörnyei, 2001c）。工具性动机则是指语言的习得是为了特定的目的，如出国留学或在工作中获得晋升机会而产生的动机。研究结果显示具有融合性动机的学习者比具有工具性动机的学习者在二语习得中更易取得成功[②]。

随后，基于同样的模型，研究人员如 Clément et. al.（1994）、Gardner（2001）、Yashima et. al.（2004）拓宽了学习动机的研究领域，以便解释哪些变量对提升或降低学习动机有影响。其中，以下三个变量被认为是影响动机的主要因素：融合度、倾向性和态度。

融合度是对融合性动机的发展，即学习者发自内心地有兴趣学习外语，以融入目的语社区（Gardner, 2001: 5）。根据 Gardner 的观点，构成这一变量的维度有三个：1）对外语使用者的支持态度；2）对外语普遍感兴趣和民族中心主义程度较低；3）愿意学习外语，以便与目的语社区成员互动[③]。

倾向性是指促使学习者学习外语的原因，其中 Clément et. al.（1994）列举了以下几个方面的体现：1）与将要学习的目的语或旅行的目的语社区的成员存在友好关系；2）对目的语群体的认同；3）对文化和世界的普遍兴

[①] 在本书中，我们无差别的使用"外语"和"二语"的概念。但针对这个具体的批评，我们坚持使用"外语"学习者来指学习一种既非其母语也非其所居住地第一语言的学生，例如在中国学习西班牙语的汉语学生。而此时"二语"学习者指以少数民族语言为母语接受少数民族语言和汉语双语教育的学生，或者在使用少数民族语言的地区学习少数民族语言且母语为汉语的学生。

[②] 事实上，二语习得的成功与两类动机的相关结果因不同影响因素而不同。在早期的研究中（Gardner/Lambert, 1959），融合性动机被认为比工具性动机更能决定二语成绩。然而，考虑到二语学习者融入目的语文化和社会并不普遍，进一步的研究发现，工具性动机对处于二语支配环境中的少数民族语言群体的学生以及在机构环境中学习二语的学生更为重要（Gardner/Lambert, 1972）。

[③] 随后的研究（参见 Dörnyei, 2005; Csizér/Dörnyei, 2005b; Dörnyei et. al., 2006）认为，将这类动机看作是学习者对外语者及其文化的更深的认同这一概念过于狭隘。针对这些局限性，其他研究者设计了我们将在后文介绍的二语动机自我系统（L2 Motivational Self System）。

趣；4）扩展自身知识和专业进步可能性的激励；5）获取目的语信息来源或媒体娱乐的欲望①。鉴于这些具体动机的不同性质，其重要程度会因外语学习所发生的语境而异，并取决于目的语国家的社会、经济、文化状况，目的语国家是否面临单语或多语语境以及是否有与全球化或当下政治冲突相关的符号价值等（Ortega，2009：189）。

最后一个变量是学习者对外语及外语使用者的态度，这在很大程度上取决于学习者的国际开放程度。Yashima 等人（2004）对此做了研究并总结了提高该变量的三个因素：1）从事与国外接触或参与国际活动的职业；2）崇洋媚外的心理或对外国事务的喜爱；3）经济或外交政策带来的对外国事务的高度兴趣。关于这一变量，也有研究表明，学习者对正式学习情境所表现出的态度会对学习动机产生持久且重要的影响，特别是对学习情境、外语社区和文化（这可能是前期积极的学习经验所培养出来的②）、教师及其指导的积极态度，都能极大地激发学习者的学习动机（Dörnyei，1994；Ortega，2009：190）。

20世纪90年代，Gardner 的模型被认为过度简化且没有反映最新的心理学发展成果（Crookes/Schmidt，1991；Oxford/Shearin，1994）。因此，新的理论更多地关注动机的质量，而不仅是 Gardner 模型中过度强调的动机的数量。自我决定理论（Self-Depression Theory）应运而生，它认为人生而倾向学习和发展（Vansteenkiste et. al.，2006）。该理论采用语言学习倾向量表（Language Learning Orientation Scale，LLOS）（Noels 等，2000）对动机进行定性研究，得出了动机分为内在动机与外在动机两种类型的结果（Deci/Ryan，1985）。

内在动机指因身份建构和为自身谋求个人利益或福祉等而学习外语时所产生的动机，此类学习者不注重外在奖励或"奖品"，因为对于这种类

---

① 一些研究者称最后一种动机实际是一种间接接触的愿望（Csizér/Dörnyei，2005b）或文化兴趣取向（Csizér/Dörnyei，2005a），因为它反映了"通过媒体、文化产品和工艺产品产生的，对与特定外语相关的文化的欣赏"（Csizér/Dörnyei，2005a：21）。

② 在这方面，我们还应回顾 Vygotsky 的中介理论（参见上文1.3.1.2.1），该理论表明了学生以前的经历对现阶段学习的调节作用，即学习者以前的经历会影响其现在对外语学习环境、语言和文化共同体所表现出的态度，进而影响到学生的学习动机。

型的学习者来说，真正的奖品是有机会享受学习活动本身或成功完成学习过程所要求的交际任务所获得的自我效能感（Bandura，1997）。Vallerand 与其合作研究者（Vallerand，1997；Vallerand et. al.，1993）提出了内在动机的三种前因量表：知识（knowledge）、成就（accompliment）和刺激（stimulation）。知识型内在动机是指完成学习活动时，学习者希望探索新思想和发展新知识的动机。成就型内在动机源于学习者完成任务或实现目标的成就感。最后，刺激型内在动机来自于学习者完成任务所体验到的满足感。而若想要在语言学习倾向量表中取得高分，这三类动机都非常重要。

外在动机指为了奖励比如成绩、学位、证书，或其他形式的奖励等。而学习外语的情况。Vallerand 与其合作研究者（Vallerand，1997；Vallerand et. al.，1993）提出了三个外向动机的前因量表：外部调节（external regulation）、内向调节（intrajected regulation）和识别调节（identified regulation）。外部调节指"为满足外部需求或获得奖品而规范外在行为"的动机（Ramajo Cuesta，2008：15），例如，为了让父母满意而学习英语。内向调节是指"在压力下，为了自尊心或避免内疚或焦虑而采取行动"的动机（同上）。识别调节指在没有感受到愉悦或其他积极情绪的前提下，因为个人原因或个人对目标所赋予的巨大价值而完成某项活动的动机。例如，因为认为提高交际能力很重要而参与交际活动。尽管外在动机与自我决定并非完全相关，但 Deci/Ryan（1985）和 Vallerand（1997）认为，这三种外在动机可以按照内化程度从低到高排序，反应从低到高的自我决定性。

然而，Deci/Ryan（1985）也承认个别学习者完全没有学习动机，其行为和结果之间没有关系，或结果由其他无法控制的因素导致。例如，有学习者认为学习外语是浪费时间。

有关学习者成就与学习动机的关联性的实证研究的结果基本一致。如 Ehrman（1996）和 Noels（2001）等研究均认为内在动机与外语学习成就、学习的连续性以及较强的交际能力和阅读能力之间有更密切的关系，尽管在现实中，学习者通常既有内在动机也有外在动机。

学习动机研究的第三阶段，开始于 21 世纪初期。Dörnyei（2001a，

2001b），Dörnyei et. al.（2006）和 Csizér/Dörnyei（2005a，2005b）在其研究中，拓宽了动机的概念，把动机既看作是一种固有的、或多或少具有永久性的概念，又看作是一种状态，或者说一种动态的概念。根据这一设想，Dörnyei 等研究者在综合以往关于动机的其他模型和社会心理学理论的调控路径（regulatory approach）①的基础上，提出了一种假设：人类根据理想自我（ideal self）来决定行动（Ortega，2009：185）。并制定了二语动机自我系统（L2 Motivational Self System），该系统分为两个层面：个人愉悦感层面（包括所有学习者对目的语社区和文化所表现出的积极态度）和专业奖励层面（主要指语言的工具性层面）（Dörnyei，2005）。

Dörnyei 批评了 Gardner（1985）模型中有关融合性动机的观点，并将其重新定义为缩小现实自我与理想自我之间差距的冲动。据此，二语动机自我系统主要分为三个层面：

1. 理想二语自我（Ideal L2 Self），指个人'理想的自我'在外语学习方面的表现——如果我们想成为的理想自我是说二语的人，那么这将是我们学习特定语言的强大动力，因为我们希望减少自身和理想自我之间的差距；

2. 应该二语自我（Ought-to L2 Self），指我们认为自身应该具备的属性，以避免可能的消极结果——因此，这一动机维度可能与我们自己的欲望或愿望几乎无关；

3. 二语学习体验（L2 Learning Experience），指与当下学习环境和体验相关的执行动机（Dörnyei et. al.，2006：145）。

Csizér/Dörnyei（2005b）总结了学习动机研究的概况，将影响学习动机的变量分为下列几个方面：1）二语动机自我系统；2）Gardner（1985）的工具性动机，指与一定外语习得水平能力相关的语用效益；3）对外语使用者的态度；4）Clément et. al.（1994）强调的文化兴趣（包括间接接触、希望理解以外语为主要传播载体的大众传媒提供的信息或娱乐产品）；5）二语

---

① 调控路径由哥伦比亚大学心理学家 E. Tory Higgins（2000，2005）提出。他假设，人类为了平衡提升中心轴（central axis of promotion）和预防中心轴（central axis of prevention）之间的关系而对自身行为进行自我调控，提升中心轴使我们可以预判某一行为是否能获得愉悦或成就，预防中心轴使我们可以预判某一行为是否会带来痛苦或羞耻（Ortega，2009：186）。

社会的生命力，Giles/Byrne（1982）认为其与二语文化的丰富性和经济地位有关；6）环境（milieu），指外语在学习者所处环境中的重要性；7）语言自信，反映了掌握一门在学习者的学习能力之内的二语的安全感和不焦虑感。在上述动机中，Csizér/Dörnyei（2005a）认为前三者占据主要地位，其余均隶属于前三者或由它们调节。据此，我们优先考虑前三个变量，并基于学习者的动机程度以及动机性质的差异，在下表中区分了四大学习者群体。

表 2.2　　二语学习者的动机概况，基于 Csizér/Dörnyei（2005b）

变量	动机类型			
	I：少动机	II：情感型动机	III：工具型动机	IV：高动机
融合性	1	2	3（应该二语自我）	4（理想的二语自我）
工具性	1	2	3	4
对外语使用者的态度	1	3	2	4

少动机组学习者指缺乏学习动机的学习者，他们的所有动机变量都处于较低水平。第二组学习者的动机主要来自情感因素，例如，他们出于对外语使用者的积极态度，或者文化兴趣而学习外语。这意味着，与以工具型动机为主的第三组学习者相比，第二组学习者对二语文化和社区表现出更积极的态度。他们可能认为自己永远不会在工作上真正需要使用二语，或者永远不会因为外部因素的逼迫而学习二语。因此，他们不需要建立一个二语的理想自我。第三组的学习者受到外语工具价值的激励，这意味着他们关注语言的语用部分和职业有用性。他们与属于第四组的学习者之间的差异在于，第三组的学习者没有对外语的使用者和外语文化表现出积极的态度，他们没有把对该语言的专业兴趣作为其理想自我的一部分。然而，他们相对于第二组的优势在于，第三组的学习者会建立应该二语自我，这将鼓励他们提高二语能力。最后，第四组学习者在我们提到的所有变量上都处于较高水平，他们能够在其生活视域中创造并看到理想的二语自我。这种理想的二语自我将有力地促进他们二语能力的提升。它能够鼓励学习者花费足够的时间和精力来提高外语能力，并且在语言和文化上都接近这一理想自我。这预示着他们语言学习的成功（Csizér/Dörnyei,

2005b)。

所有外语教学领域的动机研究都指出了高水平动机与外语学习的成功紧密相关。因此，增强与学习者的学习动机相关的各个因素对改善外语教学结果将具有积极意义。据此，Dörnyei（2001a，2001b）提出了一个"过程模型"（process model）。该模型认为，在课堂上，教师对学习者的动机负有重要责任。Vygotsky的最近发展区概念（参见上文1.3.1.2.2）也指出了这一问题，因为教师的脚手架作用可以有效地帮助学习者建立理想的二语自我，从而使他们意识到自己潜在的发展空间[①]。

而影响学习动机高低的因素是复杂的，其中，焦虑和自信等情感因素被认为是预测动机的关键因素（Dörnyei，2001a；Ehrman/Leaver/Oxford，2003；Ortega，2009）。因此，不同的研究者认为，焦虑管理（anxiety management）（Horwitz，2001）、自我激励策略（self-motivating strategies）（Dörnyei，2001a）、自我调控技巧（self-regulatory skills）（Dörnyei/Ottuó，1998）和动机自我调控（motivational self-regulation）（Ushioda，2003）是学习者维持高水平动机，提升外语学习效果所必须发展的策略和技能。同时，研究表明，学习者能够运用的学习策略类型也是影响外语学习有效性的重要因素（Tarone，1981；Chesterfield/Chesterfield，1985；O'Malley et. al.，1985；O'Malley/Chamot，1990；Oxford，1990）。在上述研究中，Tarone（1981）和Chesterfield/Chesterfield（1985）的研究只注重交际策略，而其他研究者的关注范围则更广，他们把不同类型的策略分成了几个类别。

O'Malley将外语学习策略分为三类：（一）元认知策略（学习计划、对正在进行的学习过程的反思、对输出或理解的监控以及在活动完成后对学习的评估等），（二）认知策略（在具体的学习活动中对学习材料本身所采取的策略）和（三）社会情感策略（社会中介活动和与他人的协商

[①] Dörnyei（2001a）也提出了一些提高学生动机水平的方法。教师在课堂上采取合适的行为，营造一种愉快的氛围，让学生觉得自己可以得到教师的支持，或者他们是一个有凝聚力的学习小组的一部分，这些都有助于帮助学生建立对外语的良好态度和价值倾向，提高学生对学好外语的期望等。鉴于动机在外语学习中的重要作用，我们将通过分阶段全景模拟法（参见下文第4章）提出对中国教师和学生的建议。

策略)。

  Oxford（1990）的研究涵盖的范围更广（见下表 2.3 和 2.4）。她将学习策略分为直接和间接两类，每一类又细分为三小类。根据 Oxford 等人的观点，直接策略包括那些直接涉及目的语的策略，即记忆策略（memory strategies）（在记忆中储存信息、检索信息的技巧）、认知策略（cognitive strategies）（推理、分析、记笔记、在自然真实环境下的语言功能练习和语言形式练习等直接处理和转换语言的技能）以及补偿策略（compensation strategies）（学习者在理解和输出外语时，用以补偿语法，特别是词汇知识不足的策略）（Oxford/Crookall, 1989：404）。间接策略指用来辅助外语学习的策略。第一类是元认知策略（metacognitive strategies），这与 O'Malley 等人（1985）提到的元认知策略类似。该策略可以帮助学习者集中精力组织、计划和评价学习。第二类是情感策略（affective strategies），这类策略用来帮助学习者更好地控制与外语学习有关的情感、态度和动机。第三类，社会策略（social strategies），该类策略帮助学习者更好地与他人一起学习（Oxford/Crookall, 1989；Oxford, 1990）。可以看出，Oxford（1990）的研究集合了大多数研究者的成果。但只有适应学生的学习风格的学习策略指导才最为有效（Ehrman et. al., 2003：318）。为了向学生提供最合适的策略，教师需要知道每个人的学习风格和由各种情感和动机因素造成的个体差异。一方面，学习者使用某种策略可以帮助他们完善学习风格；另一方面，教师关注学生的个体差异，特别是与动机有关的个体差异，规范他们参与活动的行为，从长远来看，会使他们成为更好的外语学习者。相对地，他们会表现出越来越多的自主性。在分阶段全景模拟框架中，我们将基于这一信念，以及 Oxford（1990, 2016）的研究，在学生需求分析阶段（详见4.3.2节)①，为学生提供个性化学习策略指导。

---

  ① 下文 EI：IIC1 等缩略语指表 2.3 和 2.4 中的策略，此类缩略语的具体使用，见下文第 4.3.2.2 节。

表 2.3　　　直接学习策略分类，基于 Oxford（1990：18-19）

直接策略（DS）

类别	策略	子策略
Ⅰ．记忆策略	A. 创造脑内联系	1. 分组 2. 联系 3. 将新单词放入上下文中
	B. 应用图像和声音	1. 使用图像 2. 语义映射 3. 使用关键词 4. 将声音投射到记忆中
	C. 认真检查	1. 结构化审查
	D. 采取行动	1. 用身体反应或感受 2. 使用机械性技巧
Ⅱ．认知策略	A. 练习推理、分析	1. 重复 2. 用声音和书写系统进行形式练习 3. 识别和使用公式和模型 4. 重组 5. 自然真实环境下的语言实践
	B. 接收并发送信息	1. 快速判断主旨 2. 利用资源理解和输出信息
	C. 分析和推理	1. 演绎推理 2. 分析表达 3. 语言之间的对比分析 4. 翻译 5. 迁移
	D. 为输入和输出创建结构	1. 记笔记 2. 摘要 3. 强调
Ⅲ．补偿策略	A. 聪明地猜测	1. 运用语言线索 2. 使用其他方式
	B. 克服说话和写作的局限性	1. 转为母语 2. 寻求帮助 3. 模仿使用和手势 4. 避免部分或全部沟通 5. 选题 6. 调整信息 7. 拼凑词汇 8. 使用转喻和同义词

表 2.4　　间接学习策略分类，基于 Oxford（1990：1990：20－21）

间接策略（IS）		
类别	策略	子策略
Ⅰ. 元认知策略	A. 调节策略	1. 总结、联系已知材料 2. 关注 3. 关注听力输入，暂停输出
	B. 计划策略	1. 了解语言学习本身 2. 组织 3. 设定目标和目的 4. 确定一个语言任务的目的（有目的地听/读/说/写）。 5. 规划语言任务 6. 寻找实践机会
	C. 评价策略	1. 自我监控 2. 自我评价
Ⅱ. 情感策略	A. 减轻焦虑	1. 渐进式放松，深呼吸或冥想 2. 听音乐 3. 露出笑容
	B. 自我激励	1. 使用积极语言 2. 明智地承担风险 3. 奖励自己
	C. 调节情绪	1. 倾听你的身体 2. 使用检查表 3. 写一份语言学习日记 4. 和别人讨论你的感受
Ⅲ. 社会策略	A. 提出问题	1. 要求澄清或核实 2. 请求纠正
	B. 与他人合作	1. 与同伴合作 2. 与有能力的外语使用者合作
	C. 与他人共情	1. 提升文化理解 2. 关注他人的思想和情感

2.2.1.3.1.2　主要外语教学方法中学生角色的发展

上一节中，我们考察了影响学生学习倾向的情感因素和动机因素，确定了这些因素对其外语学习的成败有着重要影响。在这一节，我们将对外语教学法中学生角色的变化进行分析，以期发现每种教学法所期望的学生角色与其优先考虑的学习策略之间可能存在的关系。我们将以前文对外语教学法的分类，即以语言为中心、以学习者为中心、以学习为中心和以个体发展为中心的教学路径（参见上文第2.2.1.2节，以及表2.1）为基础进行分析。

以语言为中心的教学路径中的学生往往会扮演过于简单和被动的角色，通常局限于语言的接收者和观察者。在口语表达方面，在学习初期阶段，学生只须听老师讲课，重复老师的例句，并对老师的提问和指示做出反应。在教学中后期，学生们才开始自由提问和回答。这意味着在学习中，学生只需要使用部分直接策略，而很少使用间接策略（Oxford，1990）。一方面，翻译、迁移①、转换为母语、规划语言任务、承担风险、在谈话中避免某些话题等策略虽然对外语学习有很大的帮助，但却无法在该类教学法中占据一席之地。另一方面，口语法所支持的策略中，大多数是与学习过程相关的直接策略，其中包括建立语义映射、应用图象和声音帮助记忆、重复等记忆策略，练习、记笔记等认知策略，猜测等补偿策略；口语法所支持的间接策略主要包括关注听力输入、延迟口语输出、请求纠正等。然而，由于口语教学法中的学生无法在学习中采取真正积极的行动，当他们使用其中的一些策略时并不是出于自己的意愿和必要，而是教学法本身迫使他们这样做。例如当他们使用重复或延迟口语输出时（Pittman，1963；Richards/Rodgers，2003：52，69；Larsen-Freeman，2008：45）。这也是以语言为中心的教学路径的第二个缺点。

在以学习者为中心和以学习为中心的教学路径中，学生开始扮演越来越复杂的角色和承担更多的责任。因为在这两类路径中，他们需要协作完成任务并进行意义协商。例如在交际语言教学中，教师会要求学生成对或成组地开展工作，进行意义协商，参加角色扮演活动等等。这些合作和协商任务允许、要求或者教会学生使用Oxford（1990）提出的社会策略（O'Malley et. al.（1985）将其称之为社会情感策略，Tarone（1981）和Chesterfield/Chesterfield（1985）将其归类为交际策略。）。此外，无论是在

---

① 根据Oxford的定义（1990：46-47），翻译包括将目的语中的表达转换为母语中的表达或将母语转换为目的语，而迁移是指将有关词汇、概念或结构的知识从一种语言直接应用到另一种语言，以便理解或输出目的语中的表达。

交际语言教学中，还是在基于内容的语言教学以及自然教学法中，学生都要对自己的失败负责，这迫使他们面对可能出现的情绪危机。因此，他们需要使用 Oxford（1990）所说的情感策略以及 O'Malley et. al.（1985）所说的元认知策略，如降低焦虑、自我激励、评估自己的学习、对错误进行自我监控等。当然，虽然我们认为在以学习者为中心和以学习为中心的教学路径中，学生需要承担更多的责任，进而通过使用各种学习策略来提高学习效果，但这并不意味着在以语言为中心的教学路径中，学生不能诉诸这些策略。相反，在以语言为中心的教学路径中，学生也必须在必要时（例如，在学习字母表和发音时）多次向老师询问。同时，不可否认的是，以学习者为中心和以学习为中心的教学路径，不仅向学生提供了以语言为中心的教学路径中几乎未涉及的间接策略，也为他们提供了更为丰富的直接策略，例如分析和推理策略（Breen/Candlin，1980；Littlewood，1981；Krashen/Terrell，1983；Stryker/Leaver，1993；Richards/Rodgers，2003；Larsen-Freeman，2008）。

在以个人发展为中心的教学方法中，学生除了承担上述角色外，在一定意义上，还需要承担起与学习有关的组织、选拔、监督或指导的责任。这样，参与这些教学法课堂的学生比其他学生更容易获得和发展元认知策略（例如通过自我监测和自我评估过程评估自己学习的能力），同时可以将自己的生活经验融入学习过程之中。后者鼓励学生采用与跨文化交际有关的社会策略、来自母语的认知迁移策略、从其他语言学习或现实生活中获得的语言和非语言线索等的补偿策略，来解释语言输入的各种可能含义（O' Malley et. al.，1985；Johnson/Johnson，1989；Oxford，1990；Johnson/Johnson/Holubec，1993；Richards/Rodgers，2003；张文忠，2007；Larsen-Freeman，2008；张文忠，2011）。

正如我们看到的，外语教学方法的发展使学生在教学过程中的角色不断变化。通过上文的梳理可以发现，在以个体发展为中心的教学路径中的学生，在其他路径中的学生相比，能够获得更多关于学习策略的信息和训练，就如同接受了如何成为优秀外语学习者的个性化培训。

实际上，从外语教学法的发展与学习者角色变化的角度来看，我们可以发现，似乎外语教学方法的发展过程本身就是一个旨在帮助学生成为更好的外语学习者的过程。现在，如果我们把外语教学方法发展的不同阶段看成是学生外语学习过程中的连续发展阶段，这将会为我们提供一种思路，帮助我们在有限的教学时间里，满足两个基本需求：1）个体外语学习者成为更好的语言学习者的需求；2）教师如何帮助拥有不同语言起点及学习经验的学生成为更好的语言学习者的需求①。依据这一思路，在分阶段全景模拟框架中，教师必须通过学生需求分析了解现阶段学生在外语学习中所采取的策略，进而判断学生现阶段所能接受的教学方法，学生的学习风格等，并以此为原点帮助他们进入一个角色更复杂、动机更高、策略更丰富的阶段，从而让他们成为更好的外语学习者。这就要求教师具有相对完整的教学方法和学习策略的相关知识，使他们能够引导学生成为自主的、具有批判性和创造性的学习者，并使他们具有反思目的语及其文化和社会的能力。然而，要达到这一程度，障碍众多。一方面，并非所有的外语教师都认同这一观点。另一方面，并不是所有认同这一观点的教师都具备相关的知识和能力。而在中国这样复杂的外语教学环境下，要完成这一工作，需要我们制定一套师生共进的教学路径。

2.2.1.3.2 主要外语教学法中教师角色的发展

在这一小节，我们将把目光转向不同的外语教学方法中教师角色的变化。我们以教学法发展过程中总结的教师的八个主要角色为基础，绘制了表2.5②③。这八个主要角色如下所示。

语言技能提供者：一般包括与选择语言知识、改编教学材料、运用教学材料向学生传授知识等相关的一切工作。

---

① 详见第4章。
② 表2.5中的缩略语如下：
OM：oral method；ALM：audiolingustic method；CLT：communicative language teaching；CBI：content-based instruction；LA：lexical approach；NA：natural approach；CLL：cooperative language learning；PBL：problem-based learning；PBLL：project-based language learning；GS：simulation and global simulation
③ 当教学法中教师的角色与我们提供的定义有分歧或希望突出教学法中的角色特征或补充说明某种教学法的角色时，我们将在表2.5中用文字对这些角色特性进行具体说明。

学生的帮助者：一般包括在教学过程中与帮助学生有关的所有工作，如纠正错误、提供心理支持或加强某些学习策略、帮助他们了解自己的学习经历和生命体验。

学习的领导者和组织者：一般包括与课程和外语课堂规划有关的所有工作，包括活动的准备、保证课堂的流畅性等等。

评判者：一般而言，包括准备考试或测验以评价学生知识和技能的所有工作，还有课堂内对学生参与度以及课堂利用程度的观察。

需求分析者：一般指教师直接或间接地了解学生可能与外语学习有关的所有情况，包括学生的语言和情感需求、学生感兴趣的内容。

活动的独立参与者：教师直接参与课堂活动。

语境创造者：一般来说，包括提供和创造目的语的语言语境和副语言语境（详见2.2.1.2），以便帮助学习者更好地理解语言及其使用范围。

情感环境的创造者：一般包括教师为创造有助于外语学习和输出的环境而承担的所有工作。

表 2.5　　　　　不同外语教学方法中教师的角色①

教学方法 教师角色	以语言为中心的教学路径		以学习者为中心的教学路径		以学习为中心的教学路径		以个体发展为中心的教学路径			
	OM	ALM	CLT	CBI	LA	NA	CLL	PBL	PBLL	GS
语言技能提供者	语言知识模板		本土语料的选择者和改编者；语言知识的产出者		可理解性输入信息的主要提供者		根据学生个体需求提供个性化知识			
学生的帮助者	语法和结构错误的纠正者		学生遇到困难时的建议者		自主学习者、所需学习技巧的提供者		√	学习经验的引导者和提供者	学习经验、学习技巧、心理支撑的提供者	

---

① 该表基于下列文献绘制：Pittman（1963），Brooks（1964），Byrne（1978），Breen/Candlin（1980），Littlewood（1981, 1998），Finocchiaro/Brumfit（1983），Krashen/Terrell（1983），Brinton et al.（1989），Willis（1990），Stryker/Leaver（1993），Johnson et al.（1994），Díaz/Hernández（2002），Richards/Rodgers（2003），张文忠（2007），Larsen-Freeman（2008），Andreu-Andrés y García-Casas（2010），张文忠/夏赛辉（2010）。另见3.5小节。

2 分阶段全景模拟框架的理论基础

续表

教学方法＼教师角色	以语言为中心的教学路径		以学习者为中心的教学路径		以学习为中心的教学路径		以个体发展为中心的教学路径			
	OM	ALM	CLT	CBI	LA	NA	CLL	PBL	PBLL	GS
学习的领导者和组织者	学习的领导者、控制者和组织者		活动参与者之间交际过程的促进者、活动的管理者和协调者		✓	✓	小组学习的促进者	学生发现问题、查找信息、解决问题过程中的帮助者	项目顾问、课堂组织者、困难创造者、研究过程激励者	（全景）模拟活动谨慎的监督者、顾问和激励者
评判者	✓	✓	✓	✓	✓	✓	✓	✓	✓	✓
需求分析者			✓	✓			✓		课堂与学生需求之间联系的创建者	课堂、学生需求、现实生活之间联系的创建者
教学活动独立参与者			✓				✓		✓	
语境的创造者			✓	✓	✓	✓	✓		✓	✓
情感环境的创造者					✓	✓	结构化、情感化学习环境的创造者	✓	✓	✓

正如我们在 2.2.1.3.1.2 中所看到的，从以语言为中心的教学路径到以学习者为中心、以学习为中心、以个体发展为中心的教学路径，外语学习者的角色在这一过程中发生了巨大的变化。他们从单纯的接收者和观察者的角色转变为更加完整、更加贴合实际语言使用者的角色。而要胜任这些角色则需要学生不断提高合作、协商、自主学习、自我监督等技能。因此，我们似乎可以预测，伴随着学生角色的不断发展，教师在外语教学过程中的行为和责任会随着学生角色和责任的增加而相对减少。但是，如表2.5 所示，这一猜测并不成立。诚然，在以语言为中心的教学路径中，教师是课堂的主角，他们完全控制着教与学的过程；而在后续的教学路径

中，教师逐步让出主导权，将课堂的主角地位以及控制学习节奏等的权力逐步让渡给学生，而教师则更加注重交流和学习环境的创设。在这一教学路径的变革过程中，教师不再是语言知识的直接提供者，而是成为学生接触、学习某些经验、获得和发展某些技能的扶助者或顾问。让渡课堂的主角地位并不意味着教师工作量或责任的减少，相反，扶助者和顾问的身份要求教师掌握二语习得的不同理论，并需要在每门课程之前进行需求分析，对学生情况有具体的了解，还需要对每门课程和每节课的规划、进展、内容、材料等进行更动态的把握。我们以评判者的角色举例进行说明。从表2.5可以看出，这一角色贯穿了教学法发展的整个过程。在以语言为中心的教学路径中，由于教学的主要目的是获得与目的语的语法、词汇和语音有关的某些语言知识，教师只须评估学生是否学会并掌握了这些语言知识。以学习者和学习为中心的教学路径，强调学生的交际技能，教师作为评判者的工作就增加了，不仅包括对学生知识的评价，还包括对能力的评价。最后，在以个体发展为中心的教学路径中，评价必须连续贯穿整个教学过程，评判者时时刻刻都在为学生提供反馈，特别是在项目或模拟活动结束时（参见下文3.3小节）。此外，此时的评判不仅针对学生，教师也通过学生和自己的反思获得评价反馈。而反馈的内容将促进学生语言能力、交际能力、社会文化能力、协作能力和反思能力的提升，这些能力也是与同伴一起解决问题、开展项目和模拟活动时所必需的。综上所述，随着教学方法的发展，教师的角色日益复杂，他们需要对教学过程的方方面面有动态的掌握。这意味着教师有必要接受良好的培训，并能够对教学经历不断反思，还要有机会和动力实践有关二语习得的各项知识。

随着教学方法的发展，教师所承担的角色也不断转变。基于此，我们发现随着教学方法所依据的语言学、心理学或二语习得理论的变化，教学法本身以及其所涉及的各个方面，如教师和学生的角色，也都发生了变化。现在，如果我们反向思维，既然教师是直接面对学生，且独立运用理论和教学方法完成教学过程的主角，他们也应该是将上述过程理论化以及将教学方法再创新的主角（Kumaravadivelu, 2012: 9-10）。这也就意味着，教师需要完成完整的教师培训。教学过程理论化与教学方法的再创新必须建立在教师知、析、识、行、思（knowing, analyzing, recognizing, doing and seeing）（Kumaravadivelu, 2012）这五方面的基本能力之上，而这五方面也涵盖了表2.5中教师角色的所有方面的内容①。

2.2.2 结论

在2.2小节中，我们从语言学理论、外语教学理论以及学生和教师的角色等方面比较了我国外语教学中的主要教学方法。语言学、心理学、教育学、二语习得等学科的理论发展，带来了外语教学方法的变革，一方面解决了我们在外语课堂上发现的问题，另一方面积累了有效的经验和经过验证的正确知识。外语教学法研究的总体目标是寻找一种能更有效地学习语言的方法，并能将语言知识与现实生活中的语言运用联系起来。在这方面，我们已经讨论了语言本身和语言学的贡献，心理学领域（行为主义、认知主义和建构主义）对认知和行为的研究，以及个体差异对外语学习的重要性。所有这些都将帮助我们更深入地理解外语学习的本质。而外语教学方法的研究成果的应用的确让我们逐步实现了第一个目标：更有效地学习语言。当下，外语课堂更加注重文化、风俗习惯、行为规范和社会规则等方面对外语使用的重要影响。Vygotsky的社会文化理论和Dewey有关经验的教学理论为我们联系外语课堂、现实生活、先验知识和学生需求提供了思路。这些理论不仅能够帮助学习者提高外语学习效率，而且在外语使用过程中，也能够帮助学生避免使用不恰当的语言，以免造成误解。

随着外语教学法的发展，学生承担着越来越多的学习责任。教师对学生的要求越来越高，无论是在语言方面（从语法、词汇和语音到听力技能，口语、书面和阅读以及交际和社会文化能力），还是在学习形式和学习技巧方面（合作学习、反思和自主学习能力等）。与学生角色的转变并行，我们对外语教师的要求也越来越高。在外语课堂中，教师不仅要提供目的语的样本和模型，组织教学和活动，评价学生能力，还要关注学生的

---

① 基于Kumaravadivelu有关教师培养的建议，分阶段全景模拟法提出了一个与学生发展过程相对应的关于教师（自我）培养的操作手册（详见下文4.3.1.2小节）。

差异和不同需求。教师必须满足学生的知识需求,并通过恰当的情感支持、合适的学习风格和学习策略指导,帮助学生优化学习方式,提高学习效率。所有这些,都要求外语教师不仅要掌握目的语,还要掌握上面提到的所有与教学有关的其他知识。因此,教师也要在已有培训的基础上,不断地进行自主学习和自我更新,以便更好地承担这项工作。

我们已经看到,有关外语教学理论和方法的研究已经持续了百年之久①。在这一过程中,学生和教师都在不断地更新自己的知识。目前在西方国家,教师和学生基本处于教学方法的同一发展阶段。然而,与同期的西方相比,中国大陆的现代外语教育的发展受到了封建政权②和百年战争(1840—1949)的掣肘。因此,稳定的、持续的、大规模的外语及外语教学法的研究工作于新中国成立后才真正开始,也就是说,新中国成立后70多年的时间里,几乎所有的理论和方法都被同时引入中国。所以与西方的历时发展相比,在中国,外语教学研究的发展是一个相对共时的过程。在西方,目前对翻译—语法教学法、口语教学法、听说教学法等的关注已经很少,而在中国,虽然上述教学方法不再是教学研究的中心,但对其的关注及使用却从未停歇。与此同时,交际语言教学、任务型语言教学、基于项目的语言教学等方法在我国风头正劲(罗少茜,2008;Zhu,2010;罗志红,2011;张文忠,2011;朱彦/束定芳,2017)。因此,我们的学生中有一部分非常适应强调交际的教学方法,而另一些则很难接受它,也就不足为奇了。

近年来,Stern(1992)、Brown(2000)、Allwright(2003)、Kumaravadivelu(2003、2008)等研究者为外语教学赋予了新的目标。外语的教学不仅包括知识、技能和能力的培养,还应当将学生培养成为具有长期学习能力的批判性、反思性人才,以便能够更好地适应全球化的社会。这与我们高等教育阶段的培养目标不谋而合。在下一节中,我们将分析这一目标的变化所带来的教学方法论上的变化。

---

① 以 Saussure 的 *Cours de linguistique générale* 的发表为起始点。
② 清朝的封建君主制统治。

2.3 新的方法论趋势与全景模拟

20世纪80、90年代，许多研究人员（Swaffar/Arens/Morgan，1982；Nunan，1987；Pennycook，1989；Rivers，1991）意识到了教学方法（method）这一概念的局限性及其滥用带来的消极结果。

尽可能提高外语教学有效性的愿望促使研究者和教师们不断寻找新的教学方法（Richards/Rodgers，2003：239）。而几乎每种与外语教学相关的理论的重要发展都带来了教学方法的变革。但是，如同 Rivers 所说，在许多情况下，"一个新术语［……］的新鲜粉饰掩盖了它们本身的相似性"（1991：283）。确切地说，这些外语教学方法的基本相似之处之一就是相信遵循一种教学方法可以带来好处，这一概念的（Stern，1983：476 – 477；Allwright，1991：1；Brown，2002b；Kumaravadivelu，2008：162 – 168）根本问题在于如下三点。

— 它赞成在外语教学理论研究者和外语教师之间进行严格而僵化的职能分工，前者负责提出语言教学理论，并在此基础上设计教学方法，而后者只需要遵循这些方法进行教学实践。这里的职能分工大大低估了教师的作用，轻视了教师的主动性和经验积累，最终也使教师无法成为更有价值的专业人员。

— 它过分简化了外语教学过程中固有的复杂性。它将外语教学过程等同于教学方法这一概念，但在具体的教学方法中却只注重了外语教学中的一些具体方面，如以语言为中心的教学路径。这使教师在日常教学中，无法'纯粹'地应用某种具体的教学方法。

— 遵循某一特定教学方法的教师，在理论上必须完全地遵循它的指示，这直接导致了实践中的僵化应用。因此，不难想象，教师可能会在最终被证明是不必要的方面浪费时间和精力，而不能更加注重设计合适的活动，发现学生的差异、弱点等等。

从上面的分析可以看到，所有的局限性都与教师的工作息息相关。因为教师是教学方法的实际应用者，而只有他们最能发现如下内容。

— 并没有一种所谓的"最佳方法"，能够适用于所有情境，适用于各种类型的学习者。Prabhu（1990）和 Bartolomé（1994）认为寻找最佳方法并不是一个好主意。方法的发展历史"揭示了一种有问题的进步主义的存在（problematic progressivism），即现在发生的事情都被推定为优于以前发生的事情"（Byram，2000：278）。然而，实际上，"我们甚至无法比较已知的方法，看哪一种方法效果最好"（Kumaravadivelu，2008：164）。

— 方法的概念不能涵盖语言教学过程中涉及的所有方面。二语习得、心理学或社会学等领域的相关研究涉及非常多样的问题，如语言和学习的概念，决定学生行为的内外因素，学生的技能或态度，个体差异，教师的能力，社会、文化、政治和经济的不同需求、背景和责任等等。（Kumaravadivelu，2008：165）

— 教师在工作中难以完全按照给定的教学方法进行教学，而是要利用自己的自主性和经验去改进教学方法，使之适应具体的教学环境。事实上，基于田野调查和课堂数据收集的研究发现，即使是表明完全遵循某种教学方法的教师，也会在实际运用中改变该教学方法，而一些遵循不同方法的教师竟能将各种方法完美地整合在同一个教学过程中（Swaffar/Arens/Morgan，1982；Nunan，1987）。

— 从意识形态的角度来看，方法的概念并不是绝对中立的，它隐含着一定的政治和后殖民主义的偏见。大多数外语教学方法都是由发达国家的研究者创立的。根据一些分析者（王烈琴，2013）的观点，不管是为了推广自己本国的语言还是为了学习外语①，许多方法的创立和应用最终都是通过某些文化利益来维持"不平等的权力关

---

① 比如直接法（direct method），是为应对 19 世纪的人口迁徙；而听说教学法，则是为了应对第二次世界大战。

系"（Pennycook，1989：590），即把意识形态和文化上的原产国所认为的重要的知识强加在外语课堂上，进而使权力较小的国家边缘化，从而进行思想和文化的殖民（Kumaravadivelu，2008：167；参见下文2.3.3.3）。

为了走出这个困境，我们看到了两条可能的道路：教师所采用的折中方法（参见下文2.3.1节），和理论研究者所提出的后方法（参见下文2.3.2节和2.3.3节）。

而客观上，一系列条件和因素制约着教学方法的选择。

- 以往的教学传统（李观仪，1989）以及这种传统所倡导的师生关系，将在教学过程的构想、课堂的内部环境、师生关系中施加某种惯性。例如，在中国，我们普遍认为，外语教学应密切关注语言的细节和纠正（饶振辉，2000：40）。这意味着，即使我们实施了具有交际特征的教学方法，教师和学生在一开始也会觉得停止直接纠正、减少细节关注，转而把精力放在流畅度和交际上有些困难。
- 母语和目的语之间的差异常常在某些方面阻碍某些方法的应用。例如，Krashen/Terrell（1983）的自然教学法拒绝在外语课堂中使用母语。考虑到汉语和西方语言的巨大差异，当以汉语为母语的学生学习欧洲语言时，完全拒绝使用母语，可能会遇到困难。比如在学习的初级阶段，使用西班牙语向母语为中文，且只掌握了英语或其他亚洲语言的学生解释"格"等在其原本的语言学习经历中没有或不清晰的概念就是很困难的。
- 当前的社会状况、外交政策、经济发展的需求等，会在大多数情况下导致，在正规教育中政府强制或引导实施某些教学和评估政策或某些语言政策（饶振辉，2000：40-41），而这些都将直接反映在课程计划和正规教育所使用的教学材料上。
- 学校条件和语言学习的供需关系（Larsen-Freeman，2008：x）决定了师生比例、经费、教学设备、教学场所（教室、会议厅、会议室等）的空间特征、课程计划、班级的组织与时间分配、教学中心的特定目标等。例如，在国内基础教育阶段，班级规模大多在40—60人，而大学英语的课堂规模可以达到150人，甚至更多。再加上正规教育阶段教师需要遵循具体的课程计划，在一定时间内完成教学任务。这意味着，在许多情况下，强调交际的方法很难在课堂中具体实施。

— 最后，教师所接受的培训和在具体的社会历史背景下师生之间应当建立的关系（Larsen-Freeman, 2008: ix–x）也会影响教学方法的选择。教师培训的根本目的之一是帮助教师明确自己在教学实践中产生的关于教学的内隐想法（Shulman, 1987）。然而，如前所述，方法的概念将教师的角色边缘化，教师通常无法将自己的教学实践理论化。

2.3.1 折中的方法

根据上一节的分析，我们可以假设，教师总是根据自己的"理解、信念、风格和经验水平"（Larsen-Freeman, 2008: x），针对每一个特定的教学情境，对教学方法进行修改。原因在于，即使教师在总体上采取了在他看来对当下的教学情境来说最合适的教学方法，在不经过任何修改的情况下，该方法也不能完全处理实践中的所有问题和情况，或应对社会、政治、文化、制度等方面的差异（Larsen-Freeman, 2008: xi）。而教师比任何人都更了解他们所面临的特定的教学情境。他们从自身的专业素养和在教学工作中获得的经验出发，一点一滴地发展出一种适合特定教学情境、独特而恰当的教学方法，我们通常称之为折中法或组合法（eclectic method/combined method）。

在形成这类教学方法时所使用的折中法，并没有明确科学的定义，也没有选择和组合不同教学策略的规则和规范。然而，许多研究者（Widdowson, 1990; Stern, 1992; Kumaravadivelu, 2008）都对它给予了肯定，并认为该理念自20世纪80年代以来在中国得到了较为广泛的认可（陈红，2014）。一些研究者甚至认为它是中国外语教学法发展的重要趋势之一（常俊跃，2006: 3）。樊长荣（1999）、饶振辉（2000）、王岩（2001）等认为折中法是在外语教学过程中，针对特定情境灵活选择最适合的理论、技术、过程等的结果，是以分析教学过程中的相关要素和情境的特殊性为基础的。但是，该描述没有规定分析的形式和具体内容，也没有规定选择的具体规则。

为了解决这一问题，饶振辉（2000）提出了一个可能的应用框架，但该框架在一定程度上缺乏可操作性。在该框架中，折中法通过外语教学过程中的课程目标、课程内容、课堂活动、外部辅助和评估五个方面，实现其在外语教学中的具体运用。然而作者对框架内的诸多细节却没有给出进一步的解释。实际上，对于折中法的运用方式，学术界和一线教师一直众说纷纭（胡新建/王蔷，2017）。也是出于这一原因，尽管仍有不少研究支持折中方法（贾国栋，2011），认为以其灵活性和易用性，它将成为中国外语教学的主流，但在 CSSCI 和核心期刊上，有关折中法的研究近年来已经逐渐减少。

我们认为，折中方法的逐渐落幕是可以预料的。折中法存在无法弥补甚至是致命的缺陷。如我们在 2.2 节中的分析，所有教学方法都是以不同的外语教学、语言学、心理学、社会学等理论为基础，而这些理论之间有些是相互矛盾的。正是这些理论为教学法中的课程规划奠定了基础，决定了教师和学生以何种语言观为基础，在教与学的过程中，采取何种行为和教学手段，考试如何进行，语言学习的成功与否。而折中法由于没有连贯的理论基础，其任何使用或创新，都只限于教学技巧和外语教学活动的简单组合。这会导致，如若实践中遇到一定的困难，由于缺乏理论指导，教师很可能随性地引入某种教学技巧或外语教学活动，破坏教学的连贯性，导致学生的抱怨或不满。而仅仅依靠自身经验和对课堂需求的即时反应所采取的对策，其合理性和有效性都得不到保证，这对学生是极不负责任的。在这方面，Widdowson 直接指出，"如果折中主义意味着随意和方便地使用任何最容易掌握的技巧，那么它就没有任何优点"（1990：50）。有鉴于此，我们必须为外语教学寻找新的出路，在下一小节，我们将把目光转向后方法理论（post method），以期能够寻找到更好的答案。

2.3.2 后方法的概念

鉴于方法概念的局限性。一部分外语教学理论专家（Stern，1992；Allwright，1993；Kumaravadivelu，1994，2001，2003，2008；Brown，2002b；Bell，2003；郑玉琪/陈美华，2007；董金伟，2008；王禧婷，2015；郑玉琪/侯旭/高健，2015；万垚，2020）选择了另一条路径：打破方法概念本身，开创外语教学的新视野。其中，Kumaravadivelu 无疑是这一新趋势的主要代表。虽然 Stern（1992）和 Alwright（1993）在 Kumaravadivelu 之前提出了后方法的概念，但他们都没有对这一概念给出足够明确的定义。因此，在下文中我们将主要关注 Kumaravadivelu 关于后方法的观点。

后方法提出的目的是为了克服方法概念的局限性。因此，与基于某种方法，也就是基于不同的外语学习理论的外语教学模式不同，后方法的研究者将关注的重点放在外语课堂本身（Kumaravadivelu，1994：29）。因为他们把教学情境看作是在特定环境中，教师、学生、可利用的教学资源以及教育、语言和制度等先决条件构成的整体现实。此外，由于教学法（method）总是基于某些理论，因而具体教学方法的提出是自上而下的过程，而后方法支持自下而上的理论凝练过程（Kumaravadivelu，2003：33；Bell，2003：332）。因为如 Kumaravadivelu 所述（同上），"后方法提供条件使参与者能够构建个人实践理论…［并］使参与者能够产生针对具体的点、面向课堂的创新策略"[①]。

另一方面，尽管 Kumaravadivelu（2008）认为"方法已死"，但我们不认为后方法是对方法（method）的完全否定。与此相反，我们认为方法是教学技巧的灵感和源泉，甚至是后方法的"肥料"。这一观点与 Kumaravadivelu（2001，2003，2008）后方法教育学三维系统的第二个参数—实践性一致。

Kumaravadivelu 将后方法视为一个由三个参数：特殊性、实用性和可能性组成的三维教学系统。广义上讲，实用性即"理论与实践的关系"（Kumaravadivelu，2008：172）。在教育学领域，教学方法的提出通常是假

[①] 然而，鉴于 Kumaravadivelu 所指的建构个人理论的教师并不是完全隔离在语言习得理论、外语教学理论、以及由这些理论发展而来的教学方法之外，而是有可能在上述背景下建构自己的策略和实践的，我们认为，在这种情况下，并不是严格的自下而上的研究，而更可能是两个方向之间的互动调整。

设一个非常普遍的情况。与真实的课堂多样性相比，假设的情况过于理想和统一。因此，在具体的课堂实施中，教师（Kumaravadivelu 认为是理论的实践者）必须根据自己的需要和目的，一方面根据理论和科学的指导原则，另一方面根据自己的教学经验，决定如何实践教学方法。首先，不同的后方法提供了不同的客观的评判体系（周季鸣 et. al., 2008: 58），帮助教师对实践进行理论化（Edge, 2001: 6）。在此过程中，我们必须找到外语教学的理论与实践之间的关系。然而，从严格意义上讲，Kumaravadivelu 所指的实用性主要与教师的教学经验相关，即教师基于自身的"合理性感受"（sense of plausibility, Prabhu 1990: 172）、"实践伦理"（ethic of practicality, Hargreaves 1994: 12）或"意义构建"（sense-making, van Manen, 1977）所采取的行动与反思（Kumaravadivelu, 2008: 173）。这些类似的概念都强调教师如何在特定的情境中感知到哪些是对其学生有效的行为。因此，在特殊性参数中（Kumaravadivelu, 2001: 538 – 540），Kumaravadivelu 强调了在教师培训中"语境敏感的语言培训"的重要性（context-sensitive language education, Kumaravadivelu, 2008: 172）。也就是说，任何后方法"都应是特定的教师群体在特定社会文化背景和特定教学情境中，教导特定的学习者群体以实现特定的教学目标"的教学系统（Kumaravadivelu, 2001: 538）。

　　许多中国教师认为，国外引入的教学方法并不能很好地适应中国具体的教学情境（文秋芳，2019）。因此部分教师在实践中，在没有任何理论指导的情况下，自发地使用折中方法对现有教学法进行组合、创新（参见上文 2.3.1）。而 Kumaravadivelu 的后方法教学系统中的实践性参数强调了解当地情境和教师的个人经验，恰好满足了这一行为的理论指导需求。该系统中的另一个参数，即可能性参数，也注意到了当地情境和教师个人经验这两个因素。教师在课堂上的行为既受自身学习和教学经验的制约，也受其"成长的社会、经济和政治环境"（Kumaravadivelu, 2008: 174）的制约，当然也受课堂所在地具体环境的影响。换句话说，教师不能将自己从所处的本土语境中抽离出来，反而需要考虑这样的语境允许自己做什么，如何在教学环境允许的范围内尽可能地向学习者提供形成新身份或形成目的语思维的机会①。

综上，后方法视角下的外语教学允许实践者进行灵活的教学设计，但在此过程中，实践者必须考虑现有本土教学环境的可能性，教学过程主要参与者的经验、主动性和职业能力，以实现并保持交际主体（教师、学生、目的语和母语使用者）、外语课堂和（目的语和母语）社会之间的动态互动。

2.3.3 后方法模型

在本节中，我们将介绍四种后方法模型：Allwright 的实践探索框架（practical exploratory framework, 1993, 2003），Stern 的三维课程框架（three-dimensional curriculum, 1992），Kumaravadivelu 的宏观策略框架（macro-strategic framework, 1991, 2013）和 Brown 的原则路径框架（principles approach, 2000, 2002a）。我们将从上述四种后方法模型中获得启发，探索在我国现有教学情境下保证（分阶段）全景模拟教学有效性的原则。

2.3.3.1 Allwright 的实践探索框架

Allwright 的实践探索框架源自其对学术研究和教学的反思（Kumaravadivelu, 2008: 194）。Allwright 在与 Kathi Bailey 合作编写的 Focus on language classroom（Allwright/Bailey, 1991）一书中所提出的探索教学与 Schwab（Schwab/Brandwein, 1962）的探究教学模式②（learning-teaching as enquiry）相似。Schwab 将该模式分为两个层次：以科学知识的讨论和产出为对象的探索研究和以教学过程本身为对象的探索研究（同上：65）。在某种程度上，Allwright 对探索教学（exploratory teaching）的解释与 Schwab 类似，他们都考虑了教学的两个层次。Allwright 认为教学不仅要"尝试新思想"（tries out new ideas），而且应"尽可能多地从做中学"（Allwright, 1993: 196）。这两方

---

① 正如 Hymes（1972）所说，外语课堂不应局限于为学生提供一系列的语言知识，培养他们在外语习得过程中的各种能力，而是应通过对语言教学及其在不同领域和不同社会文化群体中的使用方式（Kroskrity, 2000: 8-12），使学生通过沉浸式体验，反思自己在目的语社会和母语社会中的身份，以及如何在两种社会中表达自己。

② 这一框架是在 Dewey 的影响下提出的关于教学的哲学和教育学建议，主要着眼于科学教学，而非专门针对语言教学。

面对教师自身来说,就是教学中既应尝试前期学习中获得的新的教学思想,也应该在尝试新思想的教学活动中,进行反思,以从中获得新的知识。对于探索教学来说,科学研究的过程和学生学习的过程是相似且不可分割的。因此,在课堂中学生获取知识并加以应用,并在教师的指导下解决某些应用中的问题,这正是 Allwright 的探索教学的主要关注点,即希望提供一种切实可行的方法,在不增加教师的工作量的前提下,将研究的视角适当地引入课堂,从而促进专业发展以及专业内部和专业间的理论建设(Allwright,1993:131)。

为了实现这一目标,Allwright 确立了以下七个实践探索框架的一般原则。

Principio 1. Put "quality of life" first.

Principio 2. Work primarily to understand language classroom life.

Principio 3. Involve everybody.

Principio 4. Work to bring people together.

Principio 5. Work also for mutual development.

Principio 6. Integrate the work for understanding into classroom practice.

Corollary to Principle 6: Let the need to integrate guide the conduct of the work for understanding.

Principio 7. Make the work a continuous enterprise.

Corollary to Principle 7: Avoid time-limited funding.

(Allwright,2003:128-130).

对于 Allwright 来说,"生活质量"(quility of life)既是首要原则,同时也在第二条原则中占有一定的地位。我们可以把它理解为一种真实的、现实主义的,能够把教学实践与现实生活联系起来的条件。它比教学效率和"工作质量"(quality of work,Allwright,2003:119)更为重要。因为"工作本就是生活的一部分,或是生活态度,但绝不是生活的替代品"①(同上:120)。正确认识实践教学与现实生活相联系的条件"可以帮助教师和学习者度过愉快又富有成效的共同时间"(同上:114)。因此,对 All-

---

① 原文为:"work is a part of life, or an attitude to it, not an alternative"(Allwright,2003:120) wright 来说，理解这一点比"提升永远在'改进'的教学技巧"重要得多（同上）。而对外语课堂而言，"生活质量"即外语课堂生活质量，而"工作质量"即外语教学活动质量，而外语课堂生活的质量取决于外语教学实践与现实生活的联系的质量，即外语教学活动的质量。也就是说，外语教学活动并不是外语课堂本身，所有的外语教学活动都应以联系课堂教学实践和现实生活为准则，以实现更好的外语课堂生活体验为目的，而不是为了外语教学活动本身而活动。

"生活质量"的概念非常复杂，在其指导下的实践探索教学的目的，不是对现有课堂活动提出另类的建议，而是寻求一种对课堂完全不同的理解模式。从根本上来说，实践探索框架是为了通过常规课堂活动，寻求对课堂理解的有效方式，并对此提供的一系列建议（Allwright，2003：121）。这种理解过程本身就是一个社会过程（同上：114）。也就是说，外语教学过程中需要参与者的相互协作。这种相互协作的工作必须通过原则3、4、5中所概述的同伴关系（collegiality）来实现。这种相互协作的关系共分为六个方面，涉及师生合作、同一机构的教师间的合作、教师培养者与教师之间的合作、教师与研究者之间的学术合作，机构内部上下级间的合作以及教师协会内部的合作（同上：131－135）。很显然，合作的形式和习惯，与教师工作国家的当地文化、教育政策以及工作机构的文化环境有关。相互协作以及原则6（把为理解外语课堂而做的工作融入课堂实践）迫使我们在实践探索框架中必须考虑语境化的重要性。

原则6分为两个层次。首先，理解工作产生于理解生活本身的需要（work for understanding）。教师和学生都不应是其试图理解的生活的寄生者。也就是说，当遇见未知事物时，不应忽视它或假装未曾发觉它。相反，教师必须抓住难点，利用难点，引导学生通过规范的教学活动完成理解工作，而不必为此打断课堂教学。其次，这些理解工作必须在课堂实践中进行。也就是说，理解过程也是课堂实践的一部分（同上：129－130）。对外语课堂来说，理解工作即理解目的语和母语的生活需求。外语教师应利用在课堂实践活动中学生对目的语和母语生活的认知空白、认知困难，引导学生继续深入探索，填补认知空白，而不是机械地按照既定的课程设计完成课堂教学，忽视教学过程中学生遇到的问题，或由教师直接解答这些问题。

正如前面提到的，不论是在课堂中完成理解工作还是不同主体间的协作，都离不开现实生活和外语教学所在地独特的本土语境。就此，Allwright 提议应统筹思考全球性和本土性问题（Allwright，2003；2005b），以解决理论/原则与实践相结合或一般性与特殊性相结合这一复杂问题（Kumaravadivelu，2008：199）。Allwright 认为，"寻找一般问题的一般解决方案不再有意义，因为所有的'问题'最终和实际上都归结为'本土'问题，因此需要'本土化'的解决方案，该解决方案应尊重全体人类情况的独特性并为全体人类着想"（2006：13）。Allwright 通过下面的环状图表达了这一思想。

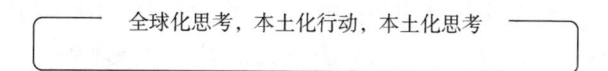

全球化思考，本土化行动，本土化思考

图 2.4　Allwright 全球化和本土化循环观（取自 Allwright，2003：115）

这一循环本身并没有方向性。一名研究者，在他的实验和/或实践研究中，从解决外语教学的一般性问题开始思考，并将这些一般性原则引入到具体行动中。这会迫使研究者更多地思考更实际的本土化问题，而这些本土化研究最终也将有助于研究者的一般性研究，即对最初的全球化理论或原则进行限定、补充或重塑。反之，研究者也可以从本土化问题入手，思考具体问题的解决方案，采取本土化实验和/或实践，得出本土化理论或原则。该原则或理论在不同情境中不断实践，逐渐变成普适化的原则或理论。而循环并未在此终止，而是以惯性的方式持续下去。在这种动态变化中，全球问题和地方问题相互变化，走向协调一致的状态。事实上，不管是研究者，还是某些理论和原则纯粹的实践者或执行者，都可以从这个循环中的任何一个点出发，最终在循环惯性中，达到动态和谐。但是，长期保持这一惯性以及动态和谐的状态并不是容易的事情（原则7）。在实践中，需要有一个具体的计划来保障循环的持续和完整。

因此，在实践中，实践探索框架的课程应遵循一系列具体步骤①。

第一步：确定问题范畴。

第二步：完善对问题范畴的思考。

第三步：选择要关注的特定主题。

第四步：寻找探究适合该主题的合适的课堂程序。

第五步：将程序应用到要探索的主题。

第六步：在课堂上使用该程序。

第七步：解释课堂结果。

第八步：总结课堂活动的影响和进行下一步计划。

（Allwright，2005：365－366）

上述步骤一般包括三个部分，其顺序与图2.4的循环相一致。首先，有必要确定一个与某一领域相关的研究主题，该领域中应当有很多有趣的问题或未知的知识；其次，有必要制定一个最合适的研究过程，将其应用于课堂中；最后，应对研究结果进行分析，并做好进一步的准备。

Allwright的实践探索框架与全景模拟教学（详见下文第三章）有异曲同工之妙。实践探索框架强调在课堂上通过相互协作来满足"生活质量"，而全景模拟教学则重视在每个学习和研究小组中开展个人和协作活动。这两种方式均需要教学过程中所有成员的积极参与。它们都认为外语教学是一项整合课堂内外学习的长期任务，在课堂中融合现实性因素以及"在做中学"，比学习或活动本身更重要。分阶段全景模拟框架保留了全景模拟教学的基本特征，在分阶段全景模拟框架的第三阶段，实践探索框架也可

---

① 原文是

Step 1：Identify a Puzzle Area.

Step 2：Refine Your Thinking about That Puzzle Area.

Step 3：Select a Particular Topic To Focus Upon.

Step 4：Find Appropriate Classroom Procedures to Explore It.

Step 5：Adapt Them to the Particular Puzzle You Want to Explore.

Step 6：Use Them in Class.

Step 7：Interpret the Outcomes.

Step 8：Decide on Their Implications and Plan Accordingly.

（Allwright，2005：365－366）

以作为该阶段的通用框架,帮助教师完成课堂设计并实施。

但是,在我国大多数的教学情境中,实践探索框架与全景模拟教学的应用还是有一定困难的。例如,对于在高中阶段主要学习动力来自于在期末考试中获得高分这样的学生来说,他们在大学阶段的专业外语学习,往往也延续了高中的学习习惯,没有了解目的语社会的强烈需求,也很难保持终身学习的意愿。因此,为帮助学生更好地学习外语,在实施实践探索框架与全景模拟教学之前,必须有一个教学方式的过渡过程。此过程中应注重语言概念和后方法教学系统中具体的动态教学概念的过渡。此外,还应在具体教学环境中找到帮助我们完成过渡的工具。而这个过渡过程,也就是分阶段全景模拟框架的第一个部分。对此,我们可以从 Stern(1992)的三维课程框架中得到启发。

2.3.3.2 Stern 的三维课程框架

Stern 的三维课程框架是一个外语教学系统。它试图在教学内容和教学技巧之间建立一种动态的辩证关系。该框架以需求分析为基础对教学目标和后续的课程设置进行修正。Stern 认为语言教学的组织主要分为三个层次:

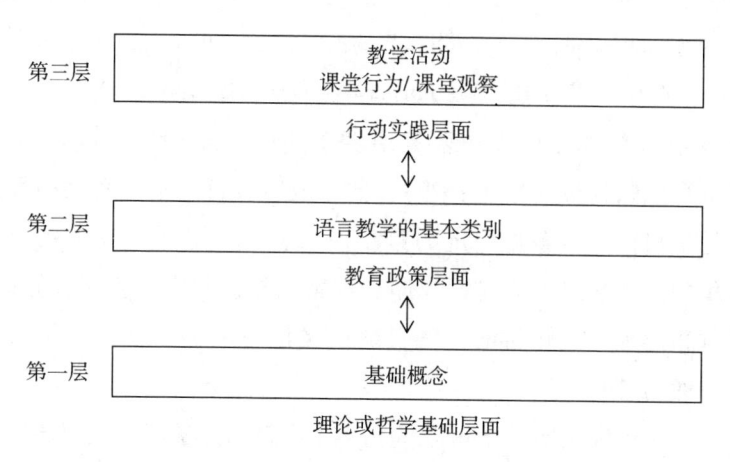

第三层	教学活动 课堂行为/课堂观察
	行动实践层面 ↕
第二层	语言教学的基本类别
	教育政策层面 ↕
第一层	基础概念
	理论或哲学基础层面

图 2.5　Stern 的语言教学分层(1992:5)

该图可以自上而下地阅读,也可以自下而上地阅读,但 Stern 在 Issues and Options in Language Teaching 一书中总是自下而上地解读该图。也就是说，Stern首先从构成教学系统的理论或哲学基础的基本概念出发，并用在此基础上形成的普遍原则或政策方针，指导具体行动，例如课堂活动和课堂观察。

课程设计从需求分析开始（Munby，1978；Yalden，1983），包括对语言概念的理解、社会特征、目的语在母语社会中的地位、学习者特征、学习过程和教学动态（Stern，1992：23-25）。由于教师的语言概念、教学设想和教育理念直接影响教学内容和教学策略，所以教师和学生一样，也要参与需求分析。并且，教师有责任不断更新语言概念，不断反思，从而形成并修正自己的外语教学理念。

在需求分析的基础上，教师应着手界定课程大纲和课程目标或学科目标，这些目标与教学内容、过程、策略和评价程序之间有着内在联系。Stern认为，课程设计必须考虑情境类型的多样性。一方面，课程设计的对象是一群由独特个体组成的学生，另一方面，课程设计必然要遵守国家和地方等各级教育主管部门的规则和要求（Stern，1992：42）。

在开始设计课程大纲之前，应首先设定课程目标。Stern确定了四个可预测的教学目标：1）学生期望发展的能力（proficiency）；2）学生期望学习的知识（knowledge）；3）应当具有的情感态度（affect）；4）有用的且有必要的知识、能力、态度的迁移（transfer）（Stern，1992：62-99）。Stern强调，与某种能力发展有关的目标并不是语言学习所追求的唯一目标，不应一开始就不重视认知目标（同上：29）。要完成吸收目的语、文化和社会知识和信息的认知目标，需要一定的策略，如观察、辨别语言或社会文化现象，收集、整理和组织信息，存储和检索数据，制定、应用和修改规则，解决问题和推理，或将目的语和目的语文化与母语和母语文化联系起来（Stern，1992：79）。

除了认知目标之外，Stern认为情感态度在语言学习中也应该占有重要地位，这主要指积极的目的语文化观，以及对外语学习者学习特定语言有利的情感的形成（同上：29）。该态度主要与学习过程有关。每个学习者学习目的语都有特定的原因，这一点可以通过分析学生的需求来确定。这种对目的语、学习过程、目的语文化和社会的态度，会随着学生的学习过程而不断变化。最后，在课程结束时，学生所获得的经验将会为目的语塑造和强化一个笼统的，甚或是永久的印象。这不仅会影响每个学生对目的语的态度，而且会影响他们对目的语学习、目的语社会和文化的态度（同上：86）。因此，特定的教学过程既可能鼓励学生将这种积极的态度迁移到其他外语学习领域，或相反，也会使学生从此拒绝学习任何其他外语。这就是 Stern 所说的最后一个目标：迁移。这个目标指将一种特定语言的学习经验迁移到其他外语学习上，包括对外语学习的积极态度、语言学习的技巧以及语言和文化功能的知识（同上：29）。然而，并非所有的教学情境都有利于这四个目标的同步发展。在每一个特定的情况下，教师根据前面提到的对学生的需求分析，决定将哪些目标纳入课程目标，以及在多大程度上实现这些目标。

Stern 认为课程大纲不应是僵化的（同上：45）。由于课程大纲的设计处于课程的准备阶段（同上：46），通常是在真实的课堂情况之外进行的，其对课程的描述主要基于设计者的经验想象和需求分析的结果。因此，课程大纲在课程实施阶段往往会出现问题。为此，Stern 认为课程大纲引领下的课程的实施过程也是一个对它进行发展和研究的过程，教师可以通过在课堂上进行形成性和累积性评价，以及课堂观察等来逐步完善课程大纲。

确定课程大纲后，就需要确定具体教学内容。在三维课程框架中，Stern 将教学内容细分为四个部分，分别涉及语言、文化、交际活动和语言习得通用技能的发展。前两部分回答了"教什么"的问题，即"语言和文化的系统学习"（同上：103）；第三部分回答了"如何教"的问题，包括在社会文化背景中使用语言完成整体性、综合性的活动。根据 Stern 的观点，应该根据上面提到的四个目标，分别规划这四种不同类型的内容。也就是说，关于语言、文化和交际活动的教学内容应更多地与注重培养某些能力、某些知识和某些情感态度的目标有关，而掌握语言习得的通用技能则主要与迁移目标有关。与此同时，在对不同内容进行规划时，也要考虑以何种方式将各类知识整合到一起。许多已有的教学活动都可以融合多类教学内容（同上），然而问题在于，这些活动都未能提供整合各类知识和目标的具体原则或策略。

在真实的课堂中，除了把这四类教学内容有机地联系起来以外，还需要有一系列的策略来完成教学过程。而三维策略构想正是 Stern 的三维课程体系中最具创造性的部分。策略不同于技巧，它指的是在课堂上，直接解决问题的实际的、具体的和程序性的行动，是从语言教学历史中汲取的任何有用的经验教训所形成的集合。策略并不是用来规避"方法"概念的托词，而是打破了早期"方法"概念的僵化、教条和狭隘（Stern，1992：277；Kumaravadivelu，2008：187；参见上文2.2.1）。

Stern 基于二语习得领域的三个维度（参见1.1 和2.2.1）建立了自己的框架：第一，母语与母语文化的关系（L1/C1）和目的语与目的语文化的关系（L2/C2）；第二，分析性学习与体验性学习的关系；第三，内隐学习与外显学习的关系。

第一个维度，语内—语间维度（Intralingual-Crosslingual Dimension），关注如何协调目的语及文化和母语及文化之间的关系，以最大限度地发挥外语的效能（表2.6）。从外语教学法的发展史来看，该维度经历了从语间策略到语内策略的演变。当语法翻译教学法盛行时，最广泛使用的策略是语间策略。随后，从听说教学法到交际教学法的发展使得人们在课堂上越来越排斥使用母语。然而，实际上，"各地的一线教师很少拘泥于语内技巧"（Kumaravadivelu，2008：188）。Stern 列出了三个在外语课堂中应该允许使用母语的理由：首先，我们在学习外语时，总是以我们已经知道的语言，例如母语，为基础；其次，我们总是认为我们的母语为外语提供了一个参照系；最后，学习外语对个人来说是一个挑战，因为在这个过程中需要不断调整很多来自于母语的想法（Stern，1992：182 - 183）。在具体的课程中，教师应该根据既定的目标和内容来确定主要采用语内策略还是语间策略。然而，决定使用这两种策略中的一种并不意味着我们将把另一种策略完全抛在一边，而是允许将其作为帮助和方便学生理解外语的支持手段。例如，在一门以提高学生技能为中心的课程中，语内策略自然有其必要性，但母语也可以为其提供帮助。比如，可以将外语现象与母语现象相联系，促进学生的理解（同上：285）。

表 2.6　　　　　　语内—语间教学策略（Stern，1992：279）

语内策略	语间策略
语内文化策略	语间文化策略
以目的语为参照系	以母语为参照系
沉浸入目的语或目的语文化	比较母语和目的语以及母语文化和目的语文化
将目的语与母语分开	
不使用翻译	使用翻译
直接法	语法翻译教学法
协调双语①	合并双语

第二个维度是分析性策略与体验性策略。体验性策略指"邀请学习者有目的地使用语言，并关注语言信息和具体的语言形式"（同上：301）。而分析性策略则是让学生以观察者的角色，从外部观察目的语语言和文化，至少在一定程度上关注那些刻意从生活语境中抽象出来的语言形式或功能特征（Stern，1992：301）。

Stern 承认这两类策略的局限性，而且没有任何理论能够确定在所有情况下，单独使用其中一种策略是有效的（同上：311，321-322）。因此，Stern 认为这两种策略应混合使用。Stern 建议将分析性策略融入经验学习路径，此时，有限的分析策略使经验学习更有效（Stern，1992：325）。与此同时，Stern 也认为应根据学生所遇到的问题的性质，平衡分析性策略与体验性策略之间的关系（同上）。

表 2.7　　　　　　分析性策略和体验性策略（Stern，1992：302）

分析性策略	体验性策略
客观	主观
关注语言形式	关注交际
缺乏交际性	富于交际性

---

① "协调双语"（co-ordinate bilingualism）即区分母语和目的语，利用目的语自身的联系创造新的目的语系统。相反，"合并双语"（compound bilingualism）是指将母语系统作为学习/习得目的语的参考，并试图将这两个系统结合为一个广义的系统。

分析性策略	体验性策略
关注正式话题	关注内容和功能信息
观察	参与
关注语言使用①	关注语用
以语言为中心	以主题/目的为中心
正式	非正式
抽象	具体/现实
非语境化	语境化
获取技能	实践技能
练习语言	使用语言
回答可预见	信息差
反馈语言形式	反馈信息
孤立的语句	融合先前的语句
受控制的/受限制的语言形式	自然的/不受限制的语言形式
注重准确性	注重流利性
语言互动	人际互动
刻板的/系统化的/结构化的	现实/正宗/真实

最后一个维度是外显策略与内隐策略（表2.8）。外显策略有助于学生"关注语言的特点，获得对其有意识的、概念性的知识"（同上：334）。而内隐策略即选择与母语习得过程中类似的技巧，考虑到"语言的复杂性，它是无法被完全描述的"，而且"即使整个语言系统都可以描述，也不可能把所有的规则都记在心里，依靠有意识制定的系统进行有效的学习"（同上：339）。在这一维度上，Stern 保持了与分析性/经验性策略相同的理念，并在实践中尝试将这两类策略结合起来，"根据语言主题、课程目标、学生特点和教学情境的需要而混合使用"这两类策略（同上：345）。Kumaravadivelu 在介绍 Stern 的系统时还指出，"学习者对外显或内隐学习的偏好也可能因年龄、成熟程度和先前的教育经历的不

---

① Stern 没有对用法（usage）和语用（use）策略进行过多的解释，但 Yoos（2009：48）认为，用法（usage）指使用词汇完成句子，而语用（use）指使用语言约定俗成的意义。

同而不同"（2008：192）。

表 2.8　　　　外显策略与内隐性策略（Stern，1992：337）

外显性策略	内隐性策略
理性的/正式的/理智的	直觉的
有意识的	自动的/潜意识的
有意识的学习	潜意识的习得
意识提升	自动化
监测	
反思	无反思
刻意的	偶然的
学习能力（Studial capacities，Palmer，1992）	自发能力（Palmer，1992）
解决问题	类推
分析	整体理解
认知主义	行为主义
抽象的	实用的
规则学习	
元认知和元语言策略	
推理	模仿与记忆
理性主义方法	经验主义方法
系统学习	直接接触语言使用

综上所述，Stern 的三维课程框架是一个混合的体系，它以需求分析和课程目标为基础，允许教师做出自己的决策，在教学过程中避免僵化和极端主义。正如我们在图 2.5 中所提议的一样，该教学框架是一个自下而上，以基础理论为基础，结合本地教学实际情况和政策，形成教学指导原则，指导具体教学行为的框架。然而，很多外语教师并不具备与基本的外语教学相关的理论知识，并没有能力制定自己的教学策略。他们通常直接观察其他更有经验的教师的课堂教学和/或阅读一些能够接触到的语言教学理论。因此，现阶段，我们仍需要在教师培训方面做出巨大努力。在这个意义上，我们认为 Stern 的三维课程框架，不论是自下而上还是自上而下地

进行解读，都为教师自我培养提供了一个合适的通用框架。

　　Stern 的三维课程框架在体系上非常全面。他认为外语教学从理论到实践都由一系列决策组成。Stern 试图通过选择并组合适当的策略来平衡母语/母语文化与目的语/目的语文化的关系、分析性学习与体验性学习的关系、内隐学习与外显学习的关系，还解释了混合策略的可能性，并举例说明看起来完全向背的策略是如何混合的。但遗憾的是，该框架并没有提供更具体的决策方法或原则来帮助教师做出决策。Stern 的三维课程框架与分阶段全景模拟具有一定的相似性。分阶段全景模拟也是以教师、学生和教学情境的需求分析为基础，设定具体的课程目标，进而选取最适合学生的教学模式，为学生提供最适合其学习阶段和学习风格的学习策略框架。与 Stern 的三维课程框架不同的是，分阶段全景模拟框架的目标设定分为教师目标和学生目标，均具有一定的指向性和连续性，它将语言教—学过程看作人的连续发展过程，并为教师和学生的各类决策提供具体的指导。

2.3.3.3　Kumaravadivelu 的宏观策略框架

　　正如上一章所提到的，Stern 的三维课程框架缺少一套指导教师日常教学决策的具体原则。Kumaravadivelu 教授（2001，2003，2008）制定了 11 种宏观策略，在一定程度上解决了这一问题，即 1）最大化学习机会；2）最小化感知失配；3）促进协商式互动；4）提高学习者自主性；5）培养语言意识；6）激活直觉启发；7）情境化语言输入；8）整合语言技能；9）提高跨文化意识；10）确保社会关联性；11）监控教学行为[①]。这些宏观策略不仅有助于教师在课堂上直接做出决策，而且有助于提高教师的备课和其他课外工作的水平。除了上述宏观策略外，Kumaravadivelu 还通过微观策略和研究项目为教师自主培训提供了可能的应用实例[②]。

　　通常，由于教学计划、教学手册等的局限性，外语教学过程中相关的

[①] 该宏观策略既包括教学行为的观察，也包括从教学观察中进行反思和学习。

[②] 事实上，后方法时代的教师培训是 Kumaravadivelu 特别关注的话题之一。为此，Kumaravadivelu 提出了五边模型，它的五个顶点（即外语教师必须承担的五项基本任务）分别是知、析、识、行和查（Kumaravadivelu，2012）。在本节中，我们仅限于分析 Kumaravadivelu 的宏观策略的有关内容，有关五边模型的具体应用，详见第四章。

内容教学通常比较僵化，很难满足学生的全部需求。那么应如何解决这一问题呢？首先，教师要尽量使课堂上的学习机会最大化。在这个意义上，Kumaravadivelu（2003：47）认为课堂中学习机会的创造和利用，最终掌握在联手探索教学过程的教师和学习者手中。有两种方式增加学习机会：一种是创造课内机会，另一种是创造课外机会。对于第一种方式，学习机会的最大化源于班级参与者的协作，即源于学生对课堂和教师提问的参与。因此，教师可以通过制定恰当的问题来触发学生进行有意义的互动，进而鼓励学生参与课堂教学活动，以增加学习的机会（同上：49）。在二语习得领域，我们倾向于关注两类问题：参考性问题，即具有开放式答案的问题；和展示性问题，即具有预设答案的问题。Brock（1986）和 Thornbury（1996）认为前者更有助于创造学习机会。因此，Thornbury 鼓励教师尝试将课堂中的每个问题都设置为参考性问题（1996：281）；Kumaravadivelu 则建议教师认真听取学生话语，并在此基础上建立对话或提出问题（Kumaravadivelu，2008：48－49）。对于第二种方式，即创造课外学习机会，Kumaravadivelu 建议通过形成学习共同体、与更有能力的目的语使用者进行互动、师生之间的信息交流等方式来与目的语社区建立联系；通过互联网与全球社区建立联系（Kumaravadivelu，2001：58－63）。上述内容均要求教师要平衡教学管理者和学习中介这两种角色之间的关系，在完成课程规划和课堂教学的同时，为学习者努力创造并帮助他们充分利用课堂和课外的学习机会。

另一方面，Kumaravadivelu 也指出，教师和学习者对课堂目的和活动之间的感知差距会轻易扩大教师的语言输入和学习者语言摄入之间的差距（Kumaravadivelu，2003：77）。因此，他把最小化感知失配作为宏观策略之一。感知失配的原因有很多，Kumaravadivelu 总结了如下十个类型。

1）认知失配：成人学习者代入课堂的对于世界的一般认知与教师的认知不同。

2）交际失配：学生对目的语的知识掌握有限，不能满足他们交流信息或发表个人意见的需要。

3）语言失配：学生缺乏教师期望的语言学知识如目的语句法、词汇、语用知识等。

4) 教育失配：教师和学生对显性/隐性的长期/短期目标的认知差异。

5) 策略失配：学生使用的学习策略与教师所期望的策略不同。

6) 文化失配：学生缺乏教师认为其应该具备的目的语社区文化规范的先验知识。

7) 评价失配：教师没有意识到学生为监控自己在学习活动中的持续进步而采用的连续或非连续的自我评测。

8) 程序失配：学生所选择的任务执行路径与教师所期望的路径不同。

9) 指令失配：教师或教材给出的指令和指导没有达到预期效果。

10) 态度失配：课堂参与者对外语教学的性质、课堂文化的性质、教师和学生之间的角色和关系的态度不同。

（Kumaravadivelu，2008：81 - 91）。

正如 Kumaravadivelu 本人所指出的，上述分类并不能包括所有失配类型。而且，对感知失配的了解，固然可以更好地帮助教师处理和应对它们，但并不意味着可以完全避免它们。从另一个角度看，我国大部分外语教师都是中国人，而不是目的语本族语者，教师本身也一直是目的语学习者，教师自身的学习经历可以帮助减少外语课堂的感知失配，这意味着许多失配现象是可以减少或避免的。例如，教师与学习者之间相似的学习经历，可以帮助减少文化失配和态度失配；而使用母语则有助于减少评价失配、程序失配和指令失配。

宏观策略的第三条协商式互动是由概念活动（ideational activities）主导的，而不是语篇活动和人际活动。在语篇活动中，教师经常使用简化的语言来提供 Krashen（1983；参见上文 1.1.2）所指的可理解性输入，以方便学生习得外语。而人际活动主要侧重于调整输入、输出和互动之间的关系（见上文 1.1.2）。Kumaravadivelu 认为协商式互动应该包含课堂话语的三个层面，即语篇层面、人际层面和概念层面（1996，2008：115），广义上应该包括"参与式话语的命题内容和程序行为"（2008：116）。因此，教师在管理学习时，即在管理对话和话题的方式上，必须给学生留出足够的空间（Allwright，1981）。在对话时，教师提供语言和副语言的辅助，关注学生输出的真实内容,使他们按计划进行,并以此促进课堂上的协商式互动。在管理对话主题时,学生"接着老师或其他学习者所说的话,并(试图)将其纳入下一个主题"。教师应该鼓励学生创设自己的对话主题,并将它与老师或其他学习者所说的话有效地结合起来(Kumaravadivelu,2008:115-123)。

学习者的自主性有两个层次。从严格意义上讲,自主性指学习者通过心理和策略上的准备来学习如何学习(同上:135)。从广义上看,它是指解放性自主,它能帮助学生认识到在学习中遇到的社会政治性障碍,并为他们提供克服这些障碍的智力措施,以便使他们成为批判性的思想家(同上:141)。然而,这两个层次的自主性都不是一蹴而就的。Nunan(1997:195)和 Scharle/Szabo(2000:9)都主张在自主性培养中,逐步地、有指导地引入与教学目的、结果、任务和材料有关的教学选择。(Kumaravadivelu,2008:143-144)此时,学生从关注教师提供的目标、任务和材料的原因开始选择,而教师逐步给予学生选择的机会,最终帮助他们确定自己的目标、任务和材料。我们将在分阶段全景模拟中(参见下文4.4)具体介绍如何培养学生的自主性。

语言意识主要指学习者意识到语言结构和使用特点,其目的是通过对语言普遍和特殊现象的分析和理解,形成语言子系统(包括拼写、语调和语法)的逻辑意识(同上:121-122)。由此可见,任何外语教师都必须自觉地意识到自己所教授语言的运作方式及其使用方式(同上:124)。另一方面,Kumaravadivelu 认为应从选择适合学生智力发展和批判性思维水平提高的教材和辅助材料开始,并特别关注对社会政治层面语言使用的语言批判意识的培养(同上:125-127)。同时,在第九个宏观策略中,Kumaravadivelu 还提到了批判性的文化意识。他认为任何文化在任何情况下都不可能比其他任何文化都好,也不可能比其他任何文化都差。批判性意识有助于学生通过理解目的语文化来更好地理解母语文化,也有助于学生通过理解母语文化来更好地理解目的语文化(同上:213-214)。文化批判意识的形成也是文化理解的开始。外语课堂是"多领域话语交汇的场所"(同上:213)。老师应该帮助学生把母语文化带到课堂上,并通过目的语文化来反复地、批判性地观察和反思母语文化。因此，Kramsch 认为在外语课堂中，必须建立"第三种文化"，学生不应被母语文化或者目的语文化挟持，将其思维固定到特定的价值观和信仰之中（1993：257）。这意味着教师必须有足够的与学生经验有关的社会文化问题，来帮助学生形成批判性思维，这也引向了 Kumaravadivelu 的另一个宏观策略，即确保社会关联性（2008：215）。我们必须认识到"影响学习者和教师生活更广泛的社会、政治、历史、经济背景也影响着课堂目标和课堂活动"（同上：187）。那么，教师可以使用母语和选择与社会相关的教学材料，来保持课堂目标和活动与社会普遍目标和活动之间的联系（同上：198 - 199）①。

　　现在，我们重新回到语言教学层面。除了培养语言意识之外，Kumaravadivelu 还为学习者更好地习得和使用外语提供另外三种途径：激活直觉启发、语境化输入和整合语言技能。Kumaravadivelu（1995：666）采用了《剑桥国际英语词典》（Cambridge International Dictionary of English）中关于启发的定义，认为启发是一种让学生通过自己发现事物、从自己的经验中学习而不是通过直接接收关于语言教学的知识来学习的方法。他认为教师必须创造丰富的语言环境来激活学生的直觉启发，使他们自己发现语言系统（Kumaravadivelu，2008：176）。这一宏观策略的应用仅限于语法学习。Kumaravadivelu 认为语法学习不应该是一系列规定性规范的学习，而应该是一个归纳的过程。在这个过程中，学习者必须分析数据、提出假设并总结、验证假设的可靠性并重复这个过程。那么显然，在实践中，归纳法比演绎法更有效。激活直觉启发的另一层含义是指增强输入，它包含两个相互关联的行为：感知已知内容和应知内容之间的距离，有意识地注意改善掌握语法功能的过程，注意当前知识水平与目标之间的差异（2008：182 - 189）。

　　除直觉启发外，教师应该提供丰富的语言环境，将学生的关注点从专注于语法学习扩大到专注于整个外语学习。Kumaravadivelu 认为语言环境包

---

　　① 这三条宏观策略与 Stern 的语内和语间的关系具有很大的相似性（参见上文 2.3.3.2），两位作者都关注了母语和母语文化在课堂中的重要性和影响，并试图揭示如何利用它们来帮助学生理解文化和语言。

括四个层次。第一个层次由语言语境构成，指的是"即时的语言环境，它包含了意义建构过程中所需要的语言形式方面的内容"（同上：205）。关注这种语言环境可以保证学生正确理解词义和正确使用语言形式。第二个层面，即言外语境，是包含"重音和语调等韵律信号的即时语言环境"（同上：207）。言外语境使交际双方能够对对话做出推断。"对话参与者通过对话的方式来评估他人的意图，并据此做出反应"（Gumperz，1982：153）。除了与语言直接相关的语境之外，情境/文化语境和情境外/文化外语境的作用也日益凸显。Malinowski（1923）认为词和句子在不同的情境语境下具有不同的意义和功能，这与 Austin（1962）的言语行为理论中的言外之力的观点相一致。这种言外之力取决于言语行为所处的习俗和社会规范，即情境语境。而如果我们进一步思考便会发现，社会、文化、政治、意识形态等语境，均与交际的适当性存在辩证关系。上述情境决定交际是否适当，这一判断主要取决于对规范的理解，而这种规范会因文化和社会群体而异（Kumaravadivelu，2003：212）。因此，教师除了讲授词汇和语法外，还必须帮助学生理解上述语境下的语言知识。为此，Kumaravadivelu 建议，我们应将以文本和话语形式进行的语言输入与语境结合起来（同上：215）。例如，通过基于问题的学习任务（Prabhu，1987；Nunan，1989a；Smith/Sheppard/Johnson/Johnson，2005）和模拟游戏（Crookall/Oxford，1990），将语言输入语境化。

在前文中我们提到过，很多教学方法主要关注具体语言技能的应用，这与 Kumaravadivelu 的整合语言技能的宏观策略完全相悖。这一策略基于 Swaffar/Arens/Morgan（1982，转引自 Kumaravadivelu，2008：228）的研究，他们认为"语言技能本质上是相互联系、相互促进的"。此外，语言技能的整合为不同学习策略和学习风格的学生提供了成长机会。

Kumaravadivelu 的最后一个宏观策略涉及课堂行动的观察、反思和反馈。Kumaravadivelu 分析了两种主要观察模式，即过程导向和产出导向的局限性，并为我们提供了另一种多视角系统：M & M 系统（macrostrategies/mismatch observational scheme）。该系统由三个阶段组成：观察前、观察本身和观察后（Kumaravadivelu，2003：292）。在第一阶段，观察者和教师讨论观察的目的、课堂目标和活动等；在第二阶段，观察者进入课堂，对课堂中有趣的地方进行记录和录音/录像，以便他本人和教师对教学程序进行回顾；在最后一个阶段，两人对自己的观察进行交流，并邀请学生对某些特定点给出自己的观点。这样，观察者和教师就可以对活动进行解释和总结。整个过程的结果将促进教师行动的理论化。到目前为止，我们可以注意到 M & M 系统认为课堂观察是一种解释活动，强调观察的所有参与者，即观察者、教师和学生之间的交流。这个系统不仅帮助教师了解自己的行为，而且能够引导他们形成新的知识和自己的实践教学理论。然而，由于其解释性和多视角性，只有通过选择适当的观察者，参与者之间良好地合作，系统地使用该模型等方式才能实现该系统的流畅运用（同上：304 - 305）。因此，Kumaravadivelu 也承认对课堂的系统观察不是"一次性活动"（同上：304）。M & M 系统的使用（1995）也表明，这项制度的实施需要时间，并且在实施之初需要教师的高度重视。

综上所述，Kumaravadivelu 提出的所有宏观策略都在于向教师提供工具和原则，帮助他们改进教学。Kumaravadivelu 的宏观策略为我们提供了一种将教师培训与教学实践相结合的可能性，即在宏观策略的指导下，教师可以从原有的教学方式入手，尝试利用宏观策略对其进行修正，并与其他观察者和学生一起监控教学实践，以对教学实践进行进一步改进。而这一过程与教学改革的过程相一致，进而可将教师培养、教学实践、教学改革自然地结合在一起。然而，我们尚未找到这一宏观策略对学生的指导原则。因此我们希望通过 Brown 的原则框架（2000，2002a）来解决这个问题。

2.3.3.4 Brown 的原则框架

与 Stern（1992）的三维课程框架类似，Brown 也为我们提供了一个完整的教学体系。该体系由诊断、处理和评价三个步骤组成。Brown 首先关注情境需求，包括社会政治和制度语境等情境。例如，"国家制度、学生的社会经济和教育背景、学生学习语言的具体目的以及对教学大纲的制度约束"（Richards，1990，转引自 Brown，2002b：14）。接下来，Brown 重点关注语言需求，包括课程中的具体语言形式和语言功能。最后，Brown 关注学生的多样性，并主要以学生年龄和他们在目的语中的能力水平作为区分要素（Brown，2000：86-127）。这种二分观点与Stern的需求分析有一定的相似性。在此基础上，就可采取第二步，应对和处理诊断分析的结果，即通过诊断性评估发现学习者需求并以此为目标开设学习课程，或者提供一系列的学习经验（Brown，2002b：15）。但Brown同时也承认该方法不能应对我们面对的所有问题（Brown，2000，54）。教师才是课堂教学的具体实施者，他们在众多选择中仔细而有意识地选择教学任务，制定课堂上的教学技巧的顺序。因此教师的选择必须具备"原则性"（Brown，2002b：14），即必须遵守原则框架。

Brown总结了"构成语言教学总体方法的骨架"中最广为接受的一系列原则（Brown，2000：128）。如Kumaravadivelu一样，他也提出了十二个宏观原则和与之相配套的微观原则（2000：54-71），这些原则可以分为三组：认知原则、情感原则和语言原则。

Brown认为，认知原则包括自动化原则、意义学习原则、期待奖励原则、内在动机原则和策略投资原则。自动化原则与激活直觉启发和提高语言意识的宏观策略有一定的相似之处。这一原则指教师应适当地引导成人学习者从受控的和有限的语言形式的学习过渡到像儿童一样自动处理的无限的语言形式的学习。教师应引导他们有目的、有语境地使用语言，而不是让学习者仅仅关注规则和语言规范（Brown，2000：56）。意义学习原则指教师应该避免机械学习，应把教学目标、兴趣、学生的知识背景等内容结合起来，从而引导学生长期学习（同上：57）。期待奖励原则鼓励教师立即或长期与学生一起使用奖励管理，使学生行为朝着教师希望达到的方向发展（同上：58）。Brown认为，对学生最大的奖励是实现与他们需求、欲望等有关的内在动机（同上：59）。因此，教师应该通过设计适合学生水平的活动、营造轻松愉快的学习环境、利用合作活动、关注学习者和教学内容等方式激发学生的内在动机（Dörnyei/Csizér，1998：215），并以此帮助学生形成自主学习的能力，唤醒学生潜能（Brown，2000：81-82）。认知部分的最后一个原则是学生对外语学习时间、努力和注意力的策略性投入。每个学生都有其特殊的学习风格。教师应指导学生，并在教学中为他们留出足够的空间，允许他们使用适当的学习策略和技巧，从而帮助他们形成对自己的学习负责的意识（同上：60-61）。我们认为，这些原则有助于在认知、策略和情感层面上培养长期的自主学习者。

Brown 总结的四个情感原则包括：语言自我原则、自信原则、冒险原则和文化—语言连接原则。语言自我是指外语学习时的新身份——新的思维方式、感知方式和行动方式。在学生语言水平较低时，语言自我通常较为脆弱，且充满不安全感，这就增加了他们学习外语时的防御和抵制态度（同上：61）。此时，教师要提醒学生，在外语文化中发展出语言自我的困惑是一个正常的、自然的过程（同上：62）。教师应精心设计课堂活动，既使学生"在认知上感受到挑战性，又不至于在情感上感受到压迫性"（同上）。当学生在语言文化学习中感到沮丧时，教师要表现出足够的耐心和共情心理。此外，教师还应通过在言语或非言语层面上的奖励、设计符合学生水平的活动等方式，培养学生的自信心（同上：63）。自信心越强的学生，在外语测试时就越有勇气冒险。教师应该在课堂上为学生创造一个激励型环境，让他们用语言进行实验，而不必冒着从同龄人或老师那里得到负面反应的危险。此外，如前所述，教师必须考虑到活动的难易程度，使其既不太难，也不太容易（同上：63-64）。当学生不再害怕尝试新的语言形式，而要积极地成为课堂的一部分时，教师就更容易帮助学生在文化与语言之间建立联系。学习外语不能规避其文化、习俗、价值观、思维方式、感知方式和行为方式，反之亦然，融入外语教学中的文化也影响着外语的习得（同上：65）。这一原则与 Kumaravadivelu 的提高跨文化意识是一致的。Kumaravadivelu 的宏观策略强调建立批判性的文化意识，而 Brown 的文化—语言连接原则主要关注语言与文化之间的相互影响，尤其是在外语语境下创造新的身份，这也与 Stern 的语内—语间教学策略相一致。

在第三组语言原则中，Brown 总结了三个副原则，即母语影响原则、中介语原则和交际能力原则。Brown 承认母语对外语习得既有消极影响，也有积极影响。教师可以通过学生的错误来检测母语的负面影响，对其错误的原因给予反馈，并提醒他们母语可能导致外语的误用，但在其他情况下也可以促进外语习得（同上：66）。学生在达到完全熟练的外语水平的过程中，其外语的学习往往会经历系统化或准系统化的发展过程，即中介语的发展。正如我们刚才所说的，有些偏误来自于母语的负面影响，而另一些偏误则来自于中介语。要帮助学生度过中介语阶段，教师必须帮助学生区分中介语错误与其他错误，给他们时间纠正，避免负面情绪，提供反馈，使学生能够一遍又一遍地确认自己对外语的使用是否正确，并引导他们尝试自我纠正（同上：67-68）。中介语原则主要集中在纠正语言的使用，而交际能力原则，也就是大部分外语课程的主要目标，包括语言组织能力、语用能力、策略能力和心理生理运动能力，同时重视语言的使用和用法[①]、流利度和准确度、地道的语言和语境以及学生的最终需求，即把课堂学习应用于全新的现实世界语境（同上：69）。因此，在课堂上，教师必须保持机械练习与交际活动，语言、语用和心理运动内容的对等性，尽可能使用真实材料，培养学生的自主学习能力（同上：69-70）。

Brown认为这十二条原则是外语教学的基石。综合第一步诊断阶段的结果和这十二条原则，下面就到了设计和实施课程的阶段。在这一阶段，Brown不仅注重课程设计、教学过程、教学内容、活动、技能、教学材料、教学技巧和教学技术，还注重学生学习策略的形成。每一部分，Brown都提供了更详细的教师指导原则，而在此我们只关注其中帮助学生形成学习策略的原则。实际上，Brown不仅注重学习策略的投入，更重视如何培养学生成为自主学习者，这主要体现在对优秀语言学习者的十大建议中（见表2.9）。

表2.9　优秀的语言学习者的"十个建议"（Brown, 2000: 216）

教师版	学生版
降低抑制	不要害怕！
鼓励承担风险	深入使用外语
构建自信	相信你自己
激发内在动力	把握光阴
参与合作学习	爱你的同学
使用右脑学习	关注整体画面

[①] 关于语用和用法的区别，详见104页脚注。

续表

教师版	学生版
提高歧义容忍度	学会应对混乱
练习直觉	跟着直觉走
过程失配反馈	从错误中学习
设定个人目标	设定自己的目标

为了让教师能够把这些建议教给学生，Brown 对每个建议都提出了几种互动技巧（Brown，2000：218；2002：16 - 17）。例如，对于第一个建议，为了降低学习抑制（lower inhibitions），Brown 提出了可以"玩猜测游戏和交际游戏、进行角色扮演和表演小品、唱歌、利用小组工作、和学生一起笑、让他们在小组中分享他们的恐惧"（同上）。除了互动技巧外，Brown 认为 Omaggio（1981）和 Oxford（1990）的有关认知风格问题的学习策略量表（Strategy Inventory for Language Learning, SILL）、Marshall（1989）以及 Rubin/Thompson（1982）关于启发策略使用意识的指导，都对这些建议的实施具有重要意义。

综上所述，我们可以看出 Brown 和 Kumaravadivelu 在很多方面都有相同的看法，但两者也都有各自独特的观点。Kumaravadivelu 主要关注教师培养，而 Brown 则更注重学习者的自主性。前者认为不应该把语言分割成技能，而后者仍旧强调语言学习中四项技能的形成和发展（Brown，2002b：第 15 章）。但二者都向我们展示了后方法时代外语教学的一个非常重要的部分。与他们一样，Allwright 关注课堂生活的重要性及其与现实世界的关系，而 Stern 和 Brown 关注从需求分析到评估、反思和修正的整个循环。在本章的最后一部分，我们将总结四种后方法模型对分阶段全景模拟的意义，它们之间的相似之处，以及我们在本书中要解决的问题。

2.3.4 结论

经过对上文四个模型的分析之后，我们发现了后方法的六个特点，这些特点有助于我们从整体上了解后方法的概念，并帮助我们在教学上应用这一概念。

— 外语教学是一个有机的系统，其中的每个要素都与其他要素相互关联。

— 保证课堂的真实性、现实性，或是把教学实践与现实生活（quality of life）联系起来是至关重要的。课堂不仅是教学、学习和开展活动的场所，也是学生将所学知识与目的语社会联系起来，在模拟当地社会的情境中检验所学知识，且不需要承担现实风险的唯一场所。此外，师生在课堂中采用的情感策略，如营造轻松的氛围、激发内在动机、提升自信、重视风险承担的价值等，也有助于长期学习者和自主学习者的培养。

— 协作不应限于学生之间或学生与教师之间。在后方法时代，无论是有形的还是无形的，不管是人还是组织，与外语教学相关的所有因素都应参与协作。所以我们也鼓励来自同一研究所的全体员工、来自同一协会的教师、线上线下、课堂与社区和社会之间的协作，等等。

— 后方法时代的课程是追求个性化的课程，即能够回应特定学习团体特殊性的课程，而不是流水线式的课程。因此，需求分析是课程的重要基础和最具有特色的部分。这种分析不仅仅是了解学生的个人经历，如基本个人信息、语言信息、外语学习经验、学习风格、动机和学习目标等；在新的需求分析中，研究者还把目光投向了制度、政治、文化、社会、社会语言信息等。这些信息都可能影响课程的设计和应用。在个性化课程中，教师应注重本土情境、学生兴趣与外语课堂的关系。也正因为如此，协商才被强调为一种重要的策略或教学原则。另一方面，后方法赋予了教师在课程设计、策略或原则的选择、课程实践、教学机会的利用等多方面的权力，各个模型只提供了方向和指导原则来帮助教师更好地完成工作。

— 后方法希望教师和学生能够成为将课堂内容带到课外的自主学习者和长期学习者，将课堂、个人兴趣、当地情况与日常交际范围的世界联系起来，甚至通过网络与超出日常交际范围的世界联系起来。因此，除了知识和技能外，后方法时代的课程还应关注情感因素，帮助学习者寻找内在动机、自信心、冒险的价值等，为他们提供一般性的语言学培训和学习策略训练。与此同时，外语教师将成为教学理念的实践者、自身教学实践的理论家、学生的教育者，甚至是其他教师的教育者。同时，学生成为母语/母语社会与目的语/目的语社会之间的整合者和传播者以及问题和兴趣的发现者和研究者，这也会极大丰富学生的语言学习经历。

- 随着外语相关领域的理论发展，我们应越来越客观地看待课堂上如何教和教什么的问题。母语的使用、分析性学习、显性讲解、机械性练习等，对外语学习并没有害，而且我们可以并且应该把它们当作学习策略，恰当地使用它们。

综上所述，我们可以看到后方法与传统的外语教学法相比，更具包容性和整体性。它以培养具有思辨能力的自主和长期学习者为目标，客观看待外语教学相关理论，强调课堂与现实生活和学生个性化需求相结合，鼓励多元化、多层次的合作。这也意味着后方法对外语教师和学生的要求更高。教师需要突破单纯的语言教育者的角色，将自己培养成为课程规划者、教学改革者（理论实践者）、教学研究者（实践理论化的主体）、课堂与社会的衔接者、各方合作的融合剂等等。外语学生不再只是外语学习者、外语使用者，而需要在教师的引导下了解自己的学习风格，改变学习策略、增强情感和动机支撑，培养自己成为中外社会文化的观察者、反思者，问题的提出者、解决者，自身学习的规划者、监督者等等。上述内容与2020年教育部颁布的《高等学校课程思政建设指导纲要》中对高校教育的要求不谋而合。新时期外语教学应在知识传授、能力培养和素质提升的基础上追求更高的价值目标，即"更加强调批判包容思想与解决综合问题能力，更加强调全球合作思维与跨界领导能力，更加强调主动开创精神与灵活应变能力，更加强调好奇心、想象力与信息评估能力，更加突出思想品德和人格魅力塑造"（吴朝晖，2019）。新《大学外语教学指南》以英语为例，要求英语教学"培养学生的英语应用能力，增强跨文化交际意识和交际能力，同时发展自主学习能力，提高综合文化素养，培养人文精神和思辨能力，使学生在学习、生活和未来工作中能够恰当有效地使用英语，满足国家、社会、学校和个人发展的需要"，并要求教师积极开展一流课程建设、教材建设等。

综合考虑国家政策因素、外语教学发展需求、教师及学生发展需求，不难发现传统外语教学法观念已经很难满足国家对高校外语教学的要求，而后方法理论的包容性、整体性和灵活性则能够更好地满足现阶段的需求。但是，考虑到我国当前各地区、各层次高校的政策要求、教学目标、外语教学发展水平不一致，部分高校外语教师没有接受过外语教学相关理论的培养，外语专业学生前期所接受的外语教育模式及外语能力水平不一致等情况，后方法的应用并不容易，它需要一个相互适应的过程，一个以我国现实境况为基础，探寻更适合的后方法理论的过程。这是一项长期的工作，在本书中，我们只是建立一个后方法体系，希望以此作为进一步工作的基础。

3 全景模拟教学(Global Simulation)

3.1 全景模拟教学简史

在外语教学领域，模拟教学首先被应用于专门或专业用途的外语学习。20世纪70年代，BELC基金会（Bureau pour l'enseignement de la langue et de la civilisation française à l'étranger）在法国的模拟教学应用取得了巨大的成功。该基金会看到了在外语教学领域使用"迷你模拟"（microsimulation, Cabré/Gómez de Enterría, 2006: 84 - 85）教学的重要性，并据此提出了全景模拟教学（global simulation）的概念。得益于该协会和Le français dans le monde 杂志的推动，在 Francis Debyser 任主编的时期，该杂志发表了众多有关全景模拟教学的研究，产生了巨大影响，并在90年代获得众多研究者，如 Debyser（1978），Costa/Mori（1994），Caré/Debyser（1995），Yaiche（1996，1998），Berchoud/Rolland（2004）等的认可。在此期间，研究者们设计了大量基于模拟或全景模拟教学的针对专门或专业目的的外语培训的活动和教材，如 La conférence internationale、L'hotel y L'entreprise，也有部分面向普通外语教学的教材，如 L'immeuble o Le cirque（Cabré/Gómez de Enterría, 2006: 85 - 86）。全景模拟教学自20世纪90年代开始受到各国学者的关注（Gómez de Enterría, 1996; Reguillo Pelayo, 1996）。例如西班牙瓦伦西亚理工大学以全景模拟为基础建立了名为"跨文化维度和主动语言学习"（Dimensión Intercultural y Aprendizaje Activo de Lenguas，

DI – AAL）的研究小组项目①，以远程模拟（telematic simulation）（García-Carbonell/Watts，2010；Watts et. al.，2009；Angelini，2012）为核心，将模拟与电子游戏结合起来。与此同时，国际交流与谈判模拟项目（International Communication and Negotiation Simulations Project，ICONS）和欧洲教育跨文化维度在线模拟项目（Intercultural Dimensions in European Education through On-line Simulation Project，IDEELS）也侧重于通过计算机和互联网的辅助完成全景模拟项目，促进外语学习。同时，近年来，越来越多的模拟或全景模拟的应用和研究涌现出来（Taboada Sarrado，2004；Cabré/Gómez de Enterría，2006；Blanco Canales，2010；Coca et. al.，2011；Lecumberri/Suárez，2013；Amores Bello，2015），这些研究为全景模拟教学构建了相对完整的体系，提供了丰富的应用参考示例，我们将在本章进行具体介绍。

20世纪90年代，中国的外语工作者也开始关注模拟在外语教学中的应用，并意识到了该方法在中国语境下面临的实施困境（朱先明，1995）。1997年，法国教授Michele Claude Magnin应邀参加在北京举行的中美教育大会（China-US Conference on Education），发表了题为THE BUILDING, A Global Simulation to Teach Language and Culture的演讲。然而，Michele的演讲并没有像预期的那样，在中国产生像在欧洲一样广泛的影响。中国的教师和研究者似乎接收了"模拟"这一概念，但几乎只通过模拟国际会议的方式来辅助研究生阶段的外语教学（胡庚申，1998；董琇，2008；陶云/金保舁/朱宏清，2016）。上述研究介绍了模拟国际会议对外语教学的有益性和有效性，分析了该方式对外语教学改革在课堂、认知、综合语言技能提升、考核方式等方面的重要作用，提供了具体应用的典型案例。但只有少数研究者将这一概念扩大到普通语言教学领域，使用其他模拟场景，并为该方法在中国的应用提出更切实际的理论研究和应用路径。其中，龚嵘（2019）研究了研究流程模拟式项目协作论文写作，扩大了"模拟"的场景，将应用对象扩展到本科阶段，并分析了课堂环境感知视角下的教学效果的影响因素。综上所述，现阶段，我国外语教学领域和研究者虽然对

---

① 该项目至今运作良好，详见官网http：//www.upv.es/diaal/。

"模拟"在外语教学中的应用有相当的认同，但对模拟场景的设计和应用，以及应用效果的研究都非常匮乏。

然而，正如我们在 2.3.4 节中所提到的，单单依靠完成交际活动或课堂"任务"已无法满足课程思政教育、"三全育人"目标等新的要求，即培养更具好奇心、想象力、思想包容性、全球合作思维、主动开创精神、跨界领导能力、灵活应变能力、信息评估能力、解决综合问题的能力的外语综合人才。"模拟"的概念很好地将课堂与现实联系起来，将外语课堂的范围从课本、课堂延展到学生生活和社会生活的方方面面，能够更好地完成国家提出的新要求、新目标。因此，现阶段，现实急需学界对"模拟"这一概念进行界定，整理发掘"模拟"教学的基本设计模型以及在我国教育语境下的应用方式。

3.2 全景模拟的基本概念

如上所述，在全景模拟（global simulation）发展的短暂历史中，它与游戏、角色扮演和任务教学密切相关。一些我们之前已经提到的研究者，如 Blanco Canales、Lecumberri 和 Magnin 等，将全景模拟与功能模拟（functional simulation）（另一种类型的模拟教学）区分开来（详见 3.2.2 节）；另一些研究者，如 Haydée Maga/Villanueva（2009），将全景模拟分为功能全景模拟（functional global simulation）与一般全景模拟（general global simulation）（详见下文 3.2.2 节）。其余的研究者则认为模拟、基于问题的教学、游戏、戏剧和角色扮演等教学方式在本质上是同一的，不需要过多区分（Crookall/Oxford，1990）。

在区分不同类别的全景模拟之前，Cabré/Gómez de Enterría（2006：87-88）认为有必要在总体上界定全景模拟的概念，这一术语包含模拟（simulation）和全景性（globality）两个方面。接下来，我们将从"模拟"的定义入手，对其发展过程中出现的不同概念要素进行比较，最后对"全景性"一词进行解释，提出尽可能完整的全景模拟的概念解释。

3.2.1 模拟

3.2.1.1 模拟的基础概念

为了理解"模拟"一词在世界上使用最广的三种语言，汉语、英语、西班牙语中的基本含义，我们查阅了这三种语言的几本比较权威的词典（见下文及表格）。

Simulation 一词在汉语中，主要翻译为模拟、仿真、模仿，因此我们分别查阅了"模""拟""仿""真"四个字的含义，进而总结出 simulation 这个词的整体意义。

《说文解字》　　模：法也

　　　　　　　　拟：度也

　　　　　　　　仿：相似也

　　　　　　　　真：仙人变形而登天也①

《新华字典》　　模：法式，规范，标准；仿效

　　　　　　　　拟：仿照，模仿

　　　　　　　　仿：效法，照样做

　　　　　　　　真：与客观事实相符合

通过这两部词典中对单字的解释，可以得出"模拟"一词的意思是"仿照某种法度或规则行事"，"模仿"指"依据某事物原始或真实的样子行事"，而"仿真"则指"依据原始样貌或客观事实行事"。

我们将西班牙语和英语对 simulación/simular/simulation 的词义解释罗列如下：

西班牙语	Diccionario de la lengua española（第 23 版，网络版②）	Simulación（名词）："acción o efecto de simular"（模拟的行动或效果） Simular（动词）："representar algo, fingiendo o imitando lo que no es"（通过假装或模仿其他事物来表现这一事物）

---

① 道家认为人若能保持本心或修炼"气"则可成不灭真身。
② Diccionario de la lengua española 的网址为：https://dle.rae.es/，la Real Academia de la Lengua Española。

续表

西班牙语	Diccionario de uso del español（第四版）	Simulación（名词）："acción de simular"（模拟的行动） Simular（动词）："hacer parecer que existe u ocurre una cosa que no existe o no ocurre"（使某种不存在或没发生的东西存在或发生）
	Diccionario del español de México（DEM）[①]	Simulación（名词）："acto de simular o fingir; acto de aparentar o representar lo real"（模仿或假装的行为；假装或表现真实的行为）
	Diccionario Enciclopédico de Larousse	Simulación（名词）："reproducción de un fenómeno real mediante otro más sencillo y más adecuado para ser estudiado"（用另一种更简单、更适合学习的方法再现真实现象）
英语	Cambridge Advanced Learner's Dictionary & Thesaurus（第四版）	Simulation: "a model of a set of problems or events that can be used to teach someone how to do something, or the process of making such a model"
	Cambridge Academic Content Dictionary（第一版）	Simulation: "a model of a real activity, created for training purposes or to solve a problem"
	Oxford Dictionary[②]	Simulation: "imitation of a situation or process; the action of pretending; deception; the production of a computer model of something, especially for the purpose of study"
	Longman Dictionary of Contemporary English[③]	Simulation: "the activity of producing conditions which are similar to real ones, especially in order to test something, or the conditions that are produced"
	Collins Dictionary[④]	Simulation: "the duplicating or reproducing of certain characteristics or conditions, as of a system or physical process, by the use of a model or representation, for study, training, etc."（美版） Simulation: "the assumption of a false appearance or form; a representation of a problem, situation"（英版）

通过对英语和西班牙语词典中对 simulación/simular/simulation 以及汉语中模拟、仿真、模仿的词义分析，我们可以发现，simulation 的概念与事物原本的样貌（真实性）、仿制的条件或方式（功能性）以及仿制的目的（用于学习或研究）密切相关。因此，从已有的定义集合中，我们突出两

[①] Diccionario del español de México（DEM），网址为：http://dem.colmex.mx, El Colegio de México, A. C.。

[②] Diccionario de Oxford，网址为：http://www.oxforddictionaries.com/, Oxford University Press。

[③] Longman Dictionary of Contemporary English，网址为：http://www.ldoceonline.com/, Pearson Longman。

[④] Collins Dictionary，网址为：https://www.collinsdictionary.com/, Collins。

3 全景模拟教学（Global Simulation）

个方面：一方面，模拟是一组真实活动、问题和事件的模型化表现；另一方面，模拟的目的在于帮助、训练或教导人们解决类似的问题。

3.2.1.2 教育学中模拟的含义

模拟在教育领域，主要用于医学教育、工程教育、护理教育等领域，指的是运用各种方法人为复制现实世界的现象、过程或情境，以达到既定的学术目标的教学方式（Gómez，2004：201），即创造一种人为的或假设的经验，使学习者能够参与反映现实条件的活动，但却不必承担在现实情况下冒险的后果（Bastable，1997：270）。模拟活动也可以理解为学生需要利用所提供的必要的现实背景条件和环境，来完成任务或解决问题的教学活动（朱先明，1995）。综上三种定义，模拟指的是为实现教育目的而人为地重复真实活动，而不需要在做出决策或将知识付诸实践时冒险或承担现实后果的教学方式。

以此为基础，我们对外语教学领域对模拟概念的解释进行了梳理，发现了几个不同角度的定义。这些定义不仅突出了模拟的主要特征，而且还提及了教师如何组织模拟活动以及学生如何在模拟活动中行动和学习。Cabré/Gómez de Enterría 认为模拟是从课堂中的具体情境出发，对以目的语为载体的现实的非常有限的模仿（2006：88）。在该定义之前，Jones 已经指出，"模拟是在仿造的、结构化的环境中的功能实在（reality of function）"（1982：5）。两者都是通过探讨模拟与被模拟现实之间的关系以及如何将这一关系带入模拟活动来对"模拟"的概念进行阐释。也就是说，外语课堂中的模拟对象必须是通过某种类型的模仿而被认知的现实，并以结构化的方式组织或呈现在课堂中。基于这一定义，我们将首先理清模拟与参与其中的各要素之间的关系，即其与现实、学生及其真实生活经验之间的关系。

Jones 提出的功能实在，是模拟的核心思想。多位学者已经对"功能实在"进行了剖析，但仍旧有几个问题没有被理清：1）应模拟什么样的现实，2）模拟的真实性应到什么程度。第一点涉及教学内容，第二点即我们本段要讨论的重点：模拟的真实性。一方面，Seargeant（2005）认为真实性涉及了当代关于感知和社会存在本体论的争论，肯定了满足模拟和真实性需求的语言的合法性和正统性,但同时,他也认为模拟语言教学活动不只是将目的语中现存的概念放入模拟情境中,而是该目的语概念在本地化语境中对语言意义的重构(Seargeant 2005:343)①。也就是说,模拟活动必须尊重现实提供的语境,借此来促进目的语有价值、典型和多样化使用,并在模拟的语境中完成意义重构。为了达到这种真实性水平,模拟活动必须关注目的语文化的不同方面,如与目的语国家的文化、商业、政治相关的问题和更广泛的全球性问题(同上)。Burns/Moore(2008)指出,模拟和现实一样,具有不可预测性,因此学生必须担心在"实时"进行的模拟互动中断时,可能产生的"丢面子"的后果,并试图通过澄清、重组句子等策略来解决这些问题,以保持互动的流畅并提出符合模拟场景真实情况的问题(2008:324)。因此,模拟应该是一种自由开放的活动,既没有单一的正确结果,也没有单一的解决问题的方法。模拟不仅是对情境的模仿,也是学生面对和解决所发生的事情的方式和过程,这无疑需要学生之间的合作和互动。

Brookfield(1983:16)的定义重点关注了模拟中有关学生的问题。学生在模拟活动中能够有机会习得新技能并应用已有技能,在即时的环境中验证自己所学的知识。为了完成模拟活动,他们必须使用某些感知、分析、反思模式和策略;在做出判断时,还需要同时考虑到母语和目的语之间可能存在的文化差异,思考在日常生活中已经使用的策略中,哪种策略更适合于当下的情境。这类策略或能力包括想象、批判性思考、适当的目标语言技能,解决真实问题的群体动力学技能,以及小组的互动能力(Sudajit-apa, 2015:282)。

Dragomir/Niculescu 认为,学生在模拟中除了使用相关策略外,还应利用自己的生活经验和性格解决问题(2011:18)。也就是说,学生并不像在戏剧或角色扮演游戏中那样,表现出一种特定的性格,他们仍然是自

---

① 原文为:"Applied to the English language, it makes assertions about the validity and orthodoxy of the type of language it promotes, yet the associated process of simulation, rather than deferring to a pre-existing essential concept of the language, reconfigures the meaning of the language within the localised context in which it is operating."(Seargeant 2005:343)

己。学生必须意识到模拟活动情境整体的复杂性,并充分利用感知能力评估情境。他们在做出决策和采取行动时必然受到自己生活经验和自身性格的影响。

综上所述,模拟是人为构建的符号化的世界,或以所模拟现实的功能实在为基础设计的结构化模型,目的是使学生以直接和体验的方式习得和应用目的语知识、技能和行为方式。任何模拟活动都需要包含四个基本要素:(i)功能实在,(ii)对现实的模仿和结构化,(iii)目的语和目的语文化,(iv)学生及其他参与者。我们将在下文中对这四个要素进行解释。

Jones(1982:32)提出的功能实在的概念强调,在全景模拟(global simulation)中,教学材料"为语言的使用创造了真实的语境"(Vega González, 2012:11)。因此,尽管在模拟活动中,情境和语境都不是"真实的",但存在功能实在性,因为模拟中参与者的互动、行为、态度在功能上与现实生活中的功能一致。也就是说,模拟活动"模仿但不是准确地再现现实"(Gómez, 2004:203),现实是课堂模拟活动的参照系,为执行任务提供了关键信息(García-Carbonell, 2001:482)。Jones(1995:18)也提出了同样的观点,他认为模拟是"参与者在没有假装或发明关键事实的情况下,承担(功能)角色、职责,掌握关于完成这些职责的充分关键信息"。从这个意义上看,对于学生来说,模拟取代了现实,变成了学生自己的现实(Seargeant, 2005:341)。老师和学生都会意识到模拟是外语课程的一部分,他们必须在模拟的情境中行动,就如同它是真实存在的。通过这种功能的实在性,让学生在不影响真实世界的情况下做出决策、履行职责,并有能力从这种"虚假的现实"中跳出来,回头看,对模拟活动中的行为进行反思和讨论,并获得反馈。

简单地说,模拟是一种基于对现实的模仿而产生的创造,它包括对事件发展的模仿、对环境的模仿和对模拟中身份的认同,而这种模拟形成了某种交际活动的现实。所有活动都是在模拟环境中,即"一个必须绝对安全,不可能对外界产生任何影响或真正影响的环境"(Jones, 1982:5; Crookall/Oxford, 1990:21)中,完成的。

但构成模拟环境的必要因素是什么呢?基于Jones(1982)的研究,

Vega González（2012：31）认为这种环境从根本上说是模拟环境的指称而不是指模拟活动发生的教室或其他物理空间。也就是说，我们不需要把教室或学校完全装修成模拟的场所，比如办公室、超市等，即不需要实现对环境的物理模仿，而是需要对被模拟情境的模仿。例如，在医院模拟活动中，很可能我们不能也没有必要将教室装修成手术室，但教室环境中可能需要包括模拟所必需的一些设置和工具性要素（例如调整桌椅位置、放置需要的指示牌等），学生也需要承担各自的角色，包括他们的行动和反应、称谓方式、态度等，都应该像他们在实际生活中一样。也就是说，模拟的是环境，但行为是真实的（Jones，1995：7；Andreu et. al.，2005：34）。

虽然模拟具有实在性，但由于现实活动中很多活动具有高度的重复性，因此我们不应在模拟中完全重复现实活动。模拟是经过设计的、结构化的现实，必须"明确地保持功能的实在性"（Vega González，2012：31）。在宏观层面，模拟活动围绕一个特定的问题或一系列问题进行建构，以实现功能的实在性（Jones，1982：5）；在微观层面，学生必须遵循任务型模式（Dragomir/Niculescu，2011：19），即以完成特定任务或解决特定问题为目标，而不是真的像在现实生活中一样，随意行动。

在外语教学中，模拟活动为目的语提供更具交际性和互动性的载体。学生必须在模拟活动中，"想象自己是流利的目的语使用者"（Sturtridge，1981：126），人为地建立一个理想二语自我（Dörnyei et. al，2006；见上文第2.2.1.3.1.1节）。只有这样，才能自然地将自己的语言技能、批判性的概念分析、跨文化交际能力、交际策略、学习策略和信息技术等融为一体'（Sudajit-apa，2015：283）。正如我们刚才所说，模拟活动是目的语的载体，反之，目的语也是推进模拟活动的车轮。

学生在全景模拟活动的功能实在中的角色，为他们提供了其所带来的"权力和资源"以及"义务和责任"的实感（Jones，1982：32，转引自Vega González，2012：11）。一方面，模拟活动赋予了学生影响其发展的权利，学生可以通过模拟活动中的行为和决策决定模拟活动的进程。另一方面，参与模拟活动的学生，不应把自己单纯地看作外语学习者，而应该是自身与所模拟角色的综合体,并在模拟活动中采取符合身份的行动和决策。也就是说,学生必须以其在真实世界中做事的方式去做决策、表达自己的观点和解决问题(Sudajit-apa, 2015: 283)。这意味着,一方面,学生必须让自己的行为与模拟活动相适应,而不能仅仅模仿在类似的真实情境中所谓的预期行为(Vega González, 2012: 31);另一方面,尽管模拟不是真实的,但学生或参与者应该表现得如同现实中真实发生的一样,谨慎对待自己在模拟活动中的决策和行为(Levine, 2004: 27; Jones, 1982: 4)。事实上,功能实在的实现程度取决于学生对角色的接受度和责任感(Vega González, 2012: 31)。同时,教师不应该帮助学生解决问题或替他们做出决定(见上文 2.2.1.3.2),而应向学生提供充分的情境信息,并创建一个完整的参照框架(Jones, 1982: 42),来引导和辅助学生结合自身经验、技能和知识,做出决策,解决问题。

自交际教学法兴起以来,我们一直强调学生的中心作用,在这一点上全景模拟充分地将学生纳入学习过程,帮助他们形成自主学习的能力,培养他们通过合作、讨论、协商、搜寻信息等方式形成对外语发生情境的整体认知,并解决问题(Jones, 1982: 5)。学生在遇到问题、解决问题的过程中,在真实体验的环境中学习和实践。

3.2.2 模拟中的全景性

模拟中全景性(globality)的概念由 BELC 提出,Caré/Debyser(1995)对这一概念进行了总结。正如我们在 3.2.1 节中多次指出的那样,模拟不限于对现实的模仿或戏剧化,而是在此基础上力求从根本上创造、发展和完成一个共同项目,而这一项目来自事先选定的真实存在的项目(Caré/Debyser, 1995: 8, 转引自 Cabré/Gómez de Enterría, 2006: 88)。

全景模拟(global simulation)是一个事先设想好的脚本或情景。它允许最多 30 名学生一起,创造一个参考性世界——例如一个街区的公寓、一个城市、一个岛屿或一个马戏团——在其中,创造人物和情景,并模拟那种情景所需要的所有语言功能。此时,参与者创造的不再是单一的情境而是一个交流的世界(Debyser, 1996: 导言 IV)。Levine(2004: 28 - 29)

进一步发展了这一定义,认为全景模拟是一个长期的、全局性的项目,一个涉及特定前提或多种情景的项目。Lecumberri/Suárez(2013:67)则将全景模拟定义为围绕一个中心前提的一系列活动,参与者必须在其中发挥既定的作用,不论该作用是否与其现实身份相符。

在定义全景模拟时,Coca et. al.(2011:23)认为全景模拟的关键概念是协作、范围广泛和单一前提或模拟场景。在这些定义中,协作和模拟情景这两个特点并不是全景模拟独有的,而是所有类型的模拟所共有的。而范围广泛才是全景性的关键体现。Magnin(1997:55)认为,全景模拟范围的广度可以基于单一的模拟情景,但该场景应涵盖了较多主题、语言或语式需求。与此同时Levine(2004)要求全景模拟项目持续相当的时间,也就是说,全景模拟的范围广泛性首先可以是主题上横向的延伸,同时也可以是模拟场景时间上纵向的延伸。不同于非全景性模拟和其他类型的交际教学方法,全景模拟,例如居住在巴塞罗那/去巴塞罗那旅行,能够包含问候、提问和指示方式、购买、选择和乘坐交通工具、订票等各种各样的话题和角色。在模拟中,学生可以运用丰富的语言知识,解决不同类型的交际问题,既有正式的也有非正式的,既有口头的也有书面的。

在全景模拟中,Haydée Maga 区分了普通全景模拟(general global simulation)和功能性全景模拟(functional global simulation)。前者是针对一般情境的模拟,如建筑、岛屿、村庄等;后者是对专业场景的模拟,如国际会议、公司、酒店、医院等(2011:2)。但这种区分并没有得到一致认同。部分学者(Fernández Ríos/Rabadán Gómez, 2008;Amina, 2012)赞同这一观点,但另一部分学者(Levine, 2004;Vega González, 2012;Lecumberri/Suárez, 2013)并不认同这一区分,还有一部分学者(Magnin, 1997;Blanco Canales, 1997, 2010, 2011)认为这一区分根本没有必要。我们认同最后一种观点。在语言学中,"功能"一词与特殊目的的语言教学并没有显著的联系,而功能语言学中的功能指的是语言由在交流过程中执行不同功能的元素组成。正如我们在前几节中所提到的,全景模拟的一个显著特点是它为学生提供了面对"自然"交际情境的机会。这使得"功能"的含义早已包含在模拟的概念中,对功能模拟和一般模拟的区分并没有意义，因为每一个全景模拟项目本身都是功能性的。

3.3 全景模拟的组织形式

正如我们前面提到的，全景模拟活动的组织与普通模拟活动的组织相似，但其课程设计涵盖更广，组织形式更复杂。Jones（1982）提出了一个典型的全景模拟活动的组织模型，它主要由三部分组成：简介（briefing）（介绍和解释模拟活动的特点）、模拟（以结构化的方式满足功能实在性的活动）和汇报（debriefing）（对模拟活动进行评估、解释、申辩和评论）。这个模型希望"为模拟活动找到一个自主的结构，参与者通过承担自己的角色亲自参与其中"（Vega González，2012：23）。然而，有时，对于外语课堂教学来说，它有点不切实际或过于僵化。因为一方面，这个模型没有包含语言内容的具体教学工作；另一方面，也没有给师生的即兴发挥留出充足的空间（Vega González，2012：23）。为克服上述局限性，Levine 及其团队提出了 STEPS 模式，我们将在 3.3.1 节中详细介绍。另一部分学者基于全景模拟和功能性模拟之间的争论，提出了法式模式（参见 3.2.2）。认为不应对两种模拟活动进行区分的学者倾向于使用更短更简单的模拟，例如完成商业访谈（Blanco Canales，2010）；另一部分学者试图与课堂参与者一起逐步创造一个完整的话语世界［……］，整体建构一个生动的、具有象征意义的、共享外语文化的世界（Debyser，1991，转引自 Vega González，2012：24）。通过我们对全景模拟组织形式的介绍我们将会发现，大多数全景模拟都应用于中级或高级外语课堂，鲜少适用于初级阶段外语教学（Levine，2004，Levine et. al.，2004；Magnin，2005；Roldán，2009）。

3.3.1 STEPS 模式

STEPS 模式主要出现在 Levine（2004），Levine et. al.（2004）y Andreu et. al.（2005）所阐述的全景模拟活动的例子中，例如 Technomode、

德国文化虚拟博物馆（Virtual Museum of German Cultures）和德语电影节（German Language Film Festival）。所有这些项目都是针对德语中级学生。这一模式还被应用到了更多的课程设计中，如 Dragomir/Niculescu（2011：21–23）的军事英语项目，以及 Esther Lecumberri/Tatiana Suárez（2013）的拉丁美洲峰会（Una cumbre latinoamericana）项目。

  Levine 基本上将 STEPS 模式的课程分为五个步骤，其中第二步可以根据教师和课程的需要以及学生的特点，与第一步或第三步合并。我们以 Lecumberri/Tatiana Suárez（2013）的拉丁美洲峰会为例，对这一模式进行简单介绍。在这个全景模拟活动中"每个学生代表一个自己选择的拉丁美洲国家，在国际论坛上扮演政治领袖、大使或发言人的角色，负责调查不同国家的政治、社会和经济方面的情况，以便在每两周举行的圆桌会议上告知全班同学"（同上：69）。所有上述信息都是为课程结束时举行的拉丁美洲首脑会议所提供的素材和所做的准备工作。

  STEP Ⅰ：语言准备并解释如何进行全景模拟。教师（Levine 称为指导者）解释全景模拟活动的规则，包括课程描述、学生要面对的不同类型的工作的特点、全景模拟的过程和结构、目标、最终任务等。此外，教师还要帮助学生完成必要的语言准备工作，不仅包括语法和词汇的学习，还包括"意义协商、语码转换和词汇构建"等副语言技巧（Levine，2004：29）。即使在第二阶段或第三阶段中，教师也可以暂停全景模拟活动，插入一节以语法或词汇等基础语言知识为主的课程。在拉丁美洲首脑会议上，学生除了接受全景模拟课程的指导外，还可以每周自愿参加一次语法和词汇准备课程（Lecumberri/Suárez，2013：69）。

  STEP Ⅱ：准备开始全景模拟。在老师的指导下，学生须准备所有在全景模拟活动中可能需要的内容，同时发现自己的个人兴趣。他们将有机会通过教师提供的各种任务或指南，获得有关历史、文化等方面的补充信息。在拉丁美洲峰会上，学生通过教师挑选的文章、音频和视频，在可靠的、相关的网页上搜寻所需的信息，以及通过既定主题的圆桌会议上的研究任务等来准备必要的知识。（同上）

  STEP Ⅲ：全景模拟。学生在全景模拟中承担自己的角色，时刻牢记全景模拟的最终目标。他们使用第二步收集到的信息和第一步中准备的语言知识和副语言技巧，以及他们自己的经验在整个全景模拟活动中提意见，做决策，执行任务，解决问题等。如果有必要，教师可以指导全景模拟小组建立连续的任务，指明通向最终目标的"道路"。在拉美峰会上，学生们将在峰会前举行三次圆桌会议。峰会指"区域领导人或代表之间的高级别会议，目的是在当前区域一体化和全球化进程背景下，就他们的未来战略达成一致"（同上）。在前三次圆桌会议上，学生分别讨论所涉及国家的概况、重要的历史时刻，以及这些国家当前政府的政治意识形态等问题，最后讨论所涉国家的经济问题以及区域一体化和全球化程度等问题。

STEP Ⅳ：终极任务。学生为终极任务准备材料，决定如何呈现这些材料，完成最终任务，并在必要时寻求教师的帮助。"首脑会议首先是个人陈述，每个发言人在当前的区域化和全球化背景下陈述捍卫本国利益应遵循的战略"（同上：70），随后是"在一体化议程上对各种观点进行讨论和辩论"（同上）。

STEP Ⅴ：汇报。学生必须讨论、协商和反思他们对整个课程的印象，并总结他们所学到的东西。峰会结束后，参加峰会的学生对他们在整个全景模拟实践中的学习和研究方式提出意见，这可以作为对全班同学的反馈（同上：71-72）。

3.3.2 法式模式

与STEPS模式一样，法式模式也是为外语中级或高级阶段学生设计的，允许课程直接从模拟开始，而不需要在开始前准备一个专门针对语言文化知识的准备阶段。考虑到在这个模型中，"模拟世界的构建实际上是学生的主要任务"（Vega González，2012：24）。遇到语言困难、受到两个世界差异的冲击、自我与虚构身份之间的矛盾、解决问题或学会解决问题是学生进行全景模拟必须经历的各个方面。根据Yaiche的观点，要进行全景模拟，需要进行两方面的构建，即场所—主题（一个作为媒介和主题的场所）和虚构的身份（创造一个身份，"好像我们是另一个人，在自己身上寻找资源使该身份看起来可信［……］最终能够将两个身份融为一体，表达自我"（1996：10-11，转引自 Vega González，2012：24）。

为了更准确地理解这种模式的具体特点，我们总结了 Debyser（1991）、Yaiche（1996）和 Magnin（1997，2002）的全景模拟活动，并从在法国出版的 L'hotel 和 L'entreprise 等教材中找到了 Building 的例子。这是以在同一幢大楼内的几家公司的故事为蓝本设计的一个经济外语的例子。

● 第一节课是对全景模拟方法进行简短介绍，并构建场所——主题和虚拟身份。学生作为大楼的租户，应该决定大楼将位于哪个城市，并创建他们自己在整个全景模拟活动中的身份，包括姓名、个人特征等。

－ 全景模拟基本由城市、人和风俗三部分组成。在其发展中，每一部分都会侧重不同的内容。在整个全景模拟活动中，学生所承担的角色进行决策时，都应考虑到这三部分的内容对决策的影响。

－ 城市（场所设置）：例如，如何选定城市的设计、城市的发展、土地的自然布局、交通工具和交通系统、建筑和房屋的类型、房屋的内饰、商店或店铺的类型等。

－ 人（身份构建）：例如，姓名（可能表示种族、民族等信息）、年龄、性别、职业或职位、爱好、家人和朋友。

－ 所选城市的地方风俗习惯（完成不同的生活任务）：例如，如何定居，与邻里、同事或商家的交往，在不同场合与人接触，接待或发出邀请，开设银行账户，获取公共服务，订阅期刊，出租公寓，购物（从超市购物到购买汽车、家居），节假日，重要的个人聚会如生日、社交活动、婚礼……，家长会，电话、自动答录机、传真等通讯活动，获得遗产，求职，度假等。

● 活动和语言技能贯穿整个全景模拟。根据需要可以进行不同的具有内在关联的任务，这是法式模式的横轴（Blanco Canales，2010）。

3.3.3 普遍模式

如果我们对上述两种方式进行比较就会发现，STEPS模式与法式模式的共同点之一是在全景模拟过程中对网络资源的整合。另外，两者都将促进在大学或多学科机构的不同部门之间的协作（Blanco Canales所说的横轴）①。当然，它们之间也存在显著差别。SETPS模式（尤其是第二步和第三步）模拟的是本族语者的真实生活，"通过信息交流、讨论、谈判和决策等方式促使目的语成为学生交流和完成任务的工具"（Andreu et. al.，2005：37）；法式模式模拟的是学习者未来的生活，当由于语言、文化、社会等原因引发问题时，他将不得不在完成任务的同时学习相关知识，如同学习者未来在目的语国家的生活一样，需要一边学习一边生活。此外，STEPS模式（Levine，2004）更注重语言技能的学习，适合于更具体、更短的课程。而法式模式"激活了学生在母语中所具有的潜在能力，将学生间不同的生活和文化体验联系起来"（Vega González，2012：24），同时也使课程更具创造力和灵活性，适合课时较多，涉及内容更繁杂的课程。这两者不存在哪一个更好的问题，而是更适合哪类课程的问题。而且，在现实中，两种模式表现出更多的相似性而非差异性。

事实上，除了这两种模式外，我们还可以找到其他全景模拟的应用实例（Coca et. al.，2011；Clark/Minami，2015；Sudajit-apa，2015），这些例子与前两种模式相似。例如，Clark/Minami（2015）的语言村模拟（The Language Village Simulation）试图解决两个使用阿拉伯语作为唯一交流语言的对立社区之间的差异。该方案包括18名语言水平差异较大的学生。学生水平从基础到高级，由三个部分组成。该方案包括三个阶段：（1）准备阶段，包括指导项目流程，了解阿拉伯社区的层次结构，在学生之间分配角色，学习和练习角色所需的表达和互动；（2）模拟，每个阶段都包括咨询和讨论，（3）最终裁决和分析。

---

① 事实上，在法式模式中的关联任务，也就是横轴任务中，允许其他外语教学法和教学技巧的使用，这也是我们分阶段全景模拟的灵感来源。

我们将通过图 3.1，图 3.2（STEPS 模式）和图 3.3（法式模式）对这三种模式进行总结和对比。①

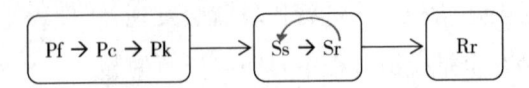

$$Pf \rightarrow Pc \rightarrow Pk \longrightarrow \overset{\curvearrowleft}{Ss \rightarrow Sr} \longrightarrow Rr$$

图 3.1 基于 Clark/Minami（2015）的语言村模拟方案结构图

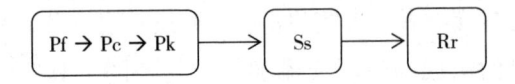

$$Pf \rightarrow Pc \rightarrow Pk \longrightarrow Ss \longrightarrow Rr$$

图 3.2 基于 Levine（2014）的 STEPS 模式结构图

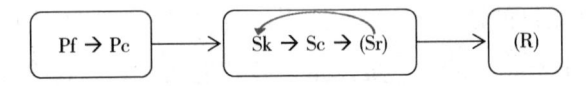

$$Pf \rightarrow Pc \longrightarrow \overset{\curvearrowleft}{Sk \rightarrow Sc \rightarrow (Sr)} \longrightarrow (R)$$

图 3.3 基于 Debyser（1991），Yaiche（1996）和 Magnin（1997，2002）的法式模式结构图②

我们观察这三种模式的结构，不难得出这样的结论：一般而言，全景模拟由三个阶段组成，即准备阶段、模拟阶段和最后的反思和分析阶段。准备阶段必须要完成对全景模拟的规则和运行方式的介绍以及学生角色的选择。而模拟中所必需的语言、文化、技术等方面的知识学习既可以安排在准备阶段，也可以在第二阶段，也就是模拟阶段进行，但必须总是在执行每个特定的模拟任务之前进行。同样，最后的反思和分析部分可以包括

---

① 图 3.1，3.2，3.3 中的字母指代为：
P：准备阶段
S：全景模拟实施阶段
R：反思阶段
f：介绍全景模拟的规则和运行方式
c：选择角色
k：准备语言、文化、习俗、社会规范知识等
s：完成一个或多个模拟
r：阶段性反思
② 法式模式中并未直接出现反思和分析阶段，但该阶段不可或缺，可添加于整个模拟阶段结束后，也可以添加于每个次级模拟任务结束后。

在第二阶段中，以反思的形式和对每个模拟进行具体分析，该阶段也可以包括在全景模拟的最后阶段，作为对所有活动的整体反思。如果选择在每个次级模拟后进行反思，则可以取消最终的整体反思。此时我们再次回忆Jones（1984：4）的研究，全景模拟必须满足良好的结构性、功能的实在性和模拟环境的可行性的基本要求。全景模拟的实在性要求我们以语言在现实生活中的使用效果为标准来评价学生，也就是说我们不应该仅仅通过目的语使用的准确性，在模拟活动中取得的结果，或参与模拟活动的流畅度为单一依据来评价学生，而应综合各个方面的数据进行综合评判（详见3.7小节）。此外，实在性还意味着教师不应该预先设计模拟活动的所有细节，更不应该预先设计模拟活动的结果，因为在现实世界中总是留有即兴发挥的空间。而正是这种过程和结果的不确定性，将帮助学生有动力、有兴趣考虑他们在模拟中会遇到的所有可能性和各种困难，进而思考在第一阶段需要准备哪些相关的内容。但与此同时，这种不确定性也会造成教师和学生在进行全景模拟时的诸多问题。为了保证全景模拟的效力，我们将在下一章介绍全景模拟的一系列指导性原则。

3.4 保证全景模拟有效性的原则

只有正确利用全景模拟才能达到预期的教学效果。因此，该领域的专家提出了一系列原则，以确保全景模拟的有效性。

原则1：尊重现实。简单地说，通过全景模拟来教授外语包括模仿现实情境，将学生已经经历或即将经历的现实与课堂联系起来等方式，来为外语学习提供更丰富的可能性。这样的现实不仅包括被模仿的现实本身，还包括学生、教师、教学发生的情境现实和外语课堂的现实。因此，我们将这一原则分为四个子原则。

— 子原则1.1：必须尊重模拟活动参与者（学生和教师）的实际情况。全景模拟不是一种可以应用于所有课程和所有类型的学生的方法（Tatiana Suárez, 2013: 73）。全景模拟的概念要求任何全景模拟课程都必须基于参与者的特点，并在此基础上进行需求分析，这是设计全景模拟课程的必要条件（参见4.3小节）。只有这样才能保证教学内容符合学生的语言需求（参见Gredler, 1992, 转引自García-Carbonell/Watts, 2007: 77），既不至于难度过高而使学生畏惧参与，也不至于过于简单而使学生感到无聊。简言之，只有基于模拟活动参与者的实际情况而设计或修改的全景模拟课程才能吸引参与者的注意力并提升其行动力，使他们从使用外语时可能感受到的荒唐感中解放出来（Gredler, 1992, 转引自 García-Carbonell/Watts, 2007: 77; Blanco Canales, 1997: 168）。

— 子原则1.2：必须尊重与外语教学直接相关的环境或背景，包括学习场所（母语国或目的语国）、教育机构的相关制度（Blanco Canales, 1997: 168），以及国家和地方政策法规对外语及其教学的影响。只有这样，才能保证全景模拟的目标真正适用于当地和学生需求（García-Carbonell/Watts, 2007: 77）。

— 子原则1.3：必须尊重外语课堂本身，即外语教学必须重视语言及其使用，这是一切外语教学的基础。对学生个体发展的关注和尽可能更好地运用全景模拟活动的执着，绝不应导致我们忽视语言本身的教学。Levine（2004: 28）和 Coca et. al.（2011: 22-23）认为，现实中，存在大量的语言输出，交际活动也是自然而然发生，而我们创设的全景模拟的情景也应具有这样的功能。全景模拟的课程设计必须让学生能够发现大量可理解的输入（Krashen, 1981, 1982），并有机会以尽可能自然和适当的方式学习和使用语言。

— 子原则1.4：尊重被模拟的现实世界。在"模拟"的定义中，我们已经对这一方面进行了较为深入的讨论。在此，我们只想强调，全景模拟的设计必须保证功能实在性（Jones, 1984: 4）、模拟活动结果的开放性（Gredler, 1992, 转引自 García-Carbonell/Watts, 2007: 77）和交际的自发性（同上）；同时，要保证交际不被科技的发展扭曲（如直接使用翻译软件进行交流），不以模拟活动结果的好坏判断语言使用的优劣（同上）。

原则2：完整性和结构清晰性。这一原则并不是说教师要设计出贯穿整个全景模拟活动和情境的所有语言互动，但他们必须考虑到全景模拟能够运行的可能的完整路径，也就是模拟活动的发展方向与课程目标的一致性。此外，全景模拟必须按照3.3中的三个基本阶段进行：准备阶段、全景模拟活动阶段、评估阶段。我们将准备阶段和评估阶段细分为以下两个子原则，关于模拟活动部分的原则，详见原则3。

— 子原则2.1：准备阶段是全景模拟成功的基石。正如Jones（1984：4）所强调的，全景模拟设计必须通过复制现实的时间线建立一个非常清晰的结构。从这个意义上讲，要使全景模拟落到实处，教师必须清楚地向学生解释全景模拟的动态，在实施全景模拟的过程中给他们必要的指示，回答他们对全景模拟运作的所有疑问，并为他们提供机会与教师一起讨论和协商他们认为在未来外语使用中将会遇到的情境（朱先明，1995：11）。最后一点，与学生协商全景模拟的具体情境，对于设计专门用途外语的课程是完全必要的，因为通常学生比外语教师更了解其专业方向可能触发的情境。另一方面，如果学生的外语水平相对较低，教师必须帮助他们进行语言准备、设计更详细的实践活动，甚至直接讲解他们可能需要用到的语法和词汇内容以便学生进行全景模拟。

— 子原则2.2：反思阶段有助于不断改善全景模拟。分析全景模拟中获得的经验，并与学生一起反思哪些工作做得好、哪里需要改进，这将为教师提供有价值的信息，最大限度地提高学生的学习成果（Lecumberri/Suárez, 2013：73 – 74）。一般情况下，外语课程一般要求在有限的时间学习大量的语言知识。因此，我们通常会选择放弃反思性活动，或者由教师自己评价学生的学习状况，而鲜少带领学生对自身的学习行为和结果进行反思性测评，收集学生对教师教学行为的意见。也正是由于后两点的缺失，往往导致教师不能正确反思自我的教学行为，从而难以提升自身并完成有效的课程改革。然而，反思阶段是保证全景模拟效果和质量的必要手段。一方面，学生通过反思阶段，逐渐成为自主学习者，并不断改善他们在课堂内外的学习和行动；而另一方面，教师可以收集关于全景模拟活动的数据，并以此为基础改进未来的全景模拟活动，为进一步的研究性活动提供支持。

原则3：必须保持教师和学生工作的对等性①。一方面，在一个特定的全景模拟中，教师和学生所承担的角色/责任取决于全景模拟的具体阶段（详见3.5，3.6）；另一方面，根据需求分析的结果，学生的语言、交际和社会文化水平，对全景模拟运作方式的了解程度，教师自身的发展，双方的角色/责任在全景模拟的整个过程中都在发生动态变化（朱先明，1995：11–12；Lecumberri/Suárez, 2013：73）。这一原则确保学生能够有效参与全景模拟并提高学生对全景模拟的积极性，进而形成高学习动机。

上述三条原则相辅相成，不可孤立。我们将在接下来的两节中，更详细地解释教师和学生在全景模拟的每个阶段所承担的角色。

3.5　全景模拟中教师的角色

正如原则3中所提到的，在全景模拟的整个教学过程中，教师的责任和作用因所处阶段的改变而改变。在准备阶段，教师主要承担指导者的角色，引导学生了解全景模拟的运作方式、选择模拟阶段中所承担的角色，同时也是课堂的组织者和语言知识的传递者。之所以称之为传递者，是因为在帮助学生准备模拟阶段所必要的语言、文化、社会背景等知识时，教师必须考虑到学生的语言水平和前期的外语学习经历等，而不是总是直接将知识准备好，讲解给学生。在模拟阶段，教师必须把课堂的中心转

---

① 值得注意的是，在2.2中，我们将全景模拟划归为以个体发展为中心的教学方法，"个体"既包括教师也包括学生。

3 全景模拟教学（Global Simulation）

向学生，减少对学生的控制，并将部分课堂组织工作交给学生。理想的做法是：坐在教室的后面，尽可能少地干涉全景模拟的发展，并且只在学生提出疑问或寻求帮助时介入全景模拟过程，尽量保持观察者、协调者以及必要时刻的监察者的角色（朱先明，1995：11－12）。教师在这一阶段的所有工作都是为了确保学生能够积极融入全景模拟。在反思阶段，教师承担组织角色，与学生分享思想、共同展开批评和反思。在这个阶段，师生的地位是平等的。

事实上，研究者们给实施全景模拟的教师赋予了各种新的名称，例如指导者（instructor）（Levine，2004）和控制者（controller）（Jones，1982）。在本文中，我们仍旧使用最传统的称谓，即外语教师来统称其在整个全景模拟过程中的所有角色。在全景模拟中，教师的基本职责是指导和提供资源，但最重要的职责是负责设计一个能够让学生参与全景模拟并实现学习目标的学习环境（Nunan，1988，1997；Blanco Canales，2010：108）。通过比较传统的语言教师角色与全景模拟活动中的外语教师的角色，我们就会发现两者既有重合也有差异。

- 使用全景模拟的教师仍旧是传统和字面意义上的"外语教师"。这意味着，一方面，每当学生需要语言资源或与语言和交际能力相关的资源时，教师必须以某种方式向学生提供这些资源[①]（resource person）（Scarcella/Oxford，1992），而不是墨守成规地坚持"课堂应该永远是对现实的模拟"的要求，或者屈从于"因为我在使用一种新的外语教学法，我的课堂必须尽可能充满活力"的观念。另一方面，对于语言教师来说，他们并没有义务教授学生专业内容（例如在专门用途外语课堂），而是应提供语言信息，让学生自己去搜索或探索这些内容。因此，使用全景模拟的教师应时刻牢记，其身份是外语

[①] 教师在向学生展示网络上所有相关资源方面的作用是至关重要的。词典、百科全书、目的语国家的地图、绘画、目录、旅游信息、人口、气候、历史和经济情况、重要公司的数据、他们的产品和雇佣政策等等，这些信息都可以用来丰富全景模拟的情景（Magnin，1997：5），帮助学生更好地了解目的语和目的语社会。

教师，其课堂是外语课堂，准备充足的语言教学资源永远是其准备教学材料的首要任务。

- 与传统的外语教师相比，全景模拟外语教师必须是一个谨慎的监督者，不能要求学生改变自己在模拟活动中的角色选择，而去承担教师认为的更积极的角色，也不能直接解决学生的所有问题或替他们做出决定（Levine，2004：27）。但教师可以在模拟出现困局或被迫中断的时候为学生提出建议或指导。

- 使用以语言为中心和以学习为中心的教学法的教师通常强调语言使用的准确性，但使用全景模拟的教师应该时刻记住，一方面，"模拟的目的不仅是输出正确的词汇、语法和发音，而是根据角色、功能和职责进行有效的交流"（Jones，1982：38）。但另一方面，教师也不应该完全忽略学生的错误和失败经历。当学生在模拟过程中进行交流时，教师作为监察者，应该记录下他们所犯的语言、跨文化、社会行为等方面的错误，以便在反思阶段予以纠正。

- 与传统外语教师相比，全景模拟教师必须尽可能地把自主权留给学生，不要把模拟的全部细节都展示给学生，而要给他们留有调查、讨论、测试、协商、决定的空间。但这并不意味着教师可以不规划课程或不需要组织教学。相反，与传统外语教学相似，全景模拟中教师必须非常清楚地考虑到模拟的每一步可能发生的事情，每个班级以及每个全景模拟阶段的侧重点，规划每一步甚至每项任务所需要的时间和场景信息，设计全景模拟框架结构以及提供学生需要的语言、文化、社会文化知识，必要时与其他课程进行协调，等等。教师必须时刻明确模拟的组织和进展情况（Roldán，2009：213-214）。并且最重要的是，把所有这些信息都传递给学生。

- 全景模拟教师必须从头到尾分析模拟的进展和学生的行为，包括语言的使用方面，同时还要鼓励和教导学生能够单独或在小组中对自己的学习行为、合作效果、学习效果等进行分析。

- 与传统外语教学的单一评价方法相比，全景模拟教师在设计和使用评估、分析和反馈工具时必须具有创造性，这意味着每门课程的评估方式可能并不相同，需要根据每个课程和每组学生的特点和需求进行适当调整。此外，还必须再次强调，外语课堂的活力并不总是判断全景模拟实施效果的首要因素。

3.6　全景模拟中学生的角色

与全景模拟中的教师角色一样，学生在全景模拟的每个阶段也扮演着不同的角色。在预备阶段，学生在理解全景模拟的运作流程以及选择角色时主要是接收者和协商者，但在准备模拟所需的必要知识时，他们同时也是传统意义上的外语学习者。在模拟阶段，学生更多地担任中心的、主动的和创造性的角色。他们作为课堂的合作组织者，与教师一起承担着部分模拟活动的组织工作，决定模拟活动的部分走向，同时也是活动的协商者、协调者、合作者、行动者等。在最后一个阶段，学生主要是批评者和反思者。可以看出，全景模拟中的许多学生角色与其他外语教学方法中的学生角色是一致的（参见上文 2.2.1.3.1.2）。我们在下文中只突出学生那些关键的和与其他教学方法不同的角色。

由于全景模拟对学生参与度的要求较高，一些研究者将他们称为参与者，而不是学生（Roldán，2009）。与上一小节中的教师相对应，我们在本文中继续使用"学生"这一称谓。鉴于学生在全景模拟过程中所扮演的复杂角色，我们可以说，学生也是全景模拟课堂的中心。他们与同伴进行合作，负责创造一个包含文化、风俗习惯和社会行为规范的完整世界，在其中完成外语学习和实践，并承担自我发展的责任。

- 作为接收者，学生必须接受教师的一系列指示、模拟活动的限制条件和运行过程信息，而上述信息学生不一定全都同意。例如，在人物的选择和分配过程中，很难让所有学生都扮演自己喜欢的角色（Roldán，2009：214）。

- 作为协调者，他们必须协调自身在全景模拟中的两个角色：外语学习者和模拟情景中的人物（Roldán，2009：219）。即必须控制好真实身份和虚构身份之间的灵活转换。一方面，他们是外语学习者，有自己的生活、性格、经历、工作、知识等。他们决不能忘记自己在项目中的目标是学习语言而不是做其他的事情，比如讨论全景模拟中的一个装饰是否有效或必要。另一方面，他们同时又是全景模拟中的人物，扮演既定角色，需要在模拟中完成这些人物的决策行为、根据人物需求采取行动，推动模拟活动的进程。他们不是只听课、记笔记、参与活动的学生，而是在模拟过程中综合运用语言学、语用学和社会语言学等交际内容和技能，以个人经验为辅助，试图完成既定任务的真实参与者。

- 作为课堂的合作组织者，学生需要关注模拟活动的设计，必要的时候决定小组合作的人员、数量、方式等，甚至满足模拟中的服装、化妆、道具要求①（Roldán，2009：219）。学生通过参与和行动推动模拟活动的发展，直接面对"言语交流行为，积极参与并解决现实提出的问题"（Gómez de Enterría，1995：485，Blanco Canales，1997：170）。除此之外，更重要的是，学生必须承担起学习的责任，成为自主学习者，与教师一起成为学习过程的管理者（Blanco Canales，2010：107）。

3.7 评价

继 Dunn/Mulvenon（2009）之后，Blanco Canales（2011：177）将形成性评估定义为"一套正式和非正式的评估程序，该程序与教学过程相融

---

① 如果模拟活动涉及正式场合，例如面试，那么参与模拟的学生的服装应符合目的语国家的面试要求。

合，旨在修正和改善学生的学习和对学生的理解"。这一定义与全景模拟的评估①完全吻合。与其他教学方法相比，全景模拟的评价是一个网络体系，整个全景模拟过程，即学习过程，本身就是一个评价过程。因为在每一个迷你模拟活动后都可以包含反思阶段，而贯穿整个过程的反思活动将全景模拟本身变成了一个完整的形成性评价网络，包括学生和教师的自我评价，学生和教师之间的评价和学生之间的评价。然而，在大多数正规或非正规教育中（除了针对某一特定群体的不需要任何统计性结果的私课或定制课程），评价必须以数据的方式呈现，并符合某一官方的分数体系。这就意味着，除了上述形成性评价之外，在课程结束或课程期间都需要一个或多个终结性评价。综上所述，评价不能局限于单一的评价行为，例如笔试，而应该是一个过程，且该过程不应是心血来潮的，而应是事先规划的（Cabrera，2003：18）。

形成性评价不仅包括评价内容、评价时机、评价方式，更重要的是还包括了评价的目的（Blanco Canales，2011：177）：

- 帮助学生学习，及时纠正学生的错误，避免失败。
- 逐渐形成恰当和有效的学习方式。
- 表扬学生在整个课程中的持续努力。

在全景模拟中，还包括一种开放的联合评价。这种评价在学生之间和学生与教师之间进行，从第一次师生协商确定场景—主题开始，并贯穿整个全景模拟，包括"同意或拒绝提议、作出决定并进入下一个议题"等内容（Blanco Canales，2010：112）。要形成评价网络，学生和教师必须掌握一种或多种连续易控的工具，如日记、日志或某种类型的档案，以对所学的知识和发展的能力和技能进行评估，以及对教学过程进行反思，并做出改进的决策，还要衡量学生参与的主动性、兴趣或动机，帮助他们逐步成

---

① 尽管我们说全景模拟教学本身就是一种形成性评价机制，但是在正规教育中，如有需求，也可以通过诸如笔试的方式对学生的能力进行终结性评价。

为高自主性的学生。该工具除了在全景模拟内部进行评估外，还可以作为学习追踪工具使用，因为它不仅可以看到最终的结果，还可以看到语言发展的过程和进展（Littlejohn，1990）。在第四章中，我们根据 Blanco Canales（2010）的提议，设计了教师和学生日志来作为形成性评价、互相评价和学习追踪的工具。

3.8 结论

19 世纪末，北美哲学家、教育家 John Dewey 认为当时的教育制度必须做出变革，以促进知识的习得，并由此开启了体验式学习的大门，以期实现更有意义的学习（Dewey，1983，转引自 Angelini Doffo，2012：41－42）。在体验式学习的基础上，全景模拟显示了它在外语学习方面的优势、有效性和可行性。该教学方法将教学过程的所有参与者调动起来，共同完成全景模拟活动的设计和实施，是一种以个体发展为中心的教学方法。近年来，在教育信息技术的辅助下，该方法得以面向更大的群体。

全景模拟的另一个好处是，它构成了一个相当有活力的教学系统，将传统的教与学、机械练习（例如在全景模拟的预备阶段）以及功能性更强的活动都纳入该系统中。后方法时代的一些基本原则也适用于该系统（参见上文第 2.3.2 和 2.3.3 节）。另一方面，正如我们在第 2 章所看到的那样，全景模拟不仅与以个体发展为中心的其他教学方法具有一定的共性，在某种意义上，它还囊括了这些方法。

但是，全景模拟也有着明显的局限性，例如其对教师的素养、学生的主动参与、教学中心的政策、教学环境的灵活程度等都有较高的要求。但近年来，国家对课程思政的倡导，教育部对高校外语教学提出的新要求，都要求我们反思现有的教学方式，开展新的教学尝试。《高等学校课程思政建设指导纲要》要求新时期外语教学应在知识传授、能力培养和素质提升的基础上追求更高的价值目标，即更加"强调批判包容思想与解决综合问题能力，更加强调全球合作思维与跨界领导能力，更加强调主动开创精神与灵活应变能力,更加强调好奇心、想象力与信息评估能力,更加突出思想品德和人格魅力塑造"(吴朝晖,2019)。这一要求正需要一种能够将现实生活与外语课堂有机联系起来的教学方法,而这正是全景模拟教学的核心思想。只有将现实与课堂相结合,才能真正避免外语课程思政建设中的"两张皮",真正在知识、能力、素质的基础上,培养学生正确的价值取向,提高学生的综合文化素养,培养学生的人文精神和思辨能力。因此,在下一章中,为了将全景模拟应用于我国的高校外语教学环境,我们将着重阐述分阶段全景模拟框架的内容。该框架不再是一种传统意义的教学方法,而是一种后方法框架,它可以引导教师针对自身教学环境构建合理、合适的教学方法和教学理论。

4 分阶段全景模拟框架(Systematic Global Simulation)

在本文的最后一章中,我们将重点讨论什么是分阶段全景模拟,它包含了哪些过程,如何进行需求分析(参见下文4.3),如何确定学生和教师所处的阶段,每个阶段的课程如何设计开发以及教师如何带领学生走向下一阶段等问题(参见下文4.4)。

4.1 必要性

2020年教育部颁布的《高等学校课程思政建设指导纲要》对高校教育提出了新要求(见3.9)。新《大学外语教学指南》以英语为例,要求英语教学"培养学生的英语应用能力,增强跨文化交际意识和交际能力,同时发展自主学习能力,提高综合文化素养,培养人文精神和思辨能力,使学生在学习、生活和未来工作中能够恰当有效地使用英语,满足国家、社会、学校和个人发展的需要",并要求教师积极开展一流课程建设、教材建设等。

综合考虑国家政策因素、外语教学发展需求、教师及学生发展需求,不难发现传统外语教学法观念已经很难满足国家对高校外语教学的要求。然而,当前我国各地区、各层次高校的政策要求、教学目标、外语教学发展水平不一致,部分高校外语教师没有接受过外语教学相关理论的培养,外语专业学生前期所接受的外语教育模式及外语能力水平不一致,上述现实情况导致后方法的应用并不容易，它需要一个相互适应的过程，一个以我国现实境况为基础，探寻更适合的后方法理论的过程。

为此，教师和学生必须认识到，他们参与的外语教学过程，不能仅限于外语语言或社会文化知识，也不能盲目地遵循某种特定的教学方法或某个教材，而应包括对与目的语有关的一切事物的更广泛的感知、解释、实验和理解（Kumaravadivelu, 2003：270），这也意味着与另一种文化、历史和人群的碰撞，它们与学生的母语环境既有共性，又有许多差异。因此，目前的外语教学需要一种教学方式，将课堂与社会现实相结合。

全景模拟的核心即为功能的实在性，将传统的教与学、机械练习（例如在全景模拟的预备阶段）以及功能性更强的活动都纳入该系统中，后方法时代的一些基本原则也适用于该系统。但全景模拟对教师的素养、学生的主动参与、教学中心的政策、教学环境的灵活程度等都有较高的要求。这些要求对全景模拟在我国的广泛应用造成了困难。因而将全景模拟运用于我国的外语教学现实必定要完成一次理论创新，将后方法理论和全景模拟教学法结合，形成分阶段全景模拟框架。

4.2　内涵

分阶段全景模拟框架的最终目标是培养具有长期成长能力的反思型教师和学生。从这个意义上说，分阶段全景模拟框架并不能通过列出一系列具体的教学技巧或教学程序来进行定义。它是一个以需求分析为基础，在实施过程中根据课堂观察、评价和反思而进行不断调整的长期培养体系或框架。而在此过程中，教师和学生都完成了某种程度上的自我实现。分阶段全景模拟是一个教师和学生相互促进的过程，因为在动态的全景模拟的设计过程中，它的实施过程、评价和反馈，不仅针对学生的外语学习，也针对教师的外语教学。

分阶段全景模拟是在全景模拟的基础上，引导教师和学生分阶段地、系统化地完成全景模拟的最终目标，即培养具有长期成长能力的反思型教师和学生的框架。它引导教师根据教师和学生的需求分析结果以及教学所在地的情况（详见下文4.3小节），来调整全景模拟的总体结构。也就是说，分阶段全景模拟以教学所在地的具体情况为基础，调整具体教学方案，既能够满足教师的自我实现需求，也能够满足学生的外语学习和自主学习需求。

在这一框架中，首先，教师的教学设计、课程规划等都应以需求分析为基础，通过兼顾自身和学生在语言、教学方法、自主学习等方面的优势和弱点以及教学环境的灵活性和网络及多媒体的兼容性，教师得以确定其所应采用的全景模拟的具体阶段（详见4.4小节）。教师遵循相应阶段的指导原则和策略，基于自己对目的语及相关方面的知识，设计符合这一全景模拟阶段的、最适合学生、教师和教学当地环境需求的全景模拟课程，包括课程规划、教学内容、教学材料、模拟活动和模拟形式、评价方式。最后教师使用该设计开始教学，并在实施过程中，通过课堂观察、学生评价和自我反思，不断调整原始设计，对实践过程进行反思和总结，进而构建适合自己的教学方法论。

与此同时，学生应遵循教师的指导，学习语言和社会文化等知识，参与模拟活动。教师将根据学生的行为反馈，调整学生知识学习过程与模拟活动的参与程度。而学生也应该通过自我反思以及同伴间和教师的批评和反馈，积极调整学习方式。学生要有勇气面对模拟活动中遇到的直接或间接的语言和社会文化冲突。因为正是通过这些冲突所带来的不适、惊奇或其他感受，才促使他们进一步关注目的语及其相关方面与母语的差异，刺激学习的内在动力，习得并输出外语，成为具有反思性和实践性的外语使用者。

从分阶段全景模拟框架的全过程看，教师和学生几乎可以在该过程中采用任何适合当下阶段培养目标和需求的外语教学方法、技巧和学习策略。但有一点必须贯穿始终，即外语学习是长期学习的过程，该过程不应因课程结束、离开教室而结束。

4.2.1 分阶段

如上一章所述，全景模拟是一个相当开放的系统，在一定的框架体系内，它允许教师根据学生需求，选择并构建恰当的模拟情境，完成语言学习（Vega González，2012：23）。但是，该方法对教师和学生均有一定要求。

一方面它要求外语教师能够掌握需求分析的有效工具，对外语教学和相关理论以及教学方法、教学技巧和策略、教育技术、信息技术都有一定的了解，以便选择适合学生水平的教学材料、设计教学活动等。它还要求教师了解目的语文化、社会运作方式、行为规则等以便选择合适的情境进行模拟。另外，教师还应掌握并综合运用多种评价方式。上述要求看起来是所有外语教师都应具备的基本素养，但实际上，高校教师大多有自己的研究方向，却不一定深入了解教学方法以及教学相关理论（张丽梅，2017：50）；高校中，除英语之外的其他语种，普遍存在教师整体学历偏低、青年教师挑大梁等问题，这意味着教师普遍缺乏教学经验，对教学素养的提升有迫切需求（张丽梅，2017：50；郑书九 et. al.，2011：576）；此外，学校不重视教学、任教课程不稳定、教学工作量偏高、教学与科研二元对立的情况更是降低了教师对教学和教学素养提升的投入（张丽梅，2017：50；徐浩，2014：64）。而全景模拟，恰巧由于它的开放性，增加了教师在教学和教学准备过程中的投入和要求，阻碍了其实施。

另一方面，全景模拟要求学生主动参与学习，掌握学习的主动权。这要求学生了解自身的学习风格和学习策略，具有合作精神和协作能力，能够将自身经验与课堂模拟环境相结合，将学习的语言知识运用到模拟活动中，并在学习过程中进行反思，辩证地思考语言、文化、社会等差异带来的冲击。而目前阶段，尽管高中外语教学方法已经日趋多样化，也越来越重视交际能力，但我国仍旧存在教育资源分配不均衡的问题。地区、学校水平等差异，造成考入同一所大学的学生，其在高中时接受的外语教学方法大相径庭。这就造成部分学生的语言意识、交际能力、合作能力、协商能力等都难以支持其完成全景模拟活动。因此，当学生面对全景模拟教学时，对活动的目的，活动对语言学习的意义，自身的工作范围等均存有疑问。

鉴于目前高校外语教与学的诸多问题与困境，尽管全景模拟本身已经具有相当的灵活性，但仍旧很难在高校外语教学中实施。因而，我们需要思考三方面的问题：高校外语教师的语言观念和对外语教学相关理论的掌握程度与实施全景模拟，培养长期、自主且具有反思和实践能力的外语学习者的需求之间的差距；学生的语言观念、学习风格和学习策略与成为一名长期、自主且具有反思和实践能力的外语学习者之间的差距；教学所在地的政策环境、教学环境等与实施高灵活性的课堂教学之间的矛盾。

基于这三方面的思考，我们认为，全景模拟在中国高校的应用必须是分阶段的。鉴于现阶段不少青年教师并未接受过外语教学相关理论的学习，部分学生在基础教育阶段主要接受的是较为传统的语法—翻译教学法或统称为教师讲学生听的教学模式，参考在第2.2小节中对外语教学方法的分类，我们基本确定了三个全景模拟阶段，分别以每个阶段的最终培养目标进行命名：交际阶段（第一阶段）、协商与经验模拟阶段（第二阶段）、反思与批判阶段（第三阶段）。一方面，这三个阶段可以看作是一个连续递进的过程，它们既可以引导学生和教师走向一种积极的、体验式的、强交际性的、跨文化的教学过程；也可以促进教师实现有目的、有顺序的教学素养的提升。但另一方面，这三个阶段也可以被看作是三个独立的阶段，三个阶段间没有优劣高低之分，其选择的关键应该是某一阶段是否符合教师、学生和教学所在地的需求。

4.3 需求分析

分阶段全景模拟框架建议需求分析应当包含三个主要部分，即教师需求分析、学生需求分析和教学所在地需求分析。在第一部分中，教师需要回顾自己外语教学相关培训经历、教学经历，并思索未来的提升方向。此外，教师还需要完成自身的教学素养分析，以确定当下阶段能够完成哪一阶段的全景模拟，以及今后的努力方向。我们在该部分为教师提供了素养分析指导表格及自我培养指南。在第二部分中，学生需要完成两种需求分析，一方面需要向教师提供与个人语言观念、语言学习经历等相关的基本信息；另一方面需要完成对学习风格和学习策略的认知分析，以及语言学习档案袋。教师需要结合学生这两部分的分析结果，确定学生可以接受的全景模拟的具体阶段；学生则需要根据第二项分析的结果，形成对自身语言学习的更清晰的认识，了解语言学习过程中可能遇到的困难和自身的学习优势，反思前期语言学习中的策略，并了解可能的提升方案。需求分析的最后一部分，教师需要分析教学所在地的相关情况，尤其是那些能够影响全景模拟具体阶段和教师自我培养的因素。最后综合这三个方面的分析，确定对当下教学课程和学生最适合的全景模拟阶段，课程的最终培养目标等等。我们将在下面的三个小节中，对上述内容进行具体阐述。

4.3.1 教师需求分析

正如上文 4.2.1 小节所述，我国高校外语教师，尤其是青年外语教师，虽然基本上都经过了良好的外语培训，但大多有自己的研究方向，而该方向与外语教学或许并不相关，因而他们仍旧缺乏充足的外语教学经验以及外语教学理论的支撑。这势必对高校外语教育（此处主要指高等教育阶段外语专业学生或非专业学生的外语教育，并不包括外语专业学生的理论教育课程，例如语言学、词汇学等专业课程）质量的提升、教师的职业发展造成影响。因此，在这一部分，我们提出了针对教师的教师需求分析模型，以便教师更好地了解自己在外语教学领域的优势、劣势以及可能存在的不足。该分析主要以 Kumaravadivelu（2012）的教师教育理论为基础，参考 Watson（1981），Brown（1994），West（1994），Tedick（2013），濮实（2014），Phipps（2015），郑琼/贺云（2017），徐锦芬/刘文波（2019），杨鲁新/张宁（2021）的前期研究，编写了外语教师素养及需求分析自查表（详见4.3.1.1），并在教师档案袋中（详见4.3.1.2），提供了每个模块的自我培训建议。教师可以依据量表分析结果，在档案袋的帮助下实现长期的或终身的自我培养。当然，需要强调的是，我们所提供的档案袋只是提供了一种可能的思路和方案，教师可以根据自己的情况，以此为灵感，设计适合个人发展的教师档案袋。

根据 Phipps 的研究，外语教师培养通常按照以下四种模式之一进行：

学术型、应用型、工匠型和反思型（Phipps，2015：19 - 20）①。所有这些都基于同样的前提，即未来的教师需要：1）熟悉关于外语教学的基本知识和理论，2）了解一些有效的外语教学经验和教学原则，3）在培训环境中或在真实的教学情境中，在教师教育者的指导下，开展教学实习，4）将所获得的知识结合起来，努力反思自己的教学实践。因此，教师在设计自己的教师档案袋时，应当结合前期的分析结果、所处的教学环境以及上述四个需求，规划自身具体的发展路径。

4.3.1.1 反思性需求分析模型

在本小节中，我们提出的模型本质上是反思性的。因此，教师档案袋由5个主要部分组成：1）基本信息或简历，包括以往参加的教学培训和已有的教学经验，2）部分需求分析的结果，3）教师自我培养的可能性、愿望和承诺，4）所教授课程及教学实践的记录，5）阶段反思。

根据Kumaravadivelu（参见上文第2.3.3.3节）的教师发展理论，我们的需求分析，主要涉及教师素养的五个方面：知、析、识、行、察。分析的结果可以帮助教师确定其可以完成哪一或哪些阶段的分阶段全景模拟活动，并以此为基础设计具体的自我培养行动计划，该计划也应对应上面提到的五个模块。在教师档案袋中，尽管在自我训练和教学实践的记录部分已经包含了反思阶段，但档案袋的结尾仍旧添加了一个反思的环节，该阶段主要用于收集关于整个自我培养过程的总体结论，整合已经解决和尚

---

① 英语原文为：

"*Academic*：this involves transmitting knowledge about language and teaching, often by means of separate, even unrelated, courses on an MA -here there are few if any explicit links to practice；

Applied science：this involves imparting "expert knowledge" and/or principles of effective teaching, based on empirical research findings, often by means of methodology courses on an MA-here theory informs practice；

Craft：this involves apprenticeship and/or imitation of "good practice", which has been handed down from generations of masters or experienced practitioners, often by means of an MA practicum or mentoring, and/or by many teacher training courses- here theory is derived from "good practice"；

Reflective：this model gives equal weight to "received knowledge," which is based on research findings, and "experiential knowledge" (Wallace/Bau, 1991), which teachers gain by reflecting on their own classroom experience, and involves developing teachers' ability to reflect -here theory and practice mutually inform each other" (Phipps, 2015：19)。

4 分阶段全景模拟框架(Systematic Global Simulation)

未解决的问题，以进一步发现自身的不足之处，为下一阶段的自我培养提出改进建议，这也是下一阶段自我培养的宝贵开端。我们以下面的螺旋上升图形为例来阐释这一自我培养系统（见图4.1）。

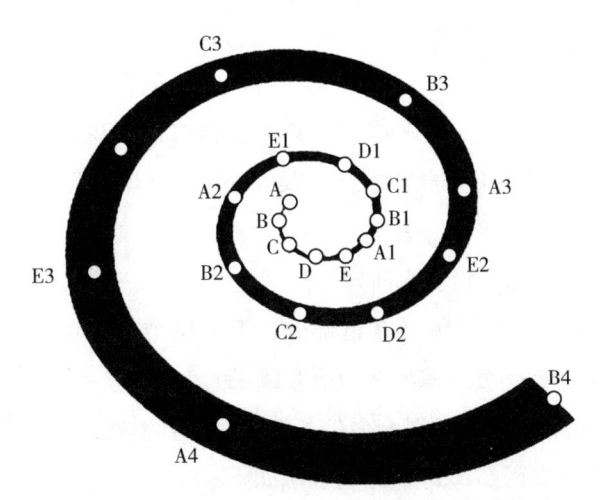

图4.1 分阶段全景模拟的螺旋上升模型

图中，大写字母代表一个自我培养闭环内的基本步骤，数字代表自我培养的不同轮次，数字越大，代表自我培养的轮次越高。

A：基本资料/简历准备，主要是总结前期的教学培训和教学经验。

B：需求分析，并在此基础上制定自我培养指南。

C：制定自我培养计划并持续跟进。

D：将知识应用于教学实践，并对教学实践进行分析和反思。

E：本轮次的最终反思，以此作为本轮次的总结和下一轮次的起点。

如图所示，教师自我培养的过程是一个螺旋状发展的过程，由内向外，自我培养的外延逐步扩大，但没有尽头，这一过程中每一个轮次的结束都代表着下一个轮次的开始。上图只能体现教师自我培养的个体发展过程，但实际上，在这一过程中势必要与同事和学生开展合作。教师合作时不仅可以相互鼓励，而且可以充当对方实践的观察者，这无疑将大大丰富自身的经验并为对方提供合理的建议。因而，尽管我们此处不会具体展开，但教师合作共同体必定会对教师自我培训起着积极的促进作用。

我们以 Kumaravadivelu（2012）的教师培养理论为基本模型，并参考 Watson（1980），Brown（1994），Tedick（2013），濮实（2014），Phipps（2015），郑琼/贺云（2017），徐锦芬/刘文波（2019），杨鲁新/张宁（2021）的前期研究，编写了外语教师素养及需求分析自查表。该表具体分为：知、识、行三个部分。此外，知、析、识、行、察这五部分也将在下一小节的教师档案袋中具体展开。教师在填写自查表格时需要思考每一个自查条目的知识水平（A、B、C）和在教学实践中的应用情况（D、E、F、G）。

其中，关于知识水平，答案 A、B、C 分别表示如下。

A：我对此（几乎）一无所知。

B：我对此有一定了解（知道部分，但对整个系统不了解；或曾经有过学习，但并没有一直追踪最新的研究成果）。

C：我对此有系统、相对全面的了解，且一直追踪最新的研究成果。

在教学实践方面，D 到 G 分别表示如下。

D：我不知道如何在我的课上应用。

E：我知道如何在课堂上应用它，但我（几乎）从未应用过。

F：我应用过几次或多次，但我对……有疑虑。

G：我应用过几次或多次，对此我有自己的想法：……

- 若选择 F 和 G，应补充省略号处的具体信息。
- 表格第一列中的阿拉伯数字或罗马数字代表该条目所对应的分阶段全景模拟的具体阶段所必需的知识或能力。
- 表格第一列中的 * 代表独立于分阶段全景模拟框架三个教学阶段的实践理论化能力。

表 4.1　　外语教师素养及需求分析初步自查表

知：外语教学过程中涉及的知识		A	B	C	D	E	F	G
语言学知识								
0	目的语的音位和语音系统							

4 分阶段全景模拟框架(Systematic Global Simulation)

续表

0	目的语语义系统					
0	目的语句法系统					
I	由语言形式、意义和交际意图的相互作用而确定的目的语在特定交际情境的应用					
I	为实现特定目的的固定表达					
II	目的语变体及其在社会语言层面的评价					
二语习得相关知识						
0	与语言输入的形式和内容相关的知识					
0	有助于或阻碍语言输入的相关因素					
0	与语言输入的吸收过程相关的知识：假设的形成、验证和确认					
0	与语言输入的吸收结果相关的知识：中介语及习得水平					
0	与语言输出的评价和反馈相关的知识					
外语教学相关知识						
0	语言教学的不同方法、技巧和策略					
I	教学材料的准确性、适配性的判断准则					
I	根据输入信息的内容和风格，以及互动的性质和范围，确定教学干预的形式和目标等的相关知识					
过程性知识						
0	外语教学课堂管理的相关知识					
I	处理协商主题和课堂互动的相关知识					
II	外语课堂中处理协商与互动的知识					
思辨教学相关知识						
III	思辨能力及培养思辨能力的相关知识，如推理、识别假设、演绎、解析、评估论证等相关的能力和知识					
信息技术相关知识						
0	使用搜索引擎或AI机器人查找相关教学资料					
0	分发电子化教学材料					
I	创建教学所需的图像、文本、音视频等					
I	对图像、文本、音视频进行再次编辑或转换					

续表

0	使用教学所在机构多媒体设备或语音实验室设备							
I	网络教学或线上线下混合教学							
II	建设网络课程							

识：对身份认同，尤其是教学信念和教学价值的反思

0	反思教学的伦理性：外语教师在课堂上应该做什么、不应该做什么							
I	反思自身教学信念与其在课堂实践中的差异							
II	教师身份认同							
*	反思教师在自我培养中发挥管理者作用和制定赋权策略的能力、意愿和阻力							

行：将与外语教学相关的知识、需求分析的结果以及教学中的身份认同、教学信念和教学价值付诸实践

I	运用所学知识、前期分析结果及自身认知进行教学							
I	监控自身教学实践							
II	最大化学习机会和提供高质量学习机会							
III	通过外语教学监控学生及自身转变							
*	实践理论化的能力（可能的理论化模型：Allwright 的实践探索，2003，2005b；详见 2.3.3.1）							
*	理论化过程中对定性或定量研究的偏好							
*	参与探索性小组，例如论文研读与其他成员合作研究等							

问卷完成后，根据第一列的数字，可以将表格拆分为四个层次。其中数字 0 代表开始任何类型的外语教学前所必须掌握的知识或能力，I、II、III 则分别代表分阶段全景模拟的第一阶段、第二阶段和第三阶段所必需的知识或能力。正如上文所说，选项 A、B、C 用于教师对该条目知识或能力的掌握程度，选项 D、E、F、G 则用于反思自身对该条目的知识或能力在教学实践中的应用情况。

基于此，我们对教师知识能力掌握程度、应用程度与其所能胜任的教学阶段提出下列假设。

1) 在开始外语教学前，外语教师的0级知识能力应至少掌握到B程度，并应根据自己所教授的具体课程尽快提升其相应知识能力至C程度，否则可能无法完成有效有序的外语课堂教学。

2) 对Ⅰ、Ⅱ、Ⅲ层次的知识能力来说，只有某一层次所涉及的所有条目都至少是B级掌握程度，才能进行某一阶段的模拟教学，否则可能因为对知识或能力掌握的缺失而影响课堂教学的效果。例如，某位教师的自测显示其第0、Ⅰ、Ⅱ层次的知识能力所涉及的所有条目基本均达到了B级，而第Ⅲ层次所涉及的条目只有部分能够达到B级，则该教师既可以胜任较为传统的语法—翻译教学方式，也可以胜任交际教学、一般的模拟教学等交际性、协商性更强的教学方式，但由于其缺乏相应的思辨能力或思辨教学能力，尚不能完全承担第三阶段的教学方式，即反思与批判型教学。

3) 对应用程度的判断，其重点在于帮助教师反思不同条目的知识对其外语教学的重要性，并由此提出问题，例如为什么已经认识到了某一知识的重要性，但却不经常在外语课堂中应用？应该如何在课堂上应用某一知识？在应用某一知识时遇到了哪些问题？是否能够改进该知识的应用？是否需要寻求其他教师的帮助？对这些问题的回答，将是教师实践理论化的开始。

在完成自查表后，教师应根据自身需求建立教师档案袋，并对自身的学习和教学实践情况进行持续跟踪。通过自查表，教师对自身的长处及不足有了基本的认识，并以此确立自我培养目标，思考自我培养的具体手段。而教师档案袋中对教学实践情况的跟踪记录，有助于教师持续反思自查表中的应用程度部分，并持续促进个人教学实践的理论化：发现应用中可能出现的问题，反思教学行为，提出合理解决方案并在新轮次的自我培养中进行改进，进而对教学实践进行总结和理论化。

4.3.1.2 教师档案袋

在开始这一小节之前，我们必须说明，我们此处提供的教师档案袋仅仅是一个可能的例子，教师可以以此为参考，根据自身情况设计符合自身需求的教师档案袋，且档案袋的管理和使用方式，也应根据教师本身的需求来决定。但档案袋都应包含前期教学经验回顾、自查分析及短期目标设定、自我培养与教学实践记录及反思三个部分。

- 教学经验回顾（见第4.3.1.2.1小节）中应包含清晰的日期、教授课程和教学中心的核心信息、取得的成绩（或自认为做的不错的地方）和不足（或教学中遇到的问题）。
- 自查分析部分（见表4.1）也应包含清晰的日期及轮次；短期目标的设定应尽量细化，可以以学期或学年为时间节点，既应包括自我培养目标（知识目标），也应包括教学实践目标（应用目标）。
- 自我培养与教学实践记录及反思部分（见第4.3.1.2.2小节），一方面应包含自查表中对应知识能力部分的学习进展、学习困惑、应用设想或认为不适合自身教学环境的反思等；另一方面也应包含对应知识应用部分的教学过程、教学内容、教学反思、学生反馈等；在最后的反思部分应集合自身对自我培养和教学实践的反思、学生对新的教学方式或教学策略等方面的评价和其他教师或教学委员会成员的反馈。

4.3.1.2.1 第一部分：教学经验回顾

表4.2　　　　　　　　前期教学经验记录表

时间	教学中心	教授课程	成绩、不足、反思
年 月 至 年 月	对自身教学实践、身份认同、职业发展等有影响的政策、事件等。 教学条件：网络、多媒体、教室形制	课程类型①执行课程性质：（必修、选修、通识课、专业课） 课程年级： 课程人数：（必要情况下也可记录学生年龄等信息）	
		课时量： 教学法/授课形式： ……	

---

① 课程类型可根据实际情况修改或增删：
1A. 目的语综合类课程—基础类（如基础西班牙语）；1B. 目的语综合类课程—高阶类（高级英语）（转下页）

4 分阶段全景模拟框架(Systematic Global Simulation)

表 4.3　　　　　　　　　前期专业能力培养记录表①

时间	培训中心	培训名称	培训内容	培训形式	培训所得及反思
年　月 至 年　月				（讲授/工作坊/试听课/……）	

4.3.1.2.2　第二部分：教师自我培养、教学实践、反思的跟踪记录

＊本表格由三部分组成：知识能力的学习、教学实践、反思（教学理论化、阶段性总结）。

表 4.4　　　　　　　　　　自我培养追踪表

知识能力目标：						
达成目标时间：						
知识能力目标学习记录						
日期	1 （日期：）	2 （日期：）	3 （日期：）	4 （日期：）	…	总时间
学习时长	… 小时					
自学材料	（可靠的网站、学术文章、书籍、培训课程或研讨会等）					
详细学习计划	学习材料研读	教学实践想法			今日所学引发的思考	
Day 1						
Day 2						
Day 3						
Day 4						
…						

（接上页）2A. 目的语特定技能类课程—听力；2B. 目的语特定技能类课程—口语；2C. 目的语特定技能类课程—阅读（泛读、新闻阅读、文学阅读等）；2D. 目的语特定技能类课程—写作；2E. 目的语特定技能类课程—翻译（口译、笔译等）

3A. 专门用途目的语—商贸；3B. 专门用途目的语—医疗；3C. 专门用途目的语—旅游；3D. 专门用途目的语—法律；3E. 专门用途目的语—科技；……

4A. 理论课程—语言学；4B. 理论课程—词汇学；4C. 理论课程—句法学；4D. 理论课程—语音学；4E. 理论课程—文学理论；4F. 理论课程—翻译学理论；……

5A. 应试类课程—专业四八级考试；5B. 应试类课程—目的语国际考试；……

①　表格 4.3 中的内容应及时更新到表格 4.1 的自查表中。

表4.5　　　　　　　教学日志：教学实践及反思追踪表

实践计划	实践基本安排	实践效果	可能遇到的问题
	…	…	…

教学日记：详细的实践记录

教学班级： 学生人数： 课程名称/类型： 课时：		日期：

项目		内容	反思
教学主题			
教学步骤 (具体教学步骤、教学内容、教学活动/教学方法、每个步骤或活动的估计/使用时间、组织形式等)		(总时间:) 第一步：…… 预计时间：/使用时间： 教学步骤中的重要细节：…… 第二步：…… 预计时间：/使用时间： 教学步骤中的重要细节：……	观察学生的行为、是否有显著的进步、最初的计划与课堂实际情况之间的差异、对差异的反思、未来可能的解决方案等。
自我评价		以下问题可以得到肯定的回答吗？如果不能，应反思如何改进	我应做什么来改善……
活动/教学步骤/教学实践有效性	对学生来说	学生知道当下的教学步骤中应该做什么或将要做什么吗？（　　）	
		学生能在没有老师帮助的情况下完成教学活动吗？（　　）	
		学生最终根据要求完成活动了吗？（　　）	
		所有学生/小组都积极主动地参与活动了吗？（　　）	
		大多数语言交流是真实和自然的吗？（　　）	
	我的工作	学生是否觉得该活动有意义？（　　）	
		我提供的材料和活动是否合适（难易度、时间等）？（　　）	
		我是否清楚有效地讲解了知识？（　　）	
		我是否为学生提供了足够的语言、语用和社会语言学知识和资源来帮助他们进行交流？（　　）	
		我是否已明确说明了活动规则？（　　）	
		我是否正确地履行了教师作为引导者的角色，没有在不必要情况下打断学生的交流、帮助学生或替学生做决定？（　　）	

续表

学生评价	动机及参与度 (1-5)	同学间协作 (1-5)	语言能力的 进步与不足	文化和社会文化能力 方面的进步和不足
(学生姓名)				
给学生的小建议				
…				
其他教师的观察及意见				
教学委员会成员的观察及意见				
学生的观察及意见				

根据需要重复"教学日志"部分

表 4.6　　其他教师、教学委员会和学生反馈总结

态度和动机	
教学行为	
知识能力相关的疑惑和问题	
教学实践相关的疑惑和问题	
……	

表 4.7　　教学实践理论化追踪表—以论文写作为例

年 月 日	周几	具体耗时	写多少字	所属项目	目标	目标达成情况	备注	提交日期	接收	被拒

4.3.2　学生需求分析

Kumaravadivelu（2012：49）认为构建语言教学方案的专家会在开始设计教学方案前做一些学习者需求、动机和自主性分析的初步工作。因此在该部分我们将对学生的需求、学生的动机和自主学习程度进行分析。正如我们在本章的导言中所述的那样，对学生需求的分析包括两个主要部分：一部分面向教师，教师利用该需求分析来更好地了解其所要教授的学生，掌握他们的数据，帮助教师更好地设计教学大纲、选择教学方法、教学内容等，并在一定程度上帮助教师预测学生可能遇到的困难、对目的语的文化差异、认知或策略的不足等；另一部分面向学生本身，以便他们了解自己的学习风格，这有助于他们更好地选择恰当的学习策略。其中，第一部分主要依据 Richterich（1972）、Long（2005）和 Wang（2015）的研究，第二部分主要依据 Brown（2002b）、Johnson（2002）和 Johnson（2009）的研究。

4.3.2.1 面向教师的学生需求分析

该部分需求分析的目的是确立每个小组或班级的初始情况，并在后续的课程中持续追踪，以考察他们此后的进步情况。持续的追踪在需求分析中尤为重要，学生的学习态度、动机、对目的语和文化的态度等等都会发生变化，而正是这些变化预示着学生是否做好准备，接收下一阶段的分阶段全景模拟。

与教师需求分析相同，我们在此处列举的例子并不代表必须完全按照此例进行需求分析，教师可根据自身经验进行修改。

4.3.2.1.1 个人信息[①]

目的：了解学生对目的语的态度和动机

1. 为什么要学习目的语？（多选题）

 A. 因为我对语言、文化或社会等感兴趣。

 B. 因为我想与目的语者交流，或有与目的语者交流的需要。

 C. 因为目的语对我的工作/学习会非常有用。

 D. 因为我必须通过考试。

 E. 我不想学目的语，但父母或其他人逼我学习。

答案分析指南：选择答案 A 或 B 的学生往往具有融合动机，即他们通常希望融入目的语社会。为此，他们在课堂上会喜欢并积极参与有助于其融入目的语社会的活动，或者除了语言内容的练习或实践外，他们更喜欢包含了文化、社会等因素的活动。选择答案 C 和 D 的学生通常具有工具性动机。对

[①] 个人信息的收集也可以口头完成，既可以是课内活动的一部分，也可以在课堂外单独安排时间集中完成。但需注意，必须避免做出过度预测，例如，出国旅行多的学生更易了解目的语文化，不懂任何其他外语的学生会比掌握其他外语的学生学习更困难、会犯更多的错误等等。（Jackson/Whitnam, 1971）。

工作、学业或考试中没有用的知识或练习方式,他们通常不感兴趣。

2. 如果你决定做点什么

A. 我通常会尽力把它做得完美。

B. 我会去尽力做,但如果失败了或做得不够完美,也无所谓。

答案分析指南:选择 B 的学生,可能是"低成就者"(low achievers,Johnson,2002:134),他们在学习中会比选择 A 的学生更需要教师的督促和管理。

3. 你对中国的文化、语言和目的语国家的文化、语言有什么看法?

A. 我的国家,连同它的文化和语言都是最好的,它在世界上是非常重要的,目的语国家的文化和语言对我来说不重要。

B. 所有的文化和语言都有其特殊性和重要性,所有的国家也都有各自的问题。

C. 我国及其文化欠发达,我钦佩目的语国家及其语言、文化。

答案分析指南:选择选项 A 的学生有民族主义或自我中心主义倾向,这一点不利于目的语的学习。选择 B 或 C 选项的人将更有兴趣学习目的语语言和文化。但教师应格外关注选择 C 的同学的价值观倾向,及时通过外语课堂进行纠正。对于选择 A 的同学的价值观倾向教师也要注意通过外语课堂的纠正防范其走向文化沙文主义。

目的:了解学生所说的语言

1. 你说方言吗?说哪种方言?

答案分析指南:了解有助于教师预测发音中可能出现的困难(例如四川、湖南等地的学生,在发音中可能不区分/ l /和/ n /),有助于教师在长期的教学工作中总结方言语音对外语学习的影响。

2. 你会说哪几种语言?

母语:

外语(请注明水平):

答案分析指南:有助于教师预测学生在目的语学习方面的某些困难和优势,帮助教师确定进行语言输入,尤其是语法等概念性输入时的认知起点(例如,懂一些法语的学生比只懂英语的学生更容易理解西班牙语中的性和变位的概念)。

目的：了解目的语的水平（该部分也可由学生入学成绩得知）

1. 现在你的目的语是什么水平？（教师可以设置适合自身判断的标准作为选项）

2. 你学目的语多久了？

答案分析指南：有助于教师预测学生目的语的总体水平和学生可能具备的学习能力（例如在较短时间达到较高语言水平的学生可能具有较强的语言学习能力）。

目的：了解以往外语学习经验

1. 你学过母语以外的语言吗？

在哪个国家学习的？

在哪种类型的教学机构学习的？

之前外语学习的班级中一般有多少学生？

他们都来自同一个国家吗？

2. 在本课程之前，你学过目的语吗？

在哪个国家学习过目的语？

在哪种类型的教学机构学习过目的语？

你当时学习的班级有多少学生？

他们都来自同一个国家吗？

答案分析指南：了解学习外语的经历有助于教师判断学生对外语课堂形式的接受程度。其中是否有其他外语学习经历、学习过程中是否有国外学习经历、是否有与不同国家同学共同学习的经历等问题有助于教师了解学生对目的语及其文化的可能态度。了解学生学习外语的国家、机构以及课堂规模，有助于教师推测学生可能接受过的课堂教学形式、习惯的学习方式、对强交际活动的接受程度等等，以便根据班级整体情况，来选择适当的活动。

目的：了解与外语学习有关的其他经验

1. 你是否工作过或有过社会实践经验？有过哪些经验？

2. 你的爱好是什么？

答案分析指南：有助于教师能更好地选择课堂教学的主题，进行教学材料的准备，帮助学生在课堂上整合社会经验与课堂活动。（例如：在专门用途的目的语课堂上，如果学生已经有这方面的工作经验，在课堂上即可选择更专业的主题和教学材料，甚至教师可以邀请学生参与教学主题的设计。如果学生曾担任过某些职位，则在模拟活动中，教师可以引导学生再次承担相同或相似职位，将现实与课堂更紧密地联系起来）

4.3.2.1.2 语言观念、对目的语和目的语文化的态度、学习策略

此部分的问卷主要用来预测学生对分阶段全景模拟框架的适应情况。为了更具客观性，我们编制了一个分值表（表中的1、2、3分分别代表学生在分阶段全景模拟框架中所能适应的三个阶段）。在多选题中，只计算得分最多的选项，即如果学生选择了1分和2分的选项，则认为他在这个问题中获得了2分。但是，在判断适应水平时，我们以所有问题的最低分为参考。也就是说，只有当一个学生的所有答案都得3分时，我们才预测他能够完全适应全景模拟第三阶段。

表4.8　　语言观念、对目的语和目的语文化的态度、学习方式
分析问题与对应答案的分值分布

题号	分值	1分	2分	3分
1		AB	CD	EF
2		AB	CD	EF
3		A abc	A d	A e
		B ac	B bde	B f
		C a	C b	C c
		D a	D b	D c
4		A	B	C
5			abcdfj	eghik
6		B	A	A
7		A	B	C

目的：了解学生的语言观念

1. 你认为语言是什么？（多选题）

A. 语法、词汇和发音。

B. 有规则的符号系统。

C. 一种能够实现各种功能的工具。

D. 互动与沟通。

E. 一种生活和文化经验。

F. 自我调控的工具。

G. 其他（请注明）：

评分和分析的指导原则：只选择选项 A 或 B 的学生计 1 分。这些学生在学习中将几乎只专注于语法、词汇、语音等方面的知识，追求语言的正确性，可能会在语言交际中有较长的静默期。

选择 C 或 D 的学生计 2 分。这类学生更倾向于语言功能主义和语用学的观点，他们将努力获得良好的交际能力，注重语言交际过程的流利性。

选择选项 E 或 F 的学生计 3 分。他们对语言的概念更接近社会文化理论的观点。这类学生在学习中更喜欢使用目的语的真实语料或基于真实语料的改编资料，更愿意使用语言表达艺术、历史、文化等具体内容，因而交际活动的意义对保持其语言学习兴趣至关重要。这类学生在语言使用中更关注语言的流利性和恰当性。

得了 2 或 3 分的学生，如果没有选择选项 A 和 B，则可能在语言学习中过度关注语言的流利性，而忽视了语言的准确性。没有选择选项 C 和 D 的学生可能对参与课堂交际活动不感兴趣。

2. 你觉得课堂上应该如何学习目的语？（多选题）

A. 通过讲解、重复以及语音、语法和词汇练习。

B. 通过训练一系列语言习惯。

C. 通过听、说、读、写、译等各种方式不断练习目的语，使之成为一门综合技能。

D. 通过参加活动和任务，使用目的语实现某种交际目的。

E. 通过参加与现实生活情境和目的相关的活动和任务。

F. 通过运用语言解决问题、完成项目、学习其他知识等。

G. 其他（请注明）：

3. 你认为你的老师应该在课堂中里执行下列哪些任务？（如果你选择了三个以上，用三角形标记那个对你来说最重要的）（多选题）

A. 提供信息

 a. 提供标准的目的语使用的例子

 b. 选择教学材料并设计其用途

 c. 给出直接的解释，即词汇翻译或语法规则解释

 d. 根据学生的水平，给出直接或间接的解释

 e. 与学生协商作业与活动、课程设置、教学内容等

B. 组织课堂：提出合适的、切实可行的情境进行教学，设计课堂活动，分组及分配任务等

 a. 完全控制教学内容

 b. 对课堂只是有整体规划，但不完全控制所有内容和活动

 c. 完全控制课堂节奏

 d. 根据学生自身的学习节奏进行教学

 e. 除了课本中的活动和任务外，还自己设计其他活动和任务，并帮助学生做好准备

 f. 在课堂活动和课堂流程中起指导作用

C. 帮助学生了解自己的问题

 a. 在练习过程中纠正所有错误

 b. 一开始不要纠正过多，即不要为了纠正错误而打断学生，特别是在口语表达中

 c. 不要直接纠正错误，而是让学生反思，比如提供不同的表达，供他们选择

D. 组织测试和评估

 a. 期末考试

 b. 课程中间的考试或测试

 c. 通过课堂观察和反馈进行评估

4. 学生应该承担下列哪个角色？（单选题）

A. 在教师的命令或要求下听课或行动。

B. 学生在课堂上需要承担多重角色。

C. 根据学生目的语熟练程度，可能要承担不同的角色。

5. 如果在第四题中选择了选项 C，则根据学生对目的语的熟练程度将下列角色进行分类，在你认为只有具有合适的语言能力才应当承担的角色处打钩；如果选择了选项 B，则在第二列中选择自己认为学生应该承担的角色；如果选择了选项 A，则跳过此题。（多选题）

表 4.9　　　　　　　　　　学生在课堂中可能承担的角色

本题选项 \ 第四题选择了	B	C		
学生角色	零基础	初级（欧标：A1—A2）	中级（欧标：B1—B2）专业四级	高级及近母语级别（欧标：C1—C2）专业八级
a. 在课堂上集中注意力，听老师和同学讲话				
b. 记课堂笔记				
c. 参与活动				
d. 根据自己所学知识，判断语言输出的正确性、恰当性				
e. 自己规划自己的学习；学习自己感兴趣的内容，制定计划并努力完成				
f. 接受教师的指正并从中学习				
g. 对课堂活动进行反思，包括其中包含的语言形式、学习过程、学习技巧或策略等				
h. 与同学和老师分享自己关于学习的想法、具体的学习目标等；与同学和老师协商教学流程、目的、活动、内容等				
i. 参与评估				
j. 在课堂中合作学习				
k. 承担指导者、监督者、记录者及信息传播者的角色				

评分和分析指导原则：选择选项 1（AB）、2（AB）、3（A abc、B ac、C a、D a）、4（A）的学生计 1 分。此类学生一般接受行为主义的思想，他们在学习中比较被动，更喜欢直接的解释，因而喜欢使用演绎的方式学习，而非归纳。他们习惯于对语言知识的重复练习，不一定喜欢或适应融合多种语言能力的活动或开放性答案的问题。

选择选项 1（CD），2（CD），3（A d，B bde，C b，D b），4（B），5（abcdfj）的学生计 2 分。此类学生普遍接受功能语言学和语用学的思想。在参与交流活动方面，他们将比第一组更加积极。他们倾向于通过语言的功能或实际用途而不是通过语言分析，来理解语言知识。

选择选项 1（EF）、2（EF）、3（A e、B f、C c、D c）、4（C）、5（eghik）的学生计 3 分。此类学生普遍接受社会建构主义的思想，并愿意将自己的生活经验融入学习和活动中。他们喜欢或擅长合作学习，不会拒绝发展除语言技能和知识以外的其他技能和知识，例如提高领导力或获取与所执行项目主题有关的知识等。

对于计 2 分和 3 分，但没有选择 1 分的选项的学生，尽管他们的语言观和学习观对语言的输出产生了积极的影响，但他们可能会因为排斥重复性语法练习，而导致出现基础语言知识不稳固的问题；另一方面，只选择了 3 分值选项的学生，可能过于雄心勃勃，对语言基础知识的掌握及其功能不够重视，从而可能导致看起来他们的课堂参与度很高，但实际学习效果却不佳。

目的：外语学习中关于文化的观念和态度

6. 在你学习目的语的过程中，课程的跨文化性或目的语文化对你来说是否重要？（单选题）。

   A. 重要

   B. 不重要

7. 你认为什么是最适合学习文化的方法？

   A. 听教师讲解有关文化的知识。

   B. 阅读与目的语文化有关的书籍、看电影、参观展览、观看艺术表演等。

   C. 直接体验文化，例如把它包含在语言实践中，并与其他已知文化

（例如母语文化）进行比较和反思。

评分和分析指导原则：选择选项6（B）、7（A）的学生计1分。这类学生在学习目的语时几乎不关注文化部分。他们在课堂上把文化当作娱乐，但不会把它纳入学习计划中，也不会在课堂实践中主动使用文化知识解决问题。

选择6（A）、7（B）的学生计2分。这类学生承认文化对外语的学习有一定的作用，但他们并没有把它看作是目的语学习必不可少的一部分。他们还是会或多或少地被动地去了解它，尽管他们很可能只是在寻找他们想看的电影、想参观的展览等时无意中了解到的。

选择6（A）、7（C）的学生计3分。这类学生把文化看作是语言不可分离的一部分，他们会表现出较为强烈的了解目的语文化的意图，并倾向于主动获取、运用文化类知识，并与母语文化进行比较等。

4.3.2.1.3 教育信息化资源的使用[①]

1. 你在学习目的语时使用计算机或多媒体教育资源吗？（如果答案是否定的，你不需要回答以下任何问题）

2. 你是否使用电子产品学习目的语？

A. 电脑

B. 智能手机

C. 平板

D. 其他智能电子设备（请注明：）

E. 无

3. 您知道如何使用以下电子信息资源或软件吗？（括号中的内容仅指例子）

表4.10　　　　　　　　电子信息资源使用情况调查表

资源	完全不会	知道一点	相当了解	熟知
文字处理（Word，OpenOffice，金山等）				

---

① 这部分调查是为了让教师对学生利用计算机辅助外语学习的能力、利用网络资源的能力有一个大致的了解，以便引导学生以最有效的方式学习外语。该调查可以口头进行。

4 分阶段全景模拟框架（Systematic Global Simulation）

续表

资源	完全不会	知道一点	相当了解	熟知
演示文稿处理（Apple Keynote，Google Docs，Microsoft Powerpoint，Kingsoft Presentations，OpenOffice.Org Impress，Prezi 等）				
电子表格工具（Kingsoft Spreadsheets，Mariner Calc，Numbers of iWork，Microsoft Excel 等）				
数据库（Microsoft SQL Server，Microsoft Access，Oracle，Sybase，dBASE，FoxPro 等）				
电子邮件				
实时聊天工具（Windows Live Messenger，Yahoo！Messenger，Jabber/XMPP or ICQ，QQ，Facebook，Skype，SMS，WeChat，WhatsApp 等）				
论坛（天涯论坛、新浪论坛等）				
博客				
虚拟平台（大学在线教育平台，socialwire 等）				
社交平台（Renren，Facebook，Google+，Linkedin，Twitter 等）				
网络会议（腾讯会议，zoom 等）				
网络多人写作系统（Wikiwikiweb，MediaWiki，Wikia，Wikispaces Classroom 金山文档等）				
视频或短视频平台（Youtube，Youku，快手，抖音等）				
播客或在线广播				
浏览器				
网页编辑（MAGIX Web Designer，SharePoint Designer，Macromedia Dreamweaver 等）				
聊天机器人（ChatGPT 等）				

4. 在你的学习中，你如何使用电子信息资源学习目的语？（多选择题）

A. 课堂学习

B. 研究一个具体课题

C. 提高听力能力

D. 记笔记

E. 提高阅读能力

F. 提高口语能力

G. 提高书面表达能力

H. 参加教学活动

I. 与教师交换学习资源

J. 与同学和老师交流学习情况

K. 与同学交换学习资源

L. 促进长期学习

M. 辅助课外学习

N. 其他（请详细注明）

4.3.2.1.4　可能存在的困难

对于很多教师而言，在实际操作中开展这类分析来确定模拟教学的具体阶段，似乎是有问题的。很显然，问卷只有在学生与老师相识之后才能进行。而此时，尤其是对于大一学生来说，通常是即将开课或已经开始上课。而在大多数情况下，此时，教师已经完成了整个课程的准备工作，没有太多的时间对准备的课程进行修改。因此，部分研究者可能会对分阶段全景模拟框架的具体实施产生怀疑。然而，现实中，这一问题可以轻松解决。首先，教师完全可以在新生入学参加军训时完成上述需求分析。此时，学生还没有面临紧张的学习生活，对大学生活充满好奇，因而会更加配合教师的调查。而教师此时距离课程开课仍有至少两周时间，有充足的时间完成需求分析，调整教学初期的活动安排。而更高年级，如果更换教师，则需求分析既可以在学期末由新教师或现任教师邀请学生再次完成，也可以由现任教师提供学期末学生的报告，帮助教师了解学生的整体状况和个别学生需要特别关注的地方来完成。

在实际操作中，上述担心的问题也并不容易产生。首先，需求分析的目标不是确定学生的语言能力水平，而是要知道他们的认知和方法论偏好、他们对文化的态度等以确定学生整体能够接受的分阶段全景模拟框架的应用阶段，并将所能接受的应用阶段与专业教学的总目标进行比较，发现两者之间的差距，规划上述学生的长期引导策略。例如，如果学生入学时普遍只能接受较为传统的语法—翻译教学形式，而专业教学目标是培养熟练掌握外语技能，了解目的语文化、社会、行为规范，并能辩证看待目的语和母语的文化和社会，承担相应的工作等的学生；那么最终的教学方式需要达到全景模拟的第三个阶段，而由于现在所处的教学阶段和最终目标阶段差距较大，可能需要教师在教学过程中多次转换教学方式。而通常情况下，一所学校的生源较为稳定，学生的整体状态并不会每年发生颠覆性变化。其次，学生在课堂上实际使用的全景模拟的阶段也取决于教师的素养和学生的语言水平。而教师素养不可能在短时间内大幅度提升，这是一个长期缓慢发展的过程，教师在自身的需求分析和教学实践过程中，将能够完全掌握这一变化。而正如我们之前所说，在生源相对稳定的前提下，学生入学的语言水平也应当保持在一个相对稳定的状态。因而，通过1—2 年的需求分析和教学方式的调整后，此后每年的需求分析对教学方法和策略造成的影响将限定在相当小的范围内，教师随着自身素养的提升应该有足够的时间对教学进行微调。

4.3.2.2 面向学生的学生需求分析

在进行该部分的分析之前，必须明确该部分调查并不是面向教师的，而是为了帮助学生进行自我反思，使他们了解自己的学习风格和学习策略，以及风格和策略会对其目的语学习产生的影响。这一过程，可以使学生了解学习策略的类型，帮助学生成为更好的外语学习者，这也正是分阶段全景模拟框架的目标之一（参见上文 4.1）。学生在完成问卷调查后，应根据分析指导，了解自身学习风格、该风格在外语学习方面的优缺点、可以通过使用哪些策略来减少某种学习风格所带来的问题。教师则可以根据在课堂教学中观察到的学生学习风格、学习策略或学习困难，并利用此部分的分析，为学生进行进一步的学习策略指导。

学习风格调查问卷涉及 2.2.1.3.1.1 节中提到的 6 个方面，问卷设计综合了多项前期研究，即：1）场独立性/场依赖性（field independence/dependence；Brown，2001）、2）左脑型和右脑型（left-and right-brain functioning；Torrance，1980）、3）歧义容忍度（ambiguity tolerance；Budner，1962）、

4) 反思型和冲动型（reflectivity and impulsivity；Yando/Kagan，1968，Matching Familiar Figures Test；Cohen/Oxford/Chi，2001；Mokhtari/Reichard，2002）、5) 视觉型和听觉型（visual and auditory styles；Reid，1987；Brown，2001）和 6) 外向型和内向型（extroversion and introversion；Eysenck，1965）。在学习风格调查问卷中，我们以上述研究为基础，但并不是将所有研究的测试问题都罗列在一起，而是以帮助学生更加了解自己，并以帮助其成为更好的目的语学习者为目标，筛选了部分与学生直接相关的问题。根据 Rubin（1975）的假设，以及 Naiman（1978）等人的研究，一个好的外语学习者应当：

- 积极参与学习并努力创造使用语言的机会。
- 一方面把语言看成一个系统，关注并表现出对学习纯粹语言知识的兴趣，如语法、词汇、发音等；另一方面，也把语言看成一种交际工具，理解在学习过程中使用语言的重要性和必要性，在学习中寻找语言交流的机会。
- 能够寻求教师、其他本族语者、能力更强的非本族语者以及同学的帮助，不断修正自己的中介语。
- 明白情感因素会干预外语学习的成败，调整、调节或控制自己的消极情绪，同时构建有利于学习的积极情绪（Naiman et. al.，1978：Part Ⅱ：Adult Interview Study）。

4.3.2.2.1　学生学习风格自测

在每行中，圈出最能描述你情况的句子所对应的字母（每行只允许选择一个选项）。不同选项的含义如下：

A. 左边的描述几乎和我完全一致。
B. 我大部分情况下是左边句子描述的样子。
C. 我大部分情况下是右边句子描述的样子。
D. 右边的描述几乎和我完全一致。

必须向学生说明：首先，学习风格没有绝对的优劣之分，因此在选择选项时应该按照真实情况填写；其次，该学习风格偏好的指导意见并不是绝对判断，而是理解学习风格和学习策略的向导，学生通过这一过程认识并反思自己的学习风格、学习策略以及以往外语学习经历中二者之间的关系，借此逐步找到使自己成为更优秀的外语学习者的路径。

表 4.11　　　　　　　　　　学生学习风格自测表

性别		男/女
A）场独立性/场依赖性测试		
我在阅读或听外语时，即便不是每个词都懂，也能理解文章或演讲的内容大意。	ABCD	我必须理解每一个单词或分析句子的每个要素，才能理解读到或听到的外语。
我不善于分析语言，如分析语言的句法结构等。	ABCD	我擅长分析语言，如分析语言的句法结构等。
B）左脑型和右脑型测试		
我擅长记名字。	ABCD	我擅长记人脸。
当老师或同学给我口头指示时我在课堂上反应更快。	ABCD	当老师或同学给我象征性的指示时，例如身体姿势、不同颜色的字母、面部表情、眼神交流等，我在课堂上反应更快。
我喜欢计划、设计学习时间表和日程，并按计划学习。	ABCD	我在学习的时候并不一定按某个顺序进行，我当下高兴学什么我就学什么。
我更善于回答阅读理解中的细节题。	ABCD	我更善于回答阅读理解中的主旨题。
如果我有一个框架，我会思考的更流畅，或者记的更快	ABCD	通过实在的物体、颜色或图像的帮助，我会思考更流畅，或者记的更快
我擅长/喜欢做选择题或有固定答案的题目，如填空题。	ABCD	我擅长/喜欢做开放性答案的题目，例如问答题，作文等
当我在课堂上感受到消极情绪时，我可以控制它或调节自己的状态。	ABCD	当我在课堂上感受到消极情绪时，我通常无法调整自己的状态。
我习惯/喜欢根据数据或现实做出决策。	ABCD	我的情绪状态经常影响我的决策。
C）外向型和内向型测试		
我和其他人在一起很舒服，很自在。	ABCD	我和其他人在一起不舒服，不自在。
我喜欢成为团体的一部分或者在小组中工作和学习。	ABCD	我更喜欢自己一个人工作或学习
我擅长交朋友。	ABCD	我不擅长交朋友
我和陌生人待在一起也很舒服，甚至比跟熟人在一起更舒服。	ABCD	我不太喜欢和陌生人待在一起，还是和熟人在一起舒服。

续表

性别		男/女
我喜欢和人交流。	ABCD	我不喜欢和人交流。
D) 歧义容忍度测试		
即使没有足够的信息,我也可以做出决策,形成假设等。	ABCD	如果没有足够的信息,我很难做出决策,形成假设等。
如果课堂上完成的任务/习题/活动,在课程结束时没有得到纠正,我不会感到沮丧。	ABCD	如果课堂上完成的任务/习题/活动,在课程结束时没有得到纠正,我会感到沮丧。
用外语解决问题或执行复杂的任务,比只做简单的语法、词汇、交际、写作练习等更有趣。	ABCD	比起用外语解决问题或执行复杂的任务,我更喜欢只做简单的语法、词汇、交际、写作练习等。
当我们用外语完成一项复杂的任务时,如果老师告诉我每一步怎么做,就失去了探索不同可能性的乐趣。	ABCD	当我们用外语完成一项复杂的任务时,老师必须告诉我每一步怎么做,否则我会感到很混乱。
我喜欢在交际中测试新学到的语言技能。	ABCD	在交际活动中我更喜欢用已经掌握的单词和句式,而不是刚刚学会的。
我想在目的语国家生活一段时间,尽管我对目的语的理解还不是很好。	ABCD	我的目的语还不是很好,所以在我学好目的语之前,我不想去目的语国家生活。
E) 反思型和冲动型测试		
要更好地记住或理解一个新的结构或单词,对我来说最好的办法就是使用它。	ABCD	要更好地记住或理解一个新的结构或单词,对我来说最好的办法就是对它进行细致、深入的分析。
学习目的语的新知识,有助于提高我的口语或书面表达能力。	ABCD	学习目的语的新知识,有助于我更好地分析外语。
在阅读文本时,我通常会很快理解总体思想,但之后我不得不重新阅读一遍去了解细节。	ABCD	在阅读文本时,我通常会标注细节,然后进行分析,以找出文本的主题。
当我做练习的时候,我经常忘记看题目要求,就直接去做题了。	ABCD	当我做练习的时候,我都是先看题目要求,再去做题。
在课堂上,我通过具体例子和练习学习得更快。	ABCD	如果老师给我明确的语言规则和描述,我学得更快。
练习听力时,我听完文章,选好答案后,就直接做下一个练习了。	ABCD	在做听力练习时,我倾向于听课文,选择答案,并再次听课文,以确保自己的答案正确后再进行下一个练习。
我做写作练习时,一般不写草稿或提纲,直接写文章。	ABCD	当我做写作练习时,我会先准备写作大纲,然后开始写文章。

性别		男/女	
F）视觉型和听觉型测试			
教师的口头指示我理解得更清楚。	ABCD	教师的书面指示我理解得更清楚。	
听别人给我讲故事我理解得更清楚	ABCD	我自己读故事理解得更清楚	

填写测试表格的过程也是学生意识到并反思自己的学习风格的过程，学生可以通过分析报告更好地理解自己的学习风格，进而更好地学习外语。本报告以表4.12为基础，其中既包含了对不同学习风格学生使用频率较高的学习策略的预测[①]，也包含了通过应用其他互补性学习策略来改善学习风格的建议。表格4.11中，选项A计1分，B计2分，C计3分，D计4分。表4.12的得分来自于表4.11中每一部分所有题目选项的得分总和，并根据分值确定学生大概的学习风格偏好。为了便于理解，每个风格偏好都提供了对应的说明。

表4.12　　　　　　　　学习风格测试报告参考量表

A	2—3	4—6	7—8
	a：场依赖型	b：无明显偏好	c：场独立型
B	8—15	16—24	25—32
	a：左脑型	b：无明显偏好	c：右脑型
C	5—9	10—15	16—20
	a：外向型	b：无明显偏好	c：内向型
D	6—11	12—18	19—24
	a：高歧义容忍度	b：无明显偏好	c：低歧义容忍度
E	7—13	14—21	25—32
	a：冲动型	b：无明显偏好	c：反思性
F	2—3	4—6	7—8
	a：听觉型	b：无明显偏好	c：视觉型

---

① 20世纪80年代末，Oxford/Crookall（1989）大胆预测很可能个体对学习策略的使用与个体的学习风格之间存在很强的关系，此后很多研究都证实了这一点（Rossi-Le, 1989；陈会军 et. al, 2004；袁谦, 2012）。

4.3.2.2.2　学生学习风格报告

本小节中，我们将为学生提供一份统一的学习风格自测结果解读报告，该报告基于 Eysenck（1965），Doron（1973），Ewing（1977），Naiman et. al.（1978），Torrance（1980），Stevick（1982），Danesi（1988），Skehan（1989），Oxford（1990），Brown（2001）和 Johnson（2002）的研究。报告中的学习策略指导所使用的缩略语来自 2.2.1.3.1.1 小节中的表 2.3 和 2.4（Oxford，1990）①。学习风格的分组缩略语来自表格 4.12②。

Aa 组：场依赖型

一方面，你善于捕捉一个对话/文本的主要思想。你对其他人的感受有较强的同理心，而且你擅长社交，所以你也擅长通过交流和归纳进行学习并在课堂中参与这类活动。另一方面，你可能不擅长语法分析并且很少关注细节，因此你可能会经常使用略读来掌握文本的主要思想（DS：IIB1）。你知道其他人的动作和面部表情可以传达他们的情绪和想法，因此你会观察他们并在合适的时间向他们提问（IS：IIIC2）。这有助于你保持良好的社交关系并增加你在学习中的交流机会，也可以让你以自然的方式练习目的语（DS：IIA5）。但是，建议你不要完全拒绝使用诸如重复（DS：IIA1）和分析语言结构（DS：IIC2）之类的策略，它们可以帮助你提升语言表达的准确性。

Ac 组：场独立型

你往往擅长分析语法并处理语言细节。重复、多项选择和填空练习将对你的学习有很大帮助。但是，你可能过于关注细节，这有时会妨碍你整体理解听到或阅读的内容。你可能经常使用重复练习（DS：IIA1）和分析语言结构（DS：IIC2）的方法，这对你的学习有积极作

---

① 缩略语含义：
DS：直接策略，IS：间接策略。
例如：DS：IA1 表示直接策略中的第一组宏观策略（记忆策略）中 A 组（建立脑内联系）的微观策略中的第一条（分组）
② 例如，Aa 组表示场依赖型。

用,但也建议你练习略读(DS:IIB1)等策略以更快地理解演讲/文本的总体思路,并关注对话者的感受和想法(IS:ⅢC2),以提高你的社交沟通技巧。

Ab 组:在场依赖型/场独立型中无明显偏好

你可能既善于捕捉一个对话/文本的主要思想,又擅长分析语法,处理细节;既能够在合适的时机对他人的感受和想法表现出同理心,又能规划时间专注于自己的任务;既擅长使用归纳也擅长演绎;既能参与交流活动也不排斥做重复性练习。因此,很可能你很好地使用了本组中提到的大部分策略:重复(DS:IIA1)、自然真实环境下的语言实践(DS:IIA5)、快速判断主旨(DS:IIB1)、表达分析(DS:IIC2)和关注他人的思想和情感(IS:ⅢC2)。但要警惕的是,有可能上述积极论断与你并不相符,此时你应积极实践上述策略,以帮助你的目的语学习。

Ba 组:左脑型

在学习外语时,你倾向于使用客观分析。你擅长理解孤立的单词或明确的语言解释,分析和关注目的语的特定细节、对不同的语言系统进行分类和标记,掌握语法规则,以及计划和组织学习。因此,你很可能会使用很多策略,例如对语言材料进行分类和重新分类,(DS:IA1)来帮助你记忆或分析语言的表达和结构(DS:IIC2)。你通过设定目标和安排时间表来计划学习时间(IS:IB2、IB3),并且通常会采用某些情感策略来减少可能的负面情绪的影响,特别是在学习困难的情况下,你会鼓励自己(IS:II)。建议你使用更多外部的辅助,例如图像、声音、身体动作(DS:IB、ID、ⅢB3),并更多地关注他人的情绪和想法(IS:ⅢC2),以更好地融入交际活动和学习环境。

Bc 组:右脑型

你在学习外语时往往是主观的、感性的和自发的。你善于概括或总结文本的内容,你也善于理解隐喻。你擅长理解感性行为和艺术化的表达,并使用图像帮助你完成理解和记忆。在学习中,你擅长使用图像(DS:IB1)、心理映射(DS:IB2)等视觉手段(DS:IB3),采取具体行动,使用模仿和手势(DS:ID,ⅢB3)等物理和机械动作辅助记忆,并克服交流中可能出现的困难。你会自然地关注他人的情绪和思想(IS:ⅢC2),这有助于你融入群体。建议你多使用分类和分组(DS:IA1)等记忆策略,学会计划和组织你的学习(IS:IB2、IB3),同时也要学会在学习过程中控制负面情绪(IS:Ⅱ)。

Bb组:左脑型/右脑型无明显偏好

你很可能既善于分析细节,又善于概括或总结文本的内容,同时擅长使用分类策略、视觉和动作来辅助记忆。但要警惕的是,有可能上述积极论断与你并不相符,此时你应积极实践这些策略,以帮助你的目的语学习,例如分组(DS:IA1)、应用图像和声音(DS:IB)、使用动作(DS:ID)、分析表达(DS:ⅡC2)、使用模仿和手势(DS:ⅢB3)、组织学习(IS:IB2)、确立目标(IS:IB3)、使用情感策略(IS:Ⅱ)和练习关注他人的思想和情感(IS:ⅢC2)。

Ca组:外向型

你善于交际、性格冲动、健谈。你喜欢加入学习团队,在小组中参与对话和进行合作学习。此外,你对所有输入的信息持开放态度,并随时准备语言输出。因此,你可能会寻找机会(IS:IB6)来自然地实践你正在学习的新语言(DS:ⅡA5),例如参与对话。你通常不会以向他人寻求帮助为耻(DS:ⅢB2),在要求澄清或更正他们所说或所写的内容时,你也不会退缩(IS:ⅢA)。你已准备好承担风险,例如在公共场合试验新学的语法结构,但这些测试可能无法为你提供足够的反馈来确认你的假设。因此,也建议你明智地承担风险(IS:ⅡB2),即在冒险时寻求反馈,以免在多次试验后积累过多负面情绪,降低学习动力。也有可能你在学习中很容易分心,所以你应该练习更好地集中注意力,尝试制定学习计划(IS:IA,IB)。

Cc组:内向型

你冷静、专注、保守、内省,并且习惯与陌生人保持距离。此外,你喜欢做学习规划并避免在此过程中发生意外。你不太喜欢参加交流互动或参加小组学习,你更喜欢一个人读书或学习。因此,你可

4 分阶段全景模拟框架(Systematic Global Simulation)

能会使用不同的学习策略，例如练习书写和语音（发音、语调等），并避免加入对话或参与小组互动（DS：ⅡA2）。有意或无意地，你会将注意力集中在学习或执行某项任务上，避免分心（IS：ⅠA2）。你擅长使用与个人学习相关的策略，例如记笔记、总结、标记（DS：ⅡD）、安排日程、计划学习（IS：ⅠB2）等，并且你也善于反思并纠正自己的错误（IS：ⅠC1）。由于你不喜欢与不亲密的人谈论你的感受，因此建议你使用学习日记（IS：ⅡC3）或在自我反馈环节鼓励自己（IS：ⅡC1）。这样能够帮助你控制情绪，跟踪记录学习状况。此外，你还应该尽力寻找机会（IS：ⅠB6）以自然的方式练习语言（DS：ⅡA5）。

Cb 组：内向型/外向型无明显偏好

你既不太外向，也不太内向。这意味着，一方面，你很善于交际，不会因为与人相处或在团队中学习而感到难以适应；另一方面，你也知道不要在学习中分心，应该制定学习计划并不断反思自己的错误。但要警惕的是，有可能上述积极论断与你并不相符，此时你应通过下列策略，帮助你学习目的语。例如使用声音和书写系统的形式练习（DS：ⅡA2），自然真实环境下的语言实践（DS：ⅡA5），为输入和输出创建良好的认知结构（DS：ⅡD），寻求帮助以克服口语和写作的障碍（DS：ⅢB2），关注学习和交流的特定部分（IS：ⅠA2），组织学习（IS：ⅠB2），寻求练习机会（IS：ⅠB6），自我监控/监督（IS：ⅠC1），倾听身体的情绪反应（IS：ⅡC1），记录学习日记（IS：ⅡC3）等。

Da 组：高歧义容忍度

你对与自身观点相矛盾的意识形态、事件和现实情况持开放态度，例如那些与母语不同的单词、语法规则或文化特征。你甚至可以将它们与旧的观点相融合（DS：ⅠA2）。这将对你学习外语有很大帮助，尤其是对于初级和中级阶段的外语学习。你在沉浸式课程中会感到如鱼得水，因为使用新语言产生的歧义和不确定性不会在认知或情感上分散你的注意力。因此，你也更愿意了解目的语文化（IS：ⅢC1）。但是，因为你可能过于轻易地接受任何语言、社会和文化的差异或冲突，而没有尝试去理解、分析并将它们纳入你的旧知识结构中，从而可能会错过宝贵的学习机会。为了避免这种情况，建议你使用对比分析（DS：ⅡC3）、分析表达（DS：ⅡC2）和翻译（DS：ⅡC4），有意识地注意两种语言文化间的差异性（IS：IA2）并将它们与旧知识（IS：IA1）进行联系，总结。

Dc 组：低歧义容忍度

你可能有点教条，甚至有点强迫症。你对变化和差异持保守态度，这就是为什么当目的语与你现有的语言系统存在较大差异时，你会下意识拒绝接受这些差异。在这种情况下，在沉浸式课程中，你可能会遇到因为无法理解的单词、表达等，而无法完成目的语学习的情况。但是你知道如何使用对比分析（DS：ⅡC3），翻译（DS：ⅡC4），在对话中借助母语（DS：ⅢB1），寻求帮助（DS：ⅢB2），要求参与者澄清、核实或更正其用语（IS：ⅢA），知识分组（DS：IA1）等策略来减少这种情况，并帮助你更准确地学习语言。然而，如果你的低歧义容忍度让你完全无法忍受语言学习初期的挫败感，你可以使用情感策略（IS：Ⅱ）来控制负面情绪，并尝试通过观察他人的行为和建立文化同理心（IS：ⅢC）的方式来加深对文化和情感的了解。

Db 组：高/低歧义容忍度无明显偏好

这一状态让你既不会对陌生的词汇和表达、不同的意识形态和文化特征感到冲击和焦虑，也不会因为完全忽视它们而失去随之而来的学习机会。但要警惕的是，有可能上述积极论断与你并不相符，此时你应通过下列策略，帮助你更好地学习目的语。例如：知识分组（DS：IA1）、建立知识之间的联系（DS：IA2）、分析目的语语言表达方式（DS：ⅡC2）、使用对比分析（DS：ⅡC3）、翻译（DS：ⅡC4）、在对话中借助母语（DS：ⅢB1）、寻求帮助（DS：ⅢB2）、总结并联系已知信息（IS：1A1）、有意识地调整关注重点（IS：1A2）、采取适当的情感策略（IS：Ⅱ）、要求交际活动参与者澄清或更正其使用的语言（IS：ⅢA）以及建立文化同理心（IS：ⅢC）等。

Ea 组：冲动型

你往往擅长猜测你尚未学习的目的语表达的含义。你擅长使用略读和扫描来快速获取文本主题和细节信息（DS：IIB1）。在尝试快速理解对话时，你擅长识别和使用公式和模型（DS：IIA3）、利用现有资源（DS：IIB2）以及语言和其他线索（DS：ⅢA）来提高语言理解效率。你喜欢在自然情境（DS：IIA5）和语言练习（DS：IIA2）中应用新知识。但有时你过分关注流利度而没有注意语言使用的正确性。建议你使用总结（DS：IID2）、分析（DS：IIC2、IIC3）、语义映射（DS：IB2）等策略来提高语言使用的正确性。

Ec 组：反思型

你往往擅长收集、分析、反思数据。你可能知道如何使用诸如分组（DS：IA1）、将新信息与旧信息相关联（DS：IA2）、语义映射（DS：IB2）、对比分析或分析表达（DS：IIC2，IIC3）等策略。你也知道明确学习目标（IS：IB4），或提前对语言任务进行规划（IS：IB5）。你对错误的反思可以促进语言学习，你也知道如何评估自己的进步。为了在即时交流中不至于因为语言分析而造成交流困难，建议你使用快速判断主旨（DS：IIB1）、总结（DS：IID2）、使用手头资源（DS：IIB2）、利用语言或非语言线索猜测信息（DS：ⅢA）等策略帮助你理解目的语并快速输出。此外，你应尽量寻找机会练习目的语（IS：IB6），尤其是在自然真实环境下（DS：IIA5）练习目的语。

Eb 组：冲动型/反思型无明显偏好

在学习外语时，你可能既擅长快速直观地捕捉说话人的想法，也知道如何分析语言，制定计划，遵循特定步骤来执行某项任务。但要警惕的是，有可能上述论断与你并不相符，此时你应积极使用下列策略，帮助你学习目的语。例如：分组（DS：IA1），建立联系（DS：IA2），语义映射（DS：IB2），用声音和书写系统进行形式练习（DS：IIA2），识别和使用公式和模型（DS：IIA3），在自然真实环境下进行语言实践（DS：IIA5），从语音/文本中快速获取信息（DS：IIB1），利用各种资源理解和输出信息（DS：IIB2），分析语言表达（DS：IIC2），进行语言之间的对比分析（DS：IIC3），总结为理解语言或语言输出而创造的新结构（DS：IID2），使用语言和非语言线索猜测意思（DS：Ⅲ

A)、规划语言任务（IS：IB5）和寻找练习机会（IS：IB6）。

Fa 组：听觉型

你主要通过听力活动学习外语，例如在课堂上听老师讲课，利用视频或音频学习。因为你可能会将声音投射到记忆中（DS：IB4）来帮助记忆和组织知识。你也喜欢将自己融入自然真实的语境中（DS：IIA5），在必要时寻求帮助（DS：ⅢB2），或要求听话者澄清和纠正（IS：ⅢA）语言信息。使用声音还可以帮助你减少学习焦虑。你会使用放松的音乐让自己平静下来（IS：IIA2）。但是，你应该记住视觉输入也是外语学习的重要部分，所以你也应该训练自己将概念或知识与图像相关联（DS：IB1），记笔记（DS：IID1）、标记重要内容（DS：IID3）等的能力，以帮助你成为更好的外语学习者。

Fc 组：视觉型

你主要通过视觉来学习外语，如阅读、利用图形和图片等。因此，你很可能会将新概念或知识与图像（DS：IB1）和身体反应（DS：ID1）联系起来，或者使用视觉型的机械技巧（DS：ID2）来帮助记忆。你或许还常使用笔记（DS：IID1）和下划线标记（DS：IID3）等书写策略。但听觉输入对外语学习也很重要，所以你也应该注意使用诸如将声音投射到记忆中（DS：IB4）、参与对话（DS：IIA5）、口头要求澄清和更正（IS：ⅢA）语言信息等策略。

Fb 组：听觉型/视觉型无明显偏好

通过听觉或视觉学习对你并没有太大影响，这将非常有助于外语学习。但要警惕的是，有可能上述论断与你并不相符，此时你应积极使用下列策略，帮助你学习目的语。例如：使用图像（DS：IB1）、将声音投射到记忆中（DS：IB4）、利用身体反应或感受（DS：ID1）、使用机械性技巧（DS：ID2）、在自然真实环境下练习语言（DS：IIA5）、记笔记（DS：IID1）和使用下划线标记（DS：IID3）等多种策略。寻求他人的帮助（DS：ⅢB2）以克服口语和写作的障碍，使用音乐减少焦虑（IS：IIA2）以及树立学习目标（IS：IB4）等策略也会帮助你更好地学习目的语。

4.3.2.2.3 学生档案袋

上述两个部分的学生需求分析，其目的之一是帮助学习者将自身语言学习经历、语言观、语言学习行为等进行回顾，并在此基础上，了解他们的主要学习风格和这些风格最常用的策略。下一步是学生将学习风格报告中的常用策略和建议策略与他们外语学习的日常行为进行比较，评估他们是否在日常的外语学习中使用了报告中的策略并通过学生档案袋观察哪些策略能够帮助自身学习。学生有意识地反复应用这些策略，直到将它们纳入日常学习过程。在这个过程中，他们必须与老师保持良好的沟通，获得教师的建议、策略支持和情感支持。

在需求分析阶段之后，为了帮助学生继续监控自己的学习和努力的过程，我们将提供一个简单的学生档案袋模型，以培养长期的、自主的、反思型的外语学习者。教师档案袋主要针对教师的自主培养，与此不同，学生档案袋需要教师来帮助学生确立目标，并引导学生反思自身的学习过程。确立目标时，教师既要考虑前期需求分析的结果，也要考虑课程的总体目标和学生可能有的具体需求，以及他们的语言、交际和社会能力。反思阶段，教师应当及时与学生沟通在教师档案袋中对学生的评价，并引导学生在反思自身学习情况的同时，对教师提出批评和建议。从实际操作角度讲，教师和学生在课堂上预留一个特定的时间来交流意见是相对比较可行的。

学生档案袋的自主性培养的发展过程与教师自主培养的螺旋形发展过程一致（参见上文4.3.1.1）。因此，一个学习周期，例如一门课程的结束，并不意味着学习和训练的结束，而是下一个周期的开始。

表 4.13　　　　　　　　　　学生档案袋

姓名				
开始日期	年　月　日		结束日期	年　月　日
目标	（根据课程的总体目标，学生需求分析结果，与同学相比教师对你的语言、交际和社交能力的不足提出的建议。）			
除了教师/课程给我提出的要求，我还想在哪方面有提升？	（在这里写下除了在课堂上老师已经要求你做的工作和任务外，你想要或你认为应该加强的知识、策略、技能或能力方面的学习内容和实践类型。）			

续表

学习时间表[①]	周一	周二	周三	周四	周五	周六	周日
（时间点）							

自主学习计划

日期和时间	当日目标	学习活动	学习材料	学习结果和反思

本轮次总结性反思

结果和进步

策略进步	当我遇到……问题时，我现在知道用……策略解决问题。
语言观念和语言学习上的进步	我现在认为语言是……，因此我学习语言时应当……
其他方面的进步	
学习内容中的困难	我还是不明白……
能力培养中的困难	我还是不能/不会……_____。
情绪状态 （1—5分评分，1为最差，5为最好）	我想用目的语交流。
	在小组中使用目的语交流时，我感到很平静（没有紧张、恐惧、不安、担心或困惑）。
	在全班同学面前说目的语时，我感到很平静（没有紧张、恐惧、不安、担心或困惑）。
	我可以想象，在未来，以下一些情况将是正常的：在我的工作中使用目的语，与说目的语的人交谈或生活，到说目的语国家旅行或学习等；我甚至想学着像他们一样行事。
	现在，我正在学习目的语，因为其他人认为它很重要或希望我学习它，因为它会帮助我在工作中获得晋升，或者因为人们尊重会说目的语的人，等等。
	现在，我正在学习目的语，因为它将在未来帮助到我：在我的工作中获得晋升，提高我在目的语国家学习的机会，获得更好的薪水，通过某些考试或在考试中取得更好的成绩。
	我喜欢通过直接阅读用目的语出版的新闻、书籍和杂志、与目的语国家的人见面、参加他们的活动、看他们的电视节目、他们的电影、听他们的音乐等。

[①] 除课表外，还应注明学生课外学习的时间。

4 分阶段全景模拟框架(Systematic Global Simulation)

续表

自我反思	
课堂内外的态度和动力	
课堂内外行为	
其他我可以改进的部分……	
其他人的观察	
老师的观察及建议	
同学的观察及建议	

4.3.3 本地教育环境分析

在上文第2.1节中我们已经论证了"方法"这一概念的局限性，其中Kumaravadivelu（2003：28）认为"方法"的概念是基于理想化的教学环境的理想化的概念，这一概念的构建基于其所面向的教学对象共享着同一学习目标的预设，因而可以采用一刀切的方式规划外语教学。然而实际上，随着经济社会发展，社会对高校人才培养的要求越来越高，流水线式的统一教学模式培养的学生不再受社会的青睐。新的《大学外语教学指南》也要求各高校根据学校培养目标和当地需求，在课程设置上不断创新。由此可以看出，我国目前所需要的高校外语教学方式，并不是依据某一种教学方法的统一教学模式，而应该是符合各校需求的教学方式。而要实现这一点，就必须对本地情况进行分析，而我们认为"本地"在此处应该指1）国家、2）本地、3）本校本院、4）本院本系，四个层面，10个问题。

表4.14　　　　　　　　　　本地情况分析表

国家层面	1. 与高校外语教育相关的国家政策
本地层面 （本省/本市）	2. 与高校外语教育相关的省/市级政策 3. 与高校外语教育相关的本地经济、社会、文化等的特色或需求 4. 本地高校同类课程的培养目标
本校/院层面	5. 课程规划多久变动一次？ 6. 我是否有权决定上课时间、教学方法、教学内容、教材使用、课堂组织形式、评估方法、授课语言？

本系层面	7. 我的课程是合作教学吗？ 8. 有其他老师教这门课程吗？ 9. 我们的教学内容、教学方法、考核方式、教材选用等必须一致吗？ 10. 合作教学的教师或教授同一门课程的教师是否认同分阶段全景模拟框架？

国家政策体现了国家层面对高校人才培养的需求，但也正因如此，国家政策通常较为宽泛。教师需要在了解国家政策需求的情况下，将该需求与本地需求和本校、本系的具体教学实际相结合，探索一条既紧跟国家政策变化，又保持本专业培养特色的路径。在本地层面，当地的相关政策大多反映了本地的经济、社会、文化等的特色和需求，教师应反思专业/课程是否能够与当地特色和需求相结合，是否能够清晰定位本专业培养人才的出路，与本地高校同类专业相比是否具有优势和特色。课程规划的变动时间可以帮助教师根据本轮次的教学实践，提前规划本门课程的新课程大纲，用以指导后一轮的教学实践，这既是教学实践的理论化过程，也为教师更好地实现教学规划提供了一定的政策保障。对课堂教学的决定权可以帮助教师判断在本课程中是否能够或适合使用特定的教学方式或策略，需要进行哪些因地制宜的调整。而本系内授课教师的合作方式，其他教师对分阶段全景模拟框架的了解和认同可以帮助教师判断其教学实践或课程改革的阻力，并为此寻求解决方式。

4.4 三个阶段：指导原则及课例

正如我们前面已经指出的，全景模拟的总体目标是培养具有自主性和批判性的外语学生。然而，这个目标并不是一蹴而就的。分阶段全景模拟框架受到后方法思想（参见上文2.3.2和2.3.3节）的启发，承认学习者在外语学习目标和需求方面存在重要差异；同时，又不断鼓励学生成为更好的外语学习者，并在此基础上培养其适应当前全球化信息时代的能力。因此，不论是为了学生在语言和社会文化层面的发展，还是帮助他们成为具有自主性和批判性的学习者，学生的外语学习都必须经

4 分阶段全景模拟框架(Systematic Global Simulation)

过下面几个层次：交流、协商和模拟、反思和批判。这也正是分阶段全景模拟的三个阶段。这是根据对教学方法的分类（上文 2.2 节），并遵循后方法的指导原则（参见上文 2.3 节）来划分的。每个阶段中的教学组织与全景模拟中的一样，由三个部分组成：准备、全景模拟活动的实际开展、总结和最终反思。

一方面，不论教师选择分阶段全景模拟的哪个阶段，都必须时刻记住，教师是课堂的掌控者，应当严格把控模拟活动、微型模拟活动及常规语言教学内容的方向。另一方面，与 2.2 节提到的其他教学方法不同，这种控制不是严格的、占主导地位的控制，而是一种指示性的、几乎无法察觉的引导。理想的情况是，随着分阶段全景模拟的深入和模拟活动规模的扩大，这种控制越来越偏向于引导。因此，教师必须事先规划好学生需要掌握的语言、文化和批判等能力，帮助学生组织课堂上进行的（微型）模拟活动。教师应为学生提供足够的、清晰的课堂引导，以帮助学生理清模拟活动的步骤和思路，帮助他们建立自信，相信自己有能力构建模拟现实、参与模拟活动并采取合适的行动以应对或完成模拟活动中的任务。在这个过程中，教师要允许学生稍微偏离主路径，向老师提出任何问题，但与此同时，一旦解决了疑点，教师要引导学生尽快重回"正途"并思考将该疑问纳入模拟活动的可能性。

正如我们在本章开头提到的，一个基于分阶段全景模拟的课程被分为三个阶段，旨在解决我国外语学习者存在的两个常见的问题。一方面，在外语课堂中，他们并不认为自己是一个完整的人。也就是说，他们只把自己看成学生，而不把自己看成学习过程的参与者、合作者。或者说，他们没有把自己看成有自我历史和前期经验的人。因此，学生通常不认为自己应承担自主学习的责任，进而导致他们不会通过自己的努力主动解决问题，甚至是不会诸如自主查找必要信息，对信息进行简单的总结、归纳或比较分析等等比较简单的方式。另一方面体现在学生在外语课堂上的学习态度、学习兴趣、学习注意力方面。学生通常只对学习语言本身感兴趣，即发音、词汇和语法，最多会关注一些特定的文化信息。一般而言，我们的外语学生对深入理解目的语社会的特殊性并不感兴趣，也不了解在学习的不同阶段可能阻碍其成功的要素，例如教学风格、个性以及言外语境等等（Littlewood，2007；Huang/Brown，2009）。

接下来，我们将详细地描述上文所提到的三个阶段的具体应用，并以同一主题为例，展示不同阶段的课例。

4.4.1 分阶段全景模拟框架第一阶段：交际

分阶段全景模拟框架第一阶段的主要和最终目标是使学生习惯于把正在学习的语言当作交际工具，而不仅仅是作为语法、词汇和语音的系统。然而，这并不意味着我们不重视基本的语言技能。事实上，与其他形式的教学相比，整个全景模拟课程的设计恰恰是为了更多地关注学生语言意识的形成和语言在语境中的使用。因此，在全景模拟的准备阶段，我们主要着眼于后面全景模拟活动中所必需的语言知识和社会文化信息的准备。例如在语言意识方面，初级阶段可以关注外语的规则与不规则使用，在中级或更高级的阶段，可以关注不同的语言使用地区在口音和语调等方面的差异。由于该层次的主要目标是帮助学生直接使用目的语参与交际互动，因此，该层次的模拟活动通常都是简单且短小的，以便帮助学生在实践中逐步获得交际能力。为此，我们将每个模拟限定在非常具体的情境中，并将全景模拟（如图4.2）活动分为几个连续的微型模拟。如果有必要，我们可以减少语言和社会文化探索过程的自主性，转由教师解释或组织。换句话说，在这个层次上，我们所做的工作是将一个可以持续半学期的全景模拟转换为一组连续的微型模拟[①]，每个微型模拟的结构都比全景模拟简单，所花费的时间也要少得多（参见下文表4.15和4.17的课例）。

在这一阶段，我们可以省略准备阶段中有关人物介绍和角色分配的相关活动。因为在这一阶段的课堂中将组织不同的微型模拟，在整个模拟过程中学生将可以扮演不同的角色。此外，如果我们的唯一目标是使学生使用目的语尽可能多地参与和交流，我们更应该关注微型模拟场景的选择和

---

① 每一个小模拟都与交际教学法有一定的相似性（见下文表4.16）。

4 分阶段全景模拟框架(Systematic Global Simulation)

组织,应当以学生的语言能力为依据,设计适合学生语言能力和认知水平的真实语境,以帮助他们更多地使用外语。一方面,对于初级学生而言,通过简化模拟,可以帮助语言、交际和社会文化能力较低的学生参与互动,这也是该阶段的目标之一。另一方面,简单和短暂的模拟场景也可以包含复杂的语言内容。因此,即使是中级或高级的外语学生也能在这一阶段受益。为了清楚地展示我们上面的解释,我们将以流程图[①]方式呈现全景模拟教学的基本过程(图 4.2)和分阶段全景模拟框架第一阶段的教学过程(图 4.3)。

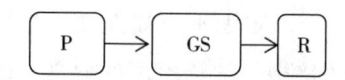

$$P \rightarrow GS \rightarrow R$$

图 4.2　全景模拟教学普遍模式（参见上文 3.3.3）

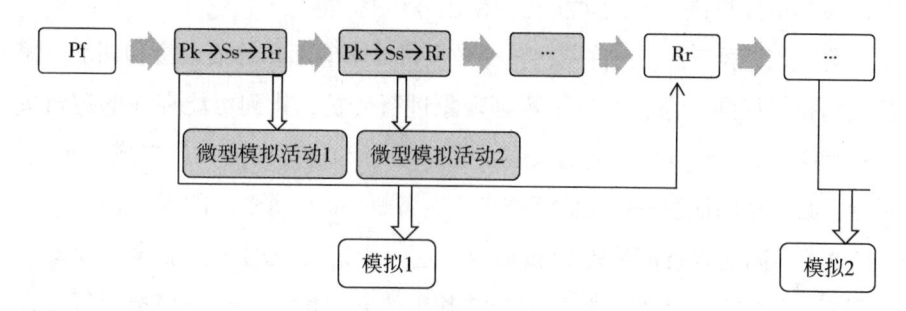

$$Pf \Rightarrow Pk \rightarrow Ss \rightarrow Rr \Rightarrow Pk \rightarrow Ss \rightarrow Rr \Rightarrow \cdots \Rightarrow Rr \Rightarrow \cdots$$

微型模拟活动1　微型模拟活动2

模拟1　模拟2

图 4.3　分阶段全景模拟第一阶段应用模型

如前所述,分阶段全景模拟的三个阶段应遵循一系列指导原则。但需要强调的是,在任何情况下,在考虑好当地与全球语言政策条件、实践与理论如何平衡前,教师都不能简单、盲目地遵循这些原则。从这个意义上讲,理想的情况是,教师应首先进行上文提到的三类需求分析(参见上文第 4.3 节),以此为基础,再根据每一个阶段的原则规划自己的课程,并时刻借助教师档案袋监控自己的教学工作(参见上文第

[①] P:准备阶段;GS:全景模拟实施阶段;R:反思阶段;S:模拟实施阶段
f:介绍全景模拟的规则和运行方式;k:准备语言、文化、习俗、社会规范等知识;s:完成一个或多个模拟;r:阶段性反思

4.3.1.2节），反思自己，发现不足，帮助自己不断调整教学实践，在这一过程中尽可能地记录并总结自己的经验，从而逐渐发展出自己的实践教学理论。

基于后方法理论框架（参见上文2.3.3节），我们提出了分阶段全景模拟框架第一阶段的基本原则：

Ⅰ. 最大化的学习机会：一方面，教师要让学生在课堂上尽可能多地练习、发言和交流；另一方面，还要关注学生的言语行为，利用学生的言语行为发展出更多的学习机会，双方在课堂上互相促进。

Ⅱ. 注意交际语境：语言知识不应被孤立地呈现，或由教师进行干巴巴地讲解，而应在交际语境中，解释单词的含义、语法的使用范畴以及任何语言单位或结构的作用，辨析其使用的合理性。教师还应当引导学生注意语言的衔接机制，鼓励学生正确使用外语[①]。

Ⅲ. 提高语言意识：首先，教师必须帮助学生感知外语语法和词汇系统的规则和不规则现象，并对不规则现象进行分析，找到可能存在的逻辑关系；其次，必须帮助学生感知交际中由于口音和语调的差异所造成的影响；最后，必须帮助他们分析正式、非正式、书面、口语等之间的区别。

Ⅳ. 不同语言技能或能力相结合：这一原则可以通过遵循全景模拟的过程而自然实现。因为，除了完全零基础的学习者，从全景模拟运行过程的解释、活动的指示到不同模拟活动的最终演示，学生要参与整个过程，就需要使用听、说、读、写、交流或谈判等技能。即使是初学者，也要处理需要多种语言技能共同参与的任务，例如通过写作与口语技能的结合准备一个小对话来介绍整个小组。

Ⅴ. 最小化感知失配：感知失配包括所有学生和教师在理解课堂内行动和交流的意图时所产生的误解。教师必须让学生意识到在教学过程中可能出现的感知失衡的形式，关注与学生交流中出现的"不舒服"的瞬间，请求学生帮助教师更具体、细致、深刻地了解实际发生的感知失

---

① 同样，帮助他们感知直接交流环境的某些方面（例如手势、面部表情等）引起的影响也很重要。

衡，并在以后的教学过程中加以注意。我们必须牢记，在教—学—习得过程中涉及的所有因素都会引发教师和学生之间的感知失配。例如语言能力和个人经历方面的差异（特别是文化和社会方面的差异），以及对教—学活动、课堂中责任分配的理解方式，或与学习/习得过程本身有关的差异。

Ⅵ. 联系课堂、母语和目的语社会：一方面，在必要时，教师可以也应当使用学生的母语。例如在初级外语课堂中，给出指示、讲解目的语文化和语言的某些特殊性时，通过使用学生的母语，教师可以察觉到他们的兴趣或寻找其感兴趣的话题，并在可能的情况下将它们与教学内容联系到一起。另一方面，课堂模拟活动及准备阶段应当尽可能地与社会现实相联系，教师应寻找学生认知能力范围内，母语和目的语社会中的现实内容或活动，并将其纳入课堂教学。

为了更好地理解这些原则及其对分阶段全景模拟第一阶段的具体指导，在下一节中，我们将针对"（与家人或朋友）去目的语国家旅行"这一主题，设计一个课程案例①。

4.4.1.1 分阶段全景模拟框架第一阶段课例

4.4.1.1.1 课例设计

该课例针对中级或小语种零基础入学的大学二年级水平学生，班级人数在20人左右。该课例遵循分阶段全景模拟第一阶段的实施过程，并在每一个阶段预留了空白，方便教师记录在模拟活动中产生的任何有趣的想法。如前所述，微型模拟的过程是具有重复性的，因此我们以其中一个活动来说明微型模拟活动的实际操作过程。在下面这个具体的模拟案例中，学生将组织一次与家人或朋友一起的旅行，我们选取其中一个教学片段，在该节段中，学生需要选择最合适的出行工具，了解购买机票所涉及的相关知识。

---

① 为清楚地展示每个层次的具体特征和差异，本章中全景模拟三个层次的课例设计均为同一主题。

表 4.15 　　　　　　　　**分阶段全景模拟第一阶段课例**

（课程/学期前）准备阶段：解释如何进行模拟活动①	注释和想法
教师可能的呈现方式 　　在这门课程中，我们将组织一次与家人或朋友一起的旅行。我们将了解、学习、试验和运用所有组织旅行所涉及的知识，以及我们在旅行规划过程中和旅行本身所能发现的文化和社会特质。本课程包括六个模拟。我们将学习：1）向朋友传达我们组织旅行的目的，掌握应对相应的谈判所必需的知识；2）如何购买不同交通工具的车票和规划往返路程；3）如何搜索、选择和预定住宿；4）如何从菜单中选择典型的菜肴并在选定的餐馆吃饭；5）如何获得关于游客最感兴趣的地方的信息以及如何在一个城市内设计游览路线；6）如何组织我们学到的所有信息来规划整个旅行的路线。在每个模拟中，我们将根据需要进行几个微型模拟。在每个微型模拟中，我们将首先准备必要的语言和社会文化知识。在准备阶段结束后，学生们要扮演微型模拟中出现的某些角色或承担其职能，共同努力在课堂上构建尽可能真实的体验环境。在模拟活动结束后，老师将帮助大家总结整个学习过程并反思。 **对学生的要求** 为了课堂顺利开展，学生需要： 　　即使你有不知道的词汇，也要尽可能地使用目的语参与交流； 　　请记录并告诉我，你在与我交流时可能感到的所有不适，我们之间可能有误解； 　　告诉我与本课程主题相关的所有你感兴趣或想要学习的内容，不论你是否想要在课堂内学习这一内容； 　　记住我们的学习话题和情境，因为有一些表达是针对这些话题或情境的。	

模拟 2：如何购买不同交通工具的车票并规划往返路程②	
微型模拟 2.1.	
准备阶段：准备语言、文化、习俗、社会规范等相关知识	
对教师的建议	教学材料组织建议
1. 教师向学生介绍购买机票可能用到的手段（如通过旅行社、网站等），可以根据学生所选择的购买方式向他们提供购买时需要遵循的步骤清单。允许学生两人或小组商议后给出答案。 　　2. 这是准备阶段的主要工作，即引导学生学习不同购买渠道可能需要掌握的词汇、语法、固定表达等语言知识和基本的社会文化知识。可以采取多种学习方式：A. 传统的教师讲授；B. 学生思考自身购买机票的经历，列举其中所需的语言知识及文化、社会知识，发现学习需求，求助教师寻求解决方案。	**基本材料** 　　购买机票的不同手段和步骤； 　　购买机票时可以使用的词汇、语法以及固定表达方式。 **附加材料** 　　关于旅行社如何购票的视频或阅读材料等。

---

　　① 在这个阶段，根据学生的水平和特点，建议教师使用中文（学生母语）作为解释和指令语言，以便学生清楚地知道活动主题和活动步骤。老师必须能够与学生建立良好的互动，解决在解释过程中出现的疑问，了解他们的兴趣。

　　② 如果学生缺乏该主题的相关经验，建议老师通过讲述自身经验、展示相关视频或阅读材料等方式为学生补充相关知识。

4 分阶段全景模拟框架(Systematic Global Simulation)

续表

对教师的建议	教学材料组织建议	
指导原则 "提高语言意识"原则，帮助学生发现和总结所学知识中的规则和不规则现象，以及正式和非正式语言的区别。此外，为了帮助学生掌握好语言技能，如有必要，也建议进行纯语法、词汇等相关的机械练习。 "注意交际语境"原则，必须时刻提醒学生，某一表述与我们所模拟的语境高度相关。因此，不应使用其他学生感觉相似的表述替代它。在这种情况下，还需要防止学生将这些用法扩展到日常交际语境中。	<u>进阶材料</u> 语言系统的规则和不规则现象； 正式和非正式语言的区分； 语言知识练习； 本语境下的特定表达和翻译等。	
模拟活动阶段：微型模拟1		
对教师的建议	教学材料组织建议	
根据学生选择的机票购买方式，教师可以给学生提供两种类型的微型模拟：互动阅读和交际练习。第一种侧重于在网上购买机票，第二种则适合于通过旅行社或直接在机场购买机票。 **交际练习课堂组织方式** 1）根据学生在模拟活动中的职责和角色，将其分为不同的小组（例如，组1：旅行社/航空公司职工，组2：旅客）， 2）根据模拟活动中出现的人物角色的数量及班级学生数量，将学生分为几个小组，每个组内均包含至少1名旅行社/航空公司职工和1名旅客， 3）选取至少两名学生，扮演旅行社/航空公司职工和旅客，其余同学观察两人的互动。 在前两种组织方式中，所有的学生都可以参与交流活动。教师可以在观察到模拟交际活动的不足之处时打断学生和/或在实践结束时对不足之处进行总结。最后一种组织形式，教师可以与没有直接参与模拟的学生讨论在演示中观察到的不足之处，然后选择其他学生进行二次或多次演示。所有的交流都应该是实时的，而不是事先准备好的稿子，除非学生的语言水平还很低。 **指导原则** 在实施阶段，学生是学习和研究的中心，也就是说，教师必须让学生通过发挥自己的作用，相互交流，探索网站的使用，来解决交际实践中所产生的问题。教师在这一过程中进行干预，调整学生的语言和言语外的行为，以符合现实需求。 "最大化的学习机会"原则，教师必须利用这种自由的环境，注意到学生所产生的疑虑和不足，从而最大限度地增加学习机会。 "注意交际语境"原则，在进行交际活动时，应该时刻提醒学生在使用某些表达方式、固定短语、人称时，注意交际语境。 "最小化感知失配"原则，允许甚至鼓励学生表达自己的不适以及他们已经察觉到的课堂教学中的不准确或模糊的地方；鼓励学生尽可能地告诉教师所有需求，以便教师在给出活动指令时最大限度地减少感知失配。	购买机票的网站或航空公司网页； 重新安排课桌椅，营造类似旅行社的环境或充当航空公司在机场的柜台。	

"课堂与社会联系"原则，使学生把课堂、个人经历、既有知识与母语和目的语社会联系起来，从而更好地理解自己所进行的实践活动。①	
反思阶段：总结	
对教师的建议	教学材料组织建议
教师应填写教学日记，反思教与学过程，引导学生完成学习日志。课堂上，教师必须向学生解释他们在语言、社会文化等方面表现的不足之处，与他们讨论可能出现的感知失配以及经过微型模拟活动后学习态度和动机的变化。学生发表自己对课堂、同学、老师的观察结果，倾听同学和老师的意见。教师和学生都应在教学/学习日志的辅助下，思考在接下来的微型模拟活动中可能做出的变化和改进。 **指导原则** "课堂与社会联系"原则，如果学生外语水平尚低，这个阶段可以使用其母语。但如果学生已具备中级或高级水平，教师应该鼓励他们使用外语作为交流语言。当教师发现学生不擅长或不愿意口头参与这一过程时，也可以通过写作的方式引导学生进行总结。	学生学习日志 教师教学日志

重复微型模拟活动的过程，直到模拟2完全结束，并从模拟3的"预备阶段：人物知识和角色分配"开始重复这个过程。

4.4.1.1.2 分阶段全景模拟框架第一阶段与交际教学法

从我们刚才提出的全景模拟第一阶段的课例中可以看出，该阶段的微型模拟与交际教学法的教学过程具有许多相同的特点。学生在交际法课堂中也首先学习语言技能，然后再通过对话进行练习。但同时分阶段全景模拟第一阶段与交际教学法也存在很大的不同。为了更好地理解和突出全景模拟第一阶段的具体特点，我们将通过下表对两种方法进行比较。

表4.16　　分阶段全景模拟第一阶段与交际教学法的对比分析

	交际教学法	分阶段全景模拟，第一阶段
主要目标	学生能够使用目的语言作为互动工具，建立和维持个人关系（Piepho, 1981: 8, Richards/Rodgers, 2003: 162）。	在分析学生需求的基础上，使学生不仅从语法、词汇和语音的层面学习、理解和运用语言，还把语言当作交际的工具。

---

① 在实践中，应首先使用目的语，但在学生阐述或讨论对目的语及母语社会的观察或对两个社会进行比较时，母语是必不可少的工具。

4　分阶段全景模拟框架（Systematic Global Simulation）

续表

	交际教学法	分阶段全景模拟，第一阶段
教—学过程	展示基于某一情境的对话或讨论，展示其中出现的语言功能。 口头重复教师提供的语料。 就对话本身进行提问和回答。 学习交际中所需的基本表达方式。 由学生发现表达方式的规则或结构。 口语和交际活动，从机械练习逐步过渡到开放性更强的活动。 与日常生活相关的例子。 评价。 （Finocchiaro/Brumfit，1983：107－108）	1. 准备阶段：全景模拟的教学过程介绍。 2. 微型模拟活动准备阶段：人物知识和角色分配。 3. 微型模拟活动准备阶段：语言和社会文化知识。 4. 微型模拟活动阶段。 5. 微型模拟活动反思阶段。 6. 重复步骤3—5，直至整个模拟活动结束。 7. 开始新的模拟活动，重复步骤2至6，直至完成整个全景模拟课程结束。 8. 全景模拟课程总反思。 （参见上图4.3）
学生角色/责任	合作者、协商者，对个人和集体的失败负责（Breen/Candlin，1980；Richards/Rodgers，2003：166）	语言和社会文化知识的学习者、交际活动的主导者、合作者、观察者和对参与教学过程的个人和教学过程本身的评论者。
教师角色/责任	督导和学习总监，参与者和交际活动之间沟通过程的促进者，学习困难顾问和辅导者，活动的管理者和协调者，需求分析者，活动的独立参与者等。（Breen/Candlin，1980：99；Littlewood，1981，1998；Finocchiaro and Brumfit，1983；Richards/Rodgers，2003：166-168；Hinojosa Ruz/Pastor Haro，2014：140）	知识和学习材料的来源，微型模拟活动的指导者、观察者和评论者，需求分析和反馈信息的收集者和解读者，六大指导原则的应用者。

基于此表，我们可以看出，尽管两者在教—学过程等方面呈现出一定的差异，但全景模拟第一阶段与交际教学几乎具有相同的目标和特点。在教学过程层面，全景模拟第一阶段在经典的知识学习—练习—产出过程的基础上增加了一个预备阶段，用来解释模拟活动的操作过程，帮助学生准备所需知识。此外，全景模拟第一阶段在每次微型模拟和大模拟之后，以及全景模拟整体结束时都增加了反思阶段。因此，我们认为全景模拟提供了一个更加完整的教学框架，帮助学生和教师明确并承担自己的责任，与他人合作，成为优秀的学习者和有思想的教育者等。此外，交际教学的活动通常都是相互孤立的，而全景模拟中的微型模拟虽然也较为简短，但却不是孤立的。一方面，它是嵌入整个全景模拟课程的一部分，其与前后的模拟活动

相组合可以构成一个完整的事件线,使每一个微型模拟都具有社会意义;另一方面,微型模拟需要整合先前准备好的语言、社会文化等多层次的知识,从而促使活动脱离单纯的语言对话训练,变得更生动、更有意义。

综上,我们认为,全景模拟的第一阶段能够逐渐让学生接触到一系列的语言和社会文化知识,使他们习惯于使用目的语作为交际工具。在熟悉全景模拟的功能和结构后,教师可以通过与他们分享自己的经验给他们提供指导,鼓励他们把自己的生活经验与学习过程联系起来,并最终引导他们进入全景模拟的下一个阶段,使他们能够更好地融入目的语世界。

4.4.2 分阶段全景模拟框架第二阶段:协商与经验模拟

全景模拟第一阶段的主要目的是让学生用目的语交流和表达自己。而在第二阶段,关注的主要是整个全景模拟中的个体,尤其是学生,的愿望和动机。个体动机指每个人的个人思想和意见以及表达的欲望。一方面要求学生在交流和协商中纳入自己的目的和想法①,另一方面要重视每个学生的个体经验。事实上,个人参与交流与协商时,必然会从自己的个人经历出发,将自己的现实生活与课堂生活、母语社会和目的语社会联系起来。因此,这个阶段的两个核心词是"协商"和"经验"。

原则上,在面向教师的学生需求分析中拿到2分,同时语言水平接近中级的学生较为适合参与这一阶段的课堂活动。对于初级学生,其课堂组织最好从上一阶段开始,以避免在准备阶段和长期的模拟活动中遇到过多的知识性困难。该层次的教学框架如下图所示:

将该图与图4.2和4.3进行比较,可以发现全景模拟的第一阶段与第二阶段的主要区别在于中间的模拟环节。也就是说,第二阶段在预备阶段对全景模拟授课过程的解释和课程结束后对整个全景模拟的反思,与第一阶段一致。由于我们的学生已经认同并可以把外语作为交流的工具,那么在这一阶段中,我们将不仅培养学生成为使用外语的交际者,更是将学生

---

① 需要注意的是,在与同学和老师就全景模拟的组织和授课程序进行讨论时需要协商,模拟活动过程中也需要与其他小组成员不断协商,正如在现实世界中,也需要不断协商才能达成统一意见。

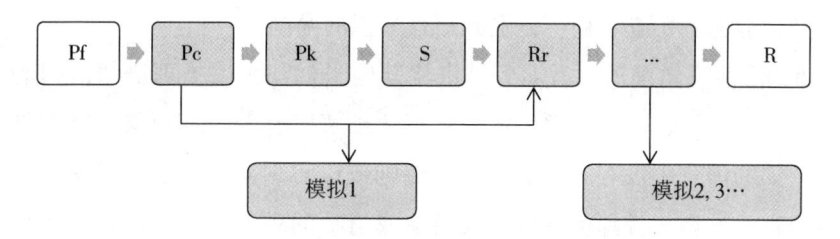

4 分阶段全景模拟框架(Systematic Global Simulation)

```
Pf → Pc → Pk → S → Rr → … → R
     ↓              ↑       ↓
    模拟1                模拟2,3…
```

图4.4 分阶段全景模拟框架第二阶段应用模型①

看作有自己的生活史、文化背景、观点、需求的人，让他们从自身出发，参与到课堂模拟活动和协商互动中。为此，学生必须具备良好的语言知识（中级及以上），以帮助他们表达自己、参与协商、参与不同的活动和任务，并在模拟活动中广泛了解目的语世界的文化、习俗和社会规则，了解他们即将承担的不同角色的责任和权利，从而使他们能够反思在目的语社会中如何采取适当的行动和反应。而模拟活动为学生提供了在尽可能真实的情境中实践所有这些知识的机会。在模拟情境中，学生能够安心地犯错误，而不用承担这些错误可能造成的社会后果和责任。而且这也是一个反思的机会，因为整个学习和实践过程为学习者提供了更深入地了解两种文化之间的差异、减少课堂感知失配、解决语言或社会文化上的疑虑、改进他们的学习方式等等的可能性。据此，这一阶段的每一个模拟活动都被细分为四个部分，即：1）角色的选择，2）语言、文化、习俗、社会规范等相关知识的准备，3）模拟活动，4）反思。与第一阶段相同，教师在该阶段也必须遵守一系列原则，以保证教学的有效性。

Ⅰ. 提升语言意识：除了第一阶段所要求的，在该阶段中，教师还应该向学生传递如下观念——语言知识不是我们交际的目标，重要的是把语言看成是帮助我们联系另一个世界的生动的工具。一方面，我们使用语言进行自我表达，因此，语言可以反映个体本身的经历和观点；另一方面，我们通过语言了解世界、了解环境。换句话说，我们是语言知识的使用

---

① P：准备阶段；GS：全景模拟实施阶段；R：反思阶段；S：模拟实施阶段
f：介绍全景模拟的规则和运行方式；c：选择角色；k：准备语言、文化、习俗、社会规范知识等；s：完成一个或多个模拟；r：阶段性反思

者，必须能够利用它，而不是受到语言知识的限制。

Ⅱ. 激活直觉推理：为学生提供从其他类似知识中推理语法规则的技巧和机会。显然，起初，学生不能直观地理解所有的语言现象，特别是在他们已知的语言中没有的复杂的语法规则或语言现象。在这种情况下，为了培养直觉推理，教师可以从比较简单或清晰的现象开始，首先展示与这些现象有关的语法特征和语言功能①，而不是直接给出抽象的语法规则。渐渐地，通过此类的实践积累，学生将能够同化这一推理过程，并将其相对快速地用于理解新现象。此外，教师还必须向学生提供查找语言应用实例的工具，帮助学生验证其推理结果，并帮助他们形成规则。需要提醒学生的是，观察语言文本、发现语言特征、提出假设、验证假设、修正并得出结论，这一系列步骤并不总是按照确切的顺序并在短时间内完成的。例如，假设提出后通常不能马上通过与本族语者或高级目的语使用者进行沟通并验证，另外，验证—修正假设的过程可能是循环往复的。

Ⅲ. 联系课堂和母语、目的语社会：第一，教师应当在必要的情况下，使用学生的母语，特别对于初级水平的学生，例如给予学习方法的指导，解释目的语文化和语言的特殊性等；第二，教师必须注意学生之间的交流和协商，不论是母语还是目的语，不论是在模拟活动中还是模拟活动之外，通过这样的方式发现学生的兴趣并调整教学内容；第三，教师必须注意材料的选择，教学材料应包含目的语或母语文化或当下的新闻②；第四，从长远来看，学生的作品也可以作为新的教学素材。教师可以将母语文化、目的语文化与课堂内容相结合，让学生在不同的情境中学会如何运用自己的知识，采取合理的行动，并在必要的情况下修正自己的语言和行动。最重要的是，如果所选材料显示出对目的语文化

---

① 教师可以通过以下步骤将学生的注意力从语法规则学习引向语法化的过程：1）学生在先前语言知识的基础上，提出对新语言资料的疑问，2）教师提供和/或学生自行寻找更多相似的例子，3）学生在观察新例子后，提出关于疑问的非正式假设，4）通过在交流中使用该假设来验证假设，也可以与母语者或更高级的目的语使用者进行确认，或从书籍、词典、互联网等寻找信息和解释，5）根据验证结果修改假设，6）如有必要，重复步骤2—5，直到得到新的假设或规则。

② 事实上，如果学生的外语水平不足以阅读目的语时事新闻和文化的相关内容，也可以提供其母语的相关材料，或者通过母语注释辅助理解。

或母语文化的偏见，教师应该引导学生对此进行讨论，帮助他们在两种文化和社会之间建立辩证思维。

Ⅳ. 最大化学习机会：在课堂内，教师必须关注学生的言语行为，提出更开放的问题，利用这些问题寻找更多的学习机会。

Ⅴ. 注意交际语境：除了第一阶段所要求的，教师还应引导学生注意语境情景，注意言外之意。这将有助于学生辨别和分析在目的语中选择某种表达形式所产生的意义效应，并思考其言外行为在多大程度上受到情境语境中不同要素的影响。不同要素包括：何时何地（交际的时间和地点，包括在场的实物）、谁（说话人、听话人、两者之间的关系、交际参与者的态度和情绪）、目的和原因（交际参与者的目的）、何种形式（言语的风格和语调、不同程度的正式与非正式的语言变体类型等）、背景知识（交际参与者之间共享的知识、表达和交流的习惯）等（Firth，1957；Hymes，1972；Jellud Ibrahim，2008）。这些需要老师在呈现目的语时，特别是在输入新内容时，提供上述语境信息。

Ⅵ. 不同语言技能或能力相结合：详见第一阶段。

Ⅶ. 鼓励协商：我们不仅要求学生在活动或实践中使用目的语，而且，如果他们的能力水平允许的话，在协商教学过程、意义等方面也应尽量使用目的语。

Ⅷ. 最小化感知失配：详见第一阶段。

Ⅸ. 关注目的语习得焦虑：一方面，教师必须向学生说明，在新语言的习得过程中中介语不可避免，而犯错误，甚至是重复错误也是正常的；另一方面，要鼓励他们尽可能多地使用目的语，勇于承担风险，逐步改正错误等。此外，教师可以使用面部表情和肢体语言、音乐、带有身体活动的任务等，来降低学生的焦虑程度。

Ⅹ. 不同的讲解策略相结合：根据班级和学生的特点，教师必须选择或结合不同的讲解和教学形式，平衡隐性与显性、分析性与体验性的教学方式。

4.4.2.1 分阶段全景模拟框架第二阶段课例

下面我们给出的课例可应用于外语专业零起点二年级或成人中级外语

课程。该课例遵循分阶段全景模拟第二阶段的应用框架，我们在每一个阶段预留了空白，方便教师记录在模拟活动中产生的任何有趣的想法。如前所述，模拟活动的过程是具有重复性的，因此我们以其中一个来说明模拟活动的实际操作过程。为了体现与第一阶段微型模拟活动的区别，在下面这个具体的模拟案例中，我们将选取同一个教学片段，在该节段中，学生需要选择最合适的出行工具，了解购买车票所涉及的相关知识。

表 4.17　　　　　　　　分阶段全景模拟第二阶段课例

（课程/学期前）准备阶段：解释如何进行模拟活动①	注释和想法
教师可能的呈现方式 　　在这门课程中，我们将组织一次与家人或朋友一起的旅行，我们将了解、学习、试验和运用所有组织旅行所涉及的所有知识，以及我们在旅行规划过程中和旅行本身所能发现的文化和社会特质。本课程包括六个模拟。我们将学习：1）向朋友传达我们组织旅行的目的，掌握应对相应的谈判所必需的知识；2）如何购买不同交通工具的车票和规划往返路程；3）如何搜索、选择和预定住宿；4）如何从菜单中选择典型的菜肴并在选定的餐馆吃饭；5）如何获得关于游客最感兴趣的地方的信息以及如何在一个城市内设计游览路线；6）如何组织我们学到的所有信息来规划整个旅行的路线②。 　　为完成模拟活动，我们首先要了解旅途中可能出现的人物，并为每位学生（也可以包括教师）分配角色。也就是说，每个学生在参与模拟时都需要承担某个角色的责任。然后，需要通过个体经验或相关语言材料，了解购买机票可能涉及的相关流程。例如在网上和在旅行社购买机票的过程，如何选择航班及相关注意事项，不同类型航空公司（如廉价航空、国际航空、国内航空等）或线路的相关规定等。在准备阶段结束后，学生们要扮演模拟中出现的某些角色或承担其职能，共同努力在课堂上构建尽可能真实的体验环境。在模拟活动结束后，老师将帮助大家总结整个学习过程并反思。 **对学生的要求** 　　为了课堂顺利开展，学生需要： 　　即使你有不知道的词汇，也要尽可能地使用目的语参与交流； 　　请记录并告诉我，你在与我交流时所感到的不适，我们之间可能有误解； 　　告诉我与本课程主题相关的所有你感兴趣或想要学习的内容，不论你是否想要在课堂内学习这一内容； 　　记住我们的学习话题和情境，因为有一些表达是针对这些话题或情境的。 　　将个人的生活经验和其他语言的学习经历与我们的课堂联系起来，用它们来支持你的目的语学习。	

---

①　在这个阶段，需要根据学生的水平和特点（例如学生为初级水平），判断是否使用中文（学生母语）作为解释和指令语言，以便学生清楚地知道活动主题和活动步骤。老师必须能够与学生建立良好的互动，解决在解释过程中出现的疑问，了解他们的兴趣。

②　准备阶段的部分指示或说明与全景模拟第一阶段的要求完全一致。两个阶段在准备阶段的区别在于下一段指示。

4 分阶段全景模拟框架(Systematic Global Simulation)

续表

模拟2：如何购买不同交通工具的车票并规划往返路程		
准备阶段：了解参与模拟活动的人物、分配角色		
对教师的建议	教学材料组织建议	笔记和想法
1. 老师引导学生回忆在选择出行工具及购买不同车票时自己的经历，思考有哪些购买方式，乘坐交通工具的步骤，会接触什么人，这些人出现的时间、他们所承担的主要工作和责任，等等。 2. 教师根据学生人数、选择的出行工具、购买车票的方式、模拟活动中会出现的人物，为学生提供一系列"职位"，并根据学生的职位、出行工具和购票方式对学生进行分组。如果学生已经熟悉了全景模拟活动的步骤，学生可以在老师的监督和干预下相对自主地完成该步骤①。 <u>指导原则</u> 联系课堂、母语和目的语社会，教师可以通过分享自己的经验或知识，弥补学生经历的不足，澄清学生的疑虑，激发学生的想法，展示目的语与母语国家在该活动中的差异。 鼓励协商，教师要鼓励学生参与整个准备过程，表达自己的观点和经历，与同学和老师协商、设计模拟活动的人物、步骤等。	<u>基本材料</u> 名词：模拟活动所涉及的职业、角色、场所 每个角色职责的简单说明。 <u>附加材料</u> 名词：制服、车站/码头/机场不同区域、各类票据和登机牌上出现的元素等。 <u>学生材料汇编</u> 从学生的经验中提取有趣的点，并加入到模拟活动的准备过程中（包括本阶段和下一阶段的准备活动）	
准备阶段：准备语言、文化、习俗、社会规范等相关知识		
对教师的建议	教学材料组织建议	
1. 教师引导学生讨论购票及乘坐不同交通工具的步骤。 2. 教师可以根据不同的出行方式、购票方式或者购票的不同步骤（例如，提出日期、时间、舱位等出行要求、查找机票、对比机票并做出选择等）将学生进行分组，让学生探究购票过程中所需要的词汇、固定表达和语法知识。 3. 学生在老师的引导下，需要在小组讨论中通过中文（母语）经验发觉其可能需要的目的语知识。例如，通过互联网购买机票的小组，可以借由中文互联网购票网站与目的语购票网站进行对比，学习相关词汇，并将知识进行整理，记录难点或疑问。	<u>基础材料</u> 购票网站 购票和乘坐不同交通工具时可能使用的词汇、语法和表达方式， 有关安全和行李要求，旅客权利和投诉程序的阅读材料 从城市到车站、码头、机场的交通工具 重要车站、码头、机场的网站等	

---

① 在这一步中，应要求学生只使用目的语进行协商，如果他们不知道确切的单词，也可以用目的语或者用手势对其进行解释。在这一步之前，老师可以给他们一份需要的单词列表，帮助他们表达，或者利用他们协商中的词汇缺失，提供一个新的词汇表进行补充。此外，教师也可以提供一系列图文对照材料，放置在教室中，辅助学生使用目的语完成协商。如果学生的目的语水平较低，无法与同学和老师实现有效沟通，也可以使用母语，之后逐步过渡到使用目的语进行协商的阶段。

续表

4. 在完成本组任务后，所有小组进行大讨论。一方面向其他组展示自身学习成果，另一方面提出自身学习的难点及疑问，与其他组同学和老师一起讨论并解决上述问题。老师还应在解决问题的同时，对问题所涉及的语言现象做出更深入的解释，并借此机会介绍相关社会文化知识。 5. 在整个准备过程中，教师都要不断与学生协商交流，鼓励他们表达自己的观点，比较中国和目的语国家在购票和乘坐不同交通工具旅行时的差异。 **指导原则** 促进语言意识。要引导学生感知目的语语法和词汇系统的规则和不规则现象，分析不规则现象，在其中寻找可能的逻辑，感知交际中因口音和语调差异而产生的影响，分析正式、非正式、书面、口头等方式语言使用的区别，时刻提醒学生利用语言知识来表达自己、与外界建立联系，而不是被语言知识束缚，受困于背诵这些知识。 激活直觉推理。教师可以利用这一步骤帮助学生从已有的其他语言知识中推理目的语语法规则，并将学生的注意力转向语法的功能领域而不仅仅是抽象规则领域。 不同的讲解策略相结合。在必要的情况下，如学生提出明确需求，或老师认为学生需要对某一部分语言知识有更深入的理解和进行针对性的练习时，老师应该在为学生提供练习的同时尝试结合不同的解释策略，对语言知识进行多方位的诠释。 最大化学习机会。通过开放式的协商和讨论，为学生最大限度地增加学习机会。 联系课堂、母语和目的语社会。教学材料要连接课堂和两个社会的文化现实。 注意交际语境、鼓励协商等原则也适用于本阶段。	附加材料 语言知识练习 不同的语言知识讲解方式 社会文化材料，如转机的预估时间、托运政策、手提行李政策、升舱政策、保险、支付方式等。 进阶材料 语言系统的规则和不规则现象 正式和非正式语言的区分 语言技能的练习题目 特定语境的表达 推理、总结语言知识所需的技巧等	
全景模拟阶段		
对教师的建议	教学材料组织建议	
学生承担各自角色所附带的责任，开始模拟活动。 1. 开始之前，老师可以引导不同角色的学生在小组内部进行协商，明确本组角色所承担的责任，并对具体任务进行分配，甚至可以编写小组内部的脚本。在协商过程中，引导学生考虑到情境语境的不同要素，并回顾可能需要的语言、社会文化知识。 2. 协商阶段结束后，开始正式模拟活动。只有在出现语言或社会文化方面的错误，妨碍模拟活动的开展，或当模拟活动与主题或现实出现很大偏差时，教师才应介入这一过程。 **指导原则** 最大化学习机会。教师必须利用这种自由的环境，注意观察学生的疑惑和错误，为学生最大限度地增加学习机会。	购买车票、船票、机票的网站或公司网页 针对不同的模拟情境，重新安排教室中的桌椅	

续表

对教师的建议	教学材料组织建议	
减少感知失配。老师应设法让学生表达他们在模拟实践中所遇到的任何问题或不适感，以及对老师的要求和需要解释的任何困惑，以便最大限度地减少感知失配。 注意交际语境，特别是使用固定表达、人称等方面。 联系课堂、母语和目的语社会。鼓励学生把课堂、自身经历以及目的语和母语社会的知识联系起来，更好地理解他们所进行的模拟实践。应允许学生在提出疑问或对两个社会进行比较时，适当地使用母语。		
反思阶段：总结		
对教师的建议	教学材料组织建议	
教师应填写教学日记，反思教与学的过程；引导学生完成学习日志。课堂上，教师必须向学生解释他们在语言、社会文化等方面的不足之处，与他们讨论可能出现的感知失配，以及经过模拟活动后学习态度和动机的变化。学生发表自己对课堂、同学、老师的观察结果，倾听同学和老师的意见。教师和学生都应在教学/学习日志的辅助下，思考在接下来的模拟活动中可能做出的变化和改进①。	学生学习日志 教师教学日记	
重复上述模拟活动的过程，直到整个全景模拟课程结束。此时教师可以利用最后的反思来评价自己的教学及学生学习过程的进步与不足。		

全景模拟第二阶段最重要的一个方面是，在该过程中，学生和教师相互学习，教学不再是传统的教师对学生的单向输出，而是双向同时发生。学生通过模拟活动学习了一整套语言和社会文化知识，并习惯于在教学过程中分享并融入自己的经验。而教师通过模拟活动和学生的经验分享能够更好地理解课程所围绕的主题，积累未来课程的教学和教材内容，同时收获对教学实践有益的反馈。

协商及尽可能的沉浸式语言学习并不是全景模拟框架的唯一目标，因为本族语者不仅使用语言进行交流，也使用语言控制自己和他人，建立与外界的联系等等。因此，接下来学生和教师将进行更深入的全景模拟，使

---

① 对于初级学生，该阶段使用的语言可以是中文（母语），但教师应鼓励他们使用目的语作为协商语言。当老师发现学生不太敢于表达他们对他人和老师的看法时，这项活动也可以以书面形式进行，并在书面活动的基础上，逐步引导学生进行现场协商。

目的语成为表达思想、控制行为的工具，以达到更深入地理解和使用目的语的目的。

4.4.3 分阶段全景模拟框架第三阶段：反思与批判

学生只有在经过了第二阶段的教学或需求分析显示其适合该阶段的教学时，才能够开始第三阶段的全景模拟课程。在第二阶段的课程中，学生已经习惯了通过"经历"的方式来学习语言，知道如何与老师一起设计模拟活动的结构，能够流畅地提出问题、提出想法、展示自己的需求和兴趣，习惯于参与各种方面或口头的实践活动，包括公开演讲和协作活动等。然而，学生还不能将课堂中的学习方式移植到课堂之外。此时，教师应逐渐让渡课堂权力和责任，让学生能够控制自己的整个学习过程。也就是说，学生将更多地在自己经验的基础上规划学习，在不同经验的碰撞中反思自身。全景模拟框架第三阶段的目标是使学生一方面能够用语言作为工具来控制自己的思维和行为，另一方面能够建立具有包容性和批判性的文化观念。

目标一，使学生能够用语言作为工具来控制自己的思维和行为。根据 Vygotsky 的中介理论（参见上文 1.3.1.2.1），儿童通过成年人或较大儿童的语言来规范自己的行为，该过程分为三个阶段：客体调控、他者调控和自我调控。显然，在课堂上，只适合最后两种调控方式。在全景模拟的前两个阶段中，学生通过交际互动、协商、协作等活动，已经熟悉如何利用他者调控。在本阶段中，将继续进行上述活动，但会更多地关注如何使用目的语进行自我调控。这就要求学生改变自己的内部语言，即能够将目的语作为思考的语言。一般情况下，这一要求是很难实现的，因此，全景模拟的第三阶段不仅需要学生已经能够接受该阶段的教学方式，还需要其具备较高的目的语水平。

目标二，帮助学生建立具有包容性和批判性的文化观念。学生必须学习并认识到，任何文化，包括他们自己的文化，都不比任何其他文化优越，因为任何文化都不能够完全承载人类历史上的所有经验和所有关键性事件。因此，学生必须对母语和目的语文化持开放态度，并知道如何认识到两者的优点和不足,在宽容和尊重一切形式的文化差异的同时,也需要保持自身批判性的观点。当学生感受到文化差异时,首先应以母语文化为基础,尝试理解目的语文化。然后将两者进行比较,此时将有机会反思并更好地理解母语文化,在这个过程中发现两个文化的优势和不足。最终,通过对目的语文化的理解,学生将对母语文化有更坚实的认知,同时对未来可能遇到的其他文化有更开放的态度和理解。这种对世界和文化的概念,不仅有助于学生更好地适应当今全球化的世界,而且有助于他们减少误解和偏见,成为母语文化更好的传播者,进而对经济、文化甚至政治关系产生有利的影响。

在全景模拟的第三阶段中,学生应尽可能多地练习使用目的语。我们不仅要求他们在课堂内外使用目的语进行交流和协商,而且还要用目的语来思考,控制自己和他人的行为,表达自己对文化和社会的看法,建立自己的文化图谱。在全景模拟的第三阶段,学生将承担课堂活动的主要责任,教师对组织过程和模拟实践活动进行适度的指导。虽然全景模拟活动的各个阶段都鼓励学生参与构建和组织模拟活动,但在该阶段,模拟活动的组织和构建将更加灵活。但总的来说,都应包括全景模拟的基本步骤:准备、模拟和反思。

——准备:解释模拟活动的基本过程,了解参与模拟活动的人物并分配角色,准备语言、文化、习俗、社会规范等相关知识。

——全景模拟实践:根据情境需要,可以采取模拟或微型模拟。

——反思:对每个特定模拟或微型模拟进行动态反思,最终对整个全景模拟进行整体反思。

在解释模拟活动的基本过程时,教师要清楚地告诉学生在课程中会发生什么,学生的职责,如何组织时间和空间等等。学生应积极提供自身的经验和知识,教师通过与学生协商,确保所有学生都理解全景模拟的课堂组织形式。

在了解参与模拟活动的人物并分配角色时,学生要了解即将出现在全景模拟中的人物,他们的职责、出现的时间和工作空间等信息。此外,教师应鼓励学生发掘不同人物间的关系,并通过自身经验理解人物的立场。

在准备语言、文化、习俗、社会规范等相关知识时，教师应鼓励学生通过对语言和文化的比较、反思和批判，加深对准备内容的理解，并能够在课堂上对其进行讨论，建立更加完整、宽容和批判的视角。准备阶段的最后两个步骤可以与第一步一起进行，也可以单独进行。

在进行全景模拟实践时，根据每次模拟所涉及的工作量和难度，老师可以帮助学生将其分成微型模拟和模拟。在这一步中，学生应尽可能模拟现实的结构，通过参与模拟过程，使用语言、验证语言假设等方式，学习自己感兴趣或想要确认的知识。教师作为调解员、引导者和顾问，将成为模拟和协商的一部分。同时，如果模拟活动出现严重错误或偏差，教师也应及时向学生提出建议。

在最后进行反思时，不管是每次模拟后的反思，还是对全景模拟课程的反思，教师都应该纠正在整个教学过程中出现的错误，首先鼓励学生参与这些反思并加以引导，最后重新与学生讨论模拟或课程的主题，获取必要的反馈。

在该阶段，教师仍要遵循一系列保证教学有效性的原则：

Ⅰ.最大化学习机会。除了前两个阶段所要求的，在课堂外，教师还可以帮助学生与教师及其同事、同学、其他班级或学校的学生、本族语者或较高水平的目的语学习者组成小组或论坛等。这些团体可以通过线上、线下等多种形式进行。学生可以通过这些团体组织活动，交流与目的语及其社会、文化有关的信息，分享想法、思考、事件、成果等，共同创建博客、音频、视频等。这样，即使学生不能亲自到目的语的语境中，也可以充分利用身边和其他地方的人获取相对自然的语言环境。

Ⅱ.促进语言意识。除了前两个阶段所要求的，教师还应该通过新词语的分析、辅助性教材、特定的讨论话题等，向学生展示语言、文化、社会和政治之间的关系。新词语是了解近几年目的语社会的一个非常有价值的工具。教辅材料除了提供词汇、语法等语言知识，以及感兴趣的文化和社会内容外，还必须能够唤醒学生的批判能力，为学生提供机会理解语言的双重意义、文本和话语中的抽象和隐含意义、探究作者的态度，或在某一主题上形成尽可能完整和客观的视野等。为了做到这一点，教师必须考虑到另外两个原则,即联系课堂、母语和目的语社会原则和最大化学习机会原则。最后,教师可以利用建立的线上和线下的学习社区,学生的学习日志等发现学生的困惑,决定讨论的话题。

Ⅲ. 激活直觉推理:除了前两个阶段所要求的,由于该阶段的学习内容大部分取决于学生的协商,教师还必须注意在该协商过程,引导学生做出合理决策,帮助学生分析其真实需求和弱点。教师应根据详细观察和最终的协商结果,为学生准备语法、术语和表达方式等方面的特定练习。

Ⅳ. 联系课堂、母语和目的语社会:除了前两个阶段所要求的,教师还必须通过教材、协商、反思和模拟实践,引导学生以更开放的态度对待母语和目的语文化,认识到每个社会的长处和不足,对两者采取更加批判性的观点。

Ⅴ. 注意交际语境:除了前两个阶段所要求的,教师还应该帮助学生熟悉目的语社会的文化规范。例如,礼貌或尊重的表达形式,幽默的限度,特别是避免自己沦为笑话,以及特定案例中其他影响交际效果的规范。在特定的交际语境中,部分表达的合理性取决于每个社会的特质,这又是由文化、政治、历史和意识形态等因素共同决定的。因此,分开学习上述因素和语言知识将造成语言实际使用的诸多问题,教师应帮助学生把这两部分联系起来,鼓励尽可能使用符合情境和语境的恰当表达。

Ⅵ. 不同语言技能或能力相结合:详见第一阶段。

Ⅶ. 鼓励谈判:除了前两个阶段所要求的,教师还必须仔细选择协商的主题。在前两个阶段中,教师已经将学生的个人经历与课堂讨论的主题联系起来。在这个阶段中,可以把社会事件、环境或经济问题带进课堂,引导学生对上述问题进行更深入、更广泛的协商。

Ⅷ. 最小化感知失配:详见第一阶段。

Ⅸ. 关注目的语习得焦虑:详见第二阶段。

Ⅹ. 不同的讲解策略相结合:详见第二阶段。

4.3.3.1 分阶段全景模拟框架第三阶段课例

下面我们给出的课例可应用于外语专业零起点高年级或成人高级外语课程。虽然该阶段的全景模拟的组织方式不是固定的,但仍旧遵循全景模拟的基本结构。因此，我们的课例将遵循分阶段全景模拟第二阶段的课例框架，并在每一个阶段预留了空白，方便教师记录在模拟活动中产生的任何有趣的想法。为了与前两个阶段的课例进行对比，我们仍旧展示与购买机票、组织出行相关的课例，并且由于学生具有较高的语言与认知水平，我们将最终目标设定为完成商务出行。

表 4.18　　　　　分阶段全景模拟第三层次课例设计

（课程/学期前）准备阶段：解释如何进行模拟活动[①]	注释和想法
教师可能的呈现方式 　　我们将介绍、学习、验证和运用所有必要的知识来规划并组织商务旅行。我们将特别关注在规划行程和旅行过程中会遇到的文化和社会的特点，在商务旅行过程中我们将根据客户要求，安排参观几家目的语国家的相关公司和几座旅游城市。 　　现在，请想象你在一家旅游公司工作，你的工作是组织目的语国家的商务旅行。请大家思考并讨论回答以下问题： 1. 要组织商务旅行，你们需要哪些信息？（例如，买票、住宿、商务事由、路线规划等） 　　教师要根据学生的回答以及前期知识积累，引导学生组织划分全景模拟活动的轮次和大致时间。例如，该课程设定学生为高水平语言学习者，则可以将模拟活动分为 A. 信息沟通 B. 大致路线规划及确认 C. 联系目的语国家公司、安排行程及最终确认 D. 商务旅行实践（可根据内容分为多个课时），其中每个模拟活动占两个课时。 2. 试想旅行中可能遇到的所有问题 　　教师可以帮助学生梳理问题，并将问题与模拟活动联系起来，在模拟过程中解决问题。 **对学生的要求** 为了课堂顺利开展，学生需要： 在模拟活动和课堂协商过程中，尽可能地使用目的语； 请记录并告诉我，你在与我交流时可能感到的所有不适，我们之间可能有误解； 告诉我与本课程主题相关的所有你感兴趣或想要学习的内容，不论你是否想要在课堂内学习这一内容； 记住我们的学习话题和情境，因为有一些表达是针对这些话题或情境的。 将个人的生活经验和其他语言的学习经历与我们的课堂联系起来，用它们来支持你的目的语学习。	
模拟：C. 联系目的语国家公司、安排行程及最终确认	
准备阶段：了解参与模拟活动的人物、分配角色，准备语言、文化、习俗、社会规范等相关知识	

[①] 所有参与者必须使用目的语交流，只有在特定情况下，如经过努力协商后，仍存在严重误解或表达困难时，才允许使用中文。老师必须能够与学生建立良好的互动，解决在解释过程中出现的疑问，了解他们的兴趣。

4 分阶段全景模拟框架（Systematic Global Simulation）

续表

对教师的建议	教学材料组织建议	笔记和想法
<u>在每个模拟的准备阶段教师可能的呈现方式</u> 请试着回答下列问题？ 1. 这个模拟中会出现哪些人物？ 2. 您需要获取上述人物的哪些信息？ 3. 你想在模拟活动中扮演什么角色？原因是？ 4. （旅游公司）如何购买不同交通工具的车票？购买车票过程中可能遇到哪些困难？你觉得有必要根据不同交通工具，将模拟活动分为微型模拟和模拟吗？ 5. （旅游公司）如何根据行程安排预定食宿？都有哪些预定途径？需要考虑哪些因素（例如到目标公司或景点的距离、价格等）？预定过程中可能遇到哪些困难？你觉得需要根据餐厅、住宿分开安排微型模拟吗？ 6. （服务对象公司）联系目的语国家公司时需确认哪些事项？为此须准备哪些材料？上述材料需要哪些信息？可能遇到哪些困难？ 7. 梳理上述问题，并思考你需要哪些语言、社会文化知识等才能完成每一步的模拟任务、并解决出现的问题？ 　　在学生回答上述问题后，教师应该将学生的答案与自己准备的内容进行比较，并与学生协商，让学生对整个模拟活动有整体和清晰的认识。 　　前三个问题可以向全班提问。教师可以选择两名学生担任秘书，记录讨论结果及身份选择信息。 　　最后四个问题可以根据学生选择的身份分组进行讨论。仍旧可以安排秘书记录和总结讨论情况。最后，秘书代表每个小组呈现讨论结果，教师帮助各个小组完成一份知识准备清单，并提供知识习得建议。然后，学生可以根据知识清单和材料组织小组学习。 　　教师必须倾听并参与整个讨论、协商和准备过程，在学生出现严重的语言、文化、判断、活动程序等错误时，根据情况记录错误、延后纠正或立即提出自己的意见。 <u>指导原则</u> 　　最大化学习机会和促进语言意识。学习材料的准备应该来自教师和学生两个方面。教师为学生提供基本学习材料和其他音、视、读等辅助材料，并提供一系列讨论主题。学生也应该在教师提供材料的基础上，根据自身需求主动寻找补充材料或寻求帮助。 　　激活直觉推理。引导学生记录并分析自身学习难点、疑问及参与准备过程中遇到的问题，根据学生出现的语言、文化等问题及其准备过程中遇到的问题，为学生提供具有针对性的练习，引导学生对特定语言、文化现象进行深入分析。 　　不同的讲解策略相结合。在任何需要教师参与的过程中，教师都应该结合不同的解释策略，提高教学效率。	<u>基础材料</u> 　　模拟活动所涉及的职业、角色、场所 　　每个角色职责的简单说明。 　　购票、酒店及美食预定网站 　　购票、预定食宿时可能使用的词汇、语法和表达方式 　　有关旅行安全和行李要求，旅行、酒店及饮食过程中相关的权利和投诉程序的阅读材料 　　从城市到机场、车站，城市内部的交通工具 　　重要机场、火车站等的网站等 <u>附加材料</u> 　　制服、机场不同区域、机票和登机牌上出现的元素等。 　　语言知识练习 　　不同的语言知识讲解方式 　　社会文化材料：如转机的预估时间、托运政策、手提行李政策、升舱政策、保险、支付方式、城市交通状况、酒店、餐厅注意事项等。 　　有关敏感话题（例如航班延误）和具有双重意义的表达或词汇 <u>进阶材料</u> 　　从学生的经验中提取有趣的事件或观点，加入到模拟活动的准备过程中，引导学生注意语言系统的规则和不规则现象 　　正式和非正式语言的区分 　　语言技能的练习题目 　　特定语境的表达 　　推理、总结语言知识所需的技巧等	

续表

全景模拟阶段	
对教师的建议	教学材料组织建议
在每个模拟阶段教师可能的呈现方式 　　1. 开始之前，老师可以引导不同角色的学生在小组内部进行协商，明确本组角色所承担的责任和任务。在协商过程中，引导学生考虑到情境语境的不同要素，并回顾可能需要的语言、社会文化知识。 　　2. 协商阶段结束后，开始正式模拟活动。只有在出现语言或社会文化方面的错误，妨碍模拟活动的开展，或当模拟活动与主题或现实出现很大偏差时，教师才应介入这一过程。 指导原则 　　最大化学习机会、促进语言意识和联系课堂、母语和目的语社会。除了学生提出的问题外，教师还可以提出一些模拟场景可能出现的敏感话题，训练学生对事件的反应能力，加深他们对知识的理解和运用。 　　注意交际语境，利用学生的交流和反应来引导他们关注交际语境，解释受到社会文化、政治、历史、思想等因素影响的行为。	购买机票、车票、预定食宿等的网站或相关公司网页 　　针对不同的模拟情境，重新安排教室中的桌椅
反思阶段：总结	
对教师的建议	教学材料组织建议
教师应填写教学日记，反思教与学的过程；引导学生完成学习日志。课堂上，教师必须向学生解释他们语言、社会文化等方面的不足之处，与他们讨论可能出现的感知失配，以及经过模拟活动后学习态度和动机的变化。学生发表自己对课堂、同学、老师的观察结果，倾听同学和老师的意见。教师和学生都应在教学/学习日志的辅助下，思考在接下来的模拟活动中可能做出的变化和改进。 　　教师可以在第一次模拟活动中主导这一步骤，并逐步将主导权让渡给学生。	学生学习日志 教师教学日志

　　重复上述模拟活动的过程，直到整个全景模拟课程结束。此时教师可以利用最后的反思来评价自己教学及学生学习过程的进步与不足。

　　在这一阶段，几乎整个模拟活动都由学生主导，学生将逐步获得完全自主的目的语语言学习能力，并在不断协商、讨论、模拟实践中形成更全面、客观的批判思维，并以这种思维看待母语和目的语文化，形成对两种文化更加深层次的了解。

4.5 结论

至此呈现的分阶段全景模拟的三个阶段,其总体目标在于把学生培养成具有自主学习能力和批判性思维的外语学习者和使用者,具体包括:1)更好地认识自己并监督和控制自己的学习;2)批判性地参与小组活动;3)运用直觉推理学习语言;4)注意不同语境中语言使用的适切性;5)具有高度的语言意识;6)能够与外界进行协商和互动,顺畅地表达自己的意见、观点、目的等;7)灵活使用不同的语言技能;8)将对母语及其他语言的社会、文化、历史等方面的知识和经验融入目的语学习过程;9)对两种文化持开放和批判态度;10)使用目的语作为内部语言来调控自己的思维和行为。

正如我们前面不断提到的,教师在分阶段全景模拟中也需要不断提升自己,成为更好、更专业的教育者。首先,分阶段全景模拟框架的教学监控和分析手段,能够帮助教师更好地了解自身,更直观地了解自身教学技能的提升情况。第二,开始任何全景模拟课程前都必须对学生、教师自身和当地教育环境进行需求分析,这一过程是发现外语教学和研究领域中许多有趣灵感的来源,同时也为其他专家提供了可供查询的语料。此外,全景模拟将促进师生共同构建一个开放、包容、具有批判性的语言观、文化观、世界观,这将促进师生对两种不同语言和文化的深入理解和传播。

在评价方面,每一个模拟活动、反思、学生和教师日志都是全景模拟分析性、连续性和形成性评价的一部分。事实上,模拟活动本身也可以被认为是另一种终结性评价,教师可以了解和评价学生对语言的掌握、课堂效率和参与程度。而前文所提到的监控和分析系统也为自评和互评提供了机会。当然,教师也可以在全景模拟课程中进行传统的书面考试,且全景模拟课堂组织的灵活性也允许教师随时进行此类评估。

需要说明的是,我们在3.3小节中提到了多种不同的全景模拟课堂组织程序，尽管我们在分阶段全景模拟框架中所使用的是 STEPS（参见上文 3.3.1）模式，但这并不意味着这是唯一可行的模式。事实上，全景模拟课堂组织的灵活性允许教师在特定的阶段或解决特定的问题时，不仅可以采用其他全景模拟教学模式，也可以插入其他合适的外语教学法的策略和技巧。

5　写在最后

从根本上讲，在历史上出现的大多数外语教学方法，其目的都是以尽可能最好的方式向学生传授目的语的语言和文化知识，并培养学生获得良好的目的语交际能力。然而，对我们来说，外语教学的过程是更为宽泛且复杂的，既包括学生和教师以及其他可能的教学过程参与者，语言文化知识的学习，交际能力、跨文化能力的培养，也包括外语辩证思维能力以及用外语解决问题的能力。因此，外语教学过程不应仅仅被看作以语言、学生或学习本身为中心，而是应以个体发展为中心。这正是全景模拟教学所秉持的精神。我们试图通过分阶段全景模拟框架搭建一个引导学生和教师通过语言学习和教学实现个体发展的路径。

根据对学生、教师和本地教学环境的分析，对接分阶段全景模拟框架的不同教学阶段，以每个教学阶段的最终目标为指导，实现学生语言、交际和思辨能力的提升以及教师自身的不断成长。在这个过程中，语言文化知识不仅仅是学习的内容和结果，也是检验学习成果、构建新的语言文化身份、反思和辩证理解母语与目的语社会的工具。与此同时，教师也可以通过参与模拟活动以及与学生的交流，不断加强自己的语言文化身份认同，加深对母语和目的语社会的理解。更重要的是，分阶段全景模拟框架能够帮助并督促教师通过对自身教学行为的监控、反思、修正、验证、理论学习和理论总结来反哺教学，实现对外语教学的更深入的理解，最终实现对自己教学技巧、教学策略、教学方法等的理论化。基于上述原因，我们认为分阶段全景模拟教学框架不应被认为是一种外语教学方法，而是一种后方法框架。其教学过程中可以根据课堂需要，调取各种外语教学技巧、策略和方法。而与折中法不同，在全景模拟教学过程中所调取的上述技巧和方法并不构成课堂的主导，而是针对特定的教学难点或教学内容选取的更加适合的讲解和练习方式。

  本书将全景模拟教学系统地介绍到中国，而在此基础上构建的分阶段全景模拟框架还是"襁褓中的婴儿"。本书仅对该框架进行了简单的介绍，并未涉及其具体的实施和教学实验（尽管我们已经在多所不同水平的高校进行了长达5年的尝试）。而随着教学实验的深入开展，我们将进一步对分阶段全景模拟框架进行修改。例如进一步细化教师的反思性需求分析模型；进一步明确分阶段全景模拟框架不同阶段的学生需求特点；在对学生和课堂进行观察和分析的基础上，对每个阶段内部进行细化，帮助教师更好地引导学生。此外，我们还将致力于教学材料的编写和研究，为学生和教师提供更加完整的教学材料支撑。

参考文献

一　中文文献

常俊跃：《外语教学法的发展及其对我们从事外语教学的启示》，《国外外语教学》2006年第4期。

陈红：《概念性设计意识——源于折衷主义教学设计》，《现代教育技术》2014年第1期。

陈会军、茹克叶·穆罕默德：《语言学习策略与认知方式》，《外语与外语教学》2004年第12期。

陈俊森、樊葳葳：《跨文化交际与外语教学》，《华中理工大学学报》（社会科学版）1998年第3期。

戴晓东：《跨文化能力理论发展六十年：历程与展望》，《外语界》2019年第4期。

董金伟：《后方法视角的外语教学：特征与要素》，《外语教学理论与实践》2008年第1期。

董琇：《"模拟国际会议"考核与相关课程教学》，《高等工程教育研究》2008年第1期。

多九公：《利玛窦与欧洲历史上第一次有关围棋的记录》，《围棋报》2011年3月12日第015版。

樊长荣：《外语教学中的折中主义》，《外语教学与研究》1999年第2期。

龚嵘：《研究流程模拟式项目协作论文写作的教学效果预测：课堂环境感

知视角》,《外语与外语教学》2019 年第 2 期。

顾卫星：《明清学校英语教学研究》，博士学位论文，苏州大学，2001 年。

胡庚申：《"语言＋交流"（双外）教学法的具体实践——"模拟国际会议"简介》，《学位与研究生教育》1998 年第 6 期。

胡新建、王蔷：《课程改革背景下的设计型研究：理论和实践张力中的外语教学创新研究途径》，《外语电化教学》2017 年第 3 期。

贾国栋：《基于网络的折衷型大学英语教学模式研究》，《中国大学教学》2011 年第 6 期。

李观仪：《传统教学法与交际教学法相结合可行乎？——高校英语专业基础阶段英语教学法之我见》，《外语界》1989 年第 1 期。

李吉林：《李吉林文集（卷 1）——情境教学实验与研究》，人民教育出版社 2006a 年版。

李吉林：《李吉林与情境教育》，北京师范大学出版社 2006b 年版。

李星：《中日围棋文化交流与中国文化传承及发展》，《西安体育学院学报》2014 年第 6 期。

刘菲：《大学英语体验式教学——"模拟联合国"活动》，《江苏高教》2009 年第 2 期。

刘齐生：《叙述中的紧张要素—中德语篇的跨文化比较分析》，《现代外语》2000 年第 4 期。

罗少茜：《英语教学中的任务设计》，《课程·教材·教法》2008 年第 3 期。

罗志红：《试论大学英语教学中的任务型语言教学》，《外国语文》2011 年第 S1 期。

梅德明：《语言学与应用语言学百科全书》，北京大学出版社 2017 年版。

濮实：《外语教师教育课程与教师职业信念的发展》，《解放军外国语学院学报》2014 年第 4 期。

饶振辉：《论兼收并容、折衷诸法的必要性和可行性》，《外语与外语教学》2000 年第 8 期。

芮国强、姜瑾：《从"模拟国际会议"看研究生英语教学改革》，《江苏高教》2003 年第 2 期。

陶云、金保昇、朱宏清：《中外教师和助教多元合作下的研究生英语课程改革》，《学位与研究生教育》2016 年第 1 期。

万垚：《后方法时代英语教学理论的范式重构》，《教学与管理》2020 年第 18 期。

王烈琴：《全球化背景下的语言观及其对国家语言教育政策的影响》，《外语教学》2013 年第 5 期。

王盼盼：《高校英语有效课堂教学方法创新与模式构建研究——评〈大学英语有效课堂环境研究〉》，《外语电化教学》2021 年第 2 期。

王巍：《文化语境模拟法外语教学模式探索与实践》，《黑龙江高教研究》2009 年第 3 期。

王禧婷：《超越方法的英语教学——英语教学"后方法时代"的意蕴与反思》，《当代教育科学》2015 年第 9 期。

王岩：《折中主义的外语教学》，《外语界》2001 年第 2 期。

王沂、纪烈维、李尚滨、赵培禹：《古代围棋运动的历史进程及其文化价值》，《体育科学研究》2007 年第 2 期。

文秋芳：《二语习得重点问题研究》，外语教学与研究出版社 2010 年版。

文秋芳：《构建"产出导向法"理论体系》，《外语教学与研究》2015 年第 4 期。

文秋芳：《"产出导向法"的中国特色》，《现代外语》2017 年第 3 期。

文秋芳：《新中国外语教学理论 70 年发展历程》，《中国外语》2019 年第 5 期。

吴朝晖：《努力构建以立德树人、全面发展为导向的人才培养体系》，《中国高教研究》2019 年第 3 期。

徐浩：《高校外语新教师专业发展现状的调查研究——参与教师的视角》，《解放军外国语学院学报》2014 年第 4 期。

徐锦芬、刘文波：《信息技术背景下的外语创新教学与研究》，《外语与外语教学》2019 年第 5 期。

杨建培：《跨文化德语教学在中国的发展研究》，《外语教学理论与实践》2020 年第 2 期。

杨鲁新、张宁：《外语教师教育中理论与实践的转化难题——基于对外语教育学科定位的思考》,《外语与外语教学》2021年第1期。

杨盈、庄恩平:《构建外语教学跨文化交际能力框架》,《外语界》2007年第4期。

俞约法:《对比语言学与外语教学中的对比——教学法流派的对比观比较研究》,《外语学刊》(黑龙江大学学报)1991年第5期。

袁谦:《外语认知风格与学习策略及相关性的实证研究》,《教育研究与实验》2021年第2期。

袁曦:《浅谈围棋的起源、发展与定型》,《体育文史》1987年第1期。

张红玲、姚春雨:《建构中国学生跨文化能力发展一体化模型》,《外语界》2020年第4期。

张丽梅:《中国高校日语专业教师发展现状和发展需求研究——以教学、科研与能力意识为中心》,《日语学习与研究》2017年第4期。

张文忠、夏赛辉:《"English Through Projects":两个"三合一"教学思路的课程探索》,《英语教师》2010年第11期。

张文忠:《英语专业研究性学习的内涵》,《中国大学教学》2007年第10期。

张文忠:《国外依托项目的二语/外语教学研究三十年》,《中国外语》2010年第2期。

张文忠:《"英语研究式学习"课程的理据与理念》,《英语教师》2011年第2期。

郑琼、贺云:《高校外语教师教育技术学术能力的培养》,《外语电化教学》2017年第3期。

郑书九、刘元祺、王萌萌:《全国高等院校西班牙语专业本科课程研究:现状与改革》,《外语教学与研究》2011年第4期。

郑玉琪、陈美华:《试论"后方法"时代的英语教学》,《外语与外语教学》2007年第10期。

郑玉琪、侯旭、高健:《后方法时代英语教学原理与实践》,东南大学出版社2015年版。

周季鸣、吕敏、李桂东、孙经济、陈娜:《从"方法"到"后方法",我们到底还有多远?——宁沪杭六所高校大学英语教学方法调查》,《外语界》2008 年第 5 期。

周林娟、潘幼芳:《商务日语模拟实践教学法的探索与研究》,《日语学习与研究》2011 年第 5 期。

朱先明:《论模拟活动在英语教学中的应用》,《国外外语教学》1995 年第 2 期。

朱彦、束定芳:《任务型语言教学中的教师信念和教师主导话语研究》,《现代外语》2017 年第 1 期。

二 外文文献

Abraham, R. G. , "Field independence-dependence and the teaching of grammar", *TESOL Quarterly*, 1985, 19: 689–702.

Akbari, R. , "Postmethod discourse and practice", *TESOL quarterly*, 2008, 42 (4): 641–652.

Alan, B. and F. L. Stoller, "Maximizing the benefits of project work in foreign language classrooms", In *glish Teaching Forum*, 2005, 43 (4): 10–21.

Alcalde Mato, N. , "Principales métodos de enseñanza de lenguas extranjeras en Alemania", *Revista de Lingüística and Lenguas Aplicadas*, 2011, 6: 9–23.

Aljaafreh, A. and J. P. Lantolf, "Negative feedback as regulation and second language learning in the zone of proximal development", *The Modern Language Journal*, 1994, 78: 465–83.

Allen, D. and B. Duch, *Thinking toward solutions: Problem-based activities for general biology*, Fort Worth: Saunders, 1998.

Allen, J. P. B. , *A three-level curriculum model for second language education*, Mimeo: Modern Language Center, Ontario Institute for Studies in Education, 1980.

Allen, Linda Quinn, "Investigating Culture Through Cooperative Learning", *Foreign Language Annals*, 2006, 39 (1): 11–21.

Allwright, D. , "Integrating 'research' and 'pedagogy': Appropriate criteria and practical possibilities", *Teachers develop teachers research*, 1993.

Allwright, D., "Exploratory practice: Rethinking practitioner research in language teaching", *Language teaching research*, 2003, 7 (2): 113 – 141.

Allwright, D., "Developing Principles for Practitioner Research: The Case of Exploratory Practice", *The Modern Language Journal*, 2005, 89 (3): 353 – 366.

Allwright, R. L., "Language learning through communication practice", *ELT Documents*, 1977, 76 (3): 2 – 14.

Allwright, R. L., "What do we want teaching materials for?", *ELT Journal*, 1981, 36 (1): 5 – 19.

Allwright, R. L., *The death of the method*, Lancaster: The University of Lancaster/The Exploratory Practice Centre, 1991.

Allwright, R. L. and K. M. Bailey, *Focus on the Language Classroom*, Cambridge: Cambridge University Press, 1991.

Amina, Dhif, Compétences communicatives et simulation globale en clase de FLE, *Universite Mohamed Kheider-Biskra*, 2012.

Amores Bello, M. R., *Propuesta didáctica: La competencia comunicativa intercultural and la oralidad para el español de negocios*, Reykjavík: Sigillum Universitatis Islandiae, 2015.

Andreu, A., M. García and M. Mollar, "La simulación and juego en la enseñanza-aprendizaje de lengua extranjera", *Cuadernos Cervantes*, 2005, 11 (55): 34 – 38.

Andreu-Andrés, M. A. and M. García-Casas, "Aprendizaje basado en problemas aplicado a las lenguas de especialidad", *Ibérica*, 2010, 19: 33 – 54.

Andrew, J. and J. Meligrana, "Evaluating the Use of Role Playing Simulations in Teaching Negotiation Skills to University Students", *Scientific Research*, 2012, 3 (6): 696 – 707.

Angelini Doffo, M. L. *La simulación and el juego en el desarrollo de las destrezas de producción en lengua inglesa*, Tesis Doctoral, Valencia: Universitat Politècnica de València, 2012.

Angelini Doffo, M. L., A. García-Carbonell and N. Martínez Alzamora, "Estudio cuantitativo sobre la simulación and el juego en la producción oral en lengua inglesa", *REDU, Revista de Docencia Universitaria*, 2014, 13 (2): 285 – 305.

Antón, M., & DiCamilla, F. J., "Socio-cognitive functions of L1 collaborative interaction in the L2 classroom", *The modern language journal*, 1999, 83 (2): 233 – 247.

Antony, E. M., "Approach, method, technique", In *glish Language Teaching*, 1963, 17: 63 – 67.

Arjonilla Sampedro, A. and A. Castellano Merino, "Diseño de la Plataforma de Información del Espáol para Sinohablantes", *Monográficos SinoELE*, 2014, 10: 86 – 104.

Asher, J., *Learning Another Language through Actions: The Complete Teacher's Guidebook*, California: Sky Oak Productions, 1977.

Au, S. Y., "A critical appraisal of Gardner's socio-psychological theory of second-language (L2) Learning", *Language Learning*, 1988, 38: 75 – 100.

Austin, J. L., *How to do things with words*, Londres: Oxford University Press, 1962.

Austin, J. L., *How to do things with words*, New York: Oxford University Press, 1975.

Bach, K., "The myth of conventional implicature", *Linguistics and philosophy*, 1999, 22 (4): 327 – 366.

Bandura, A., *Self-efficacy: The Exercise of Control*, New York: Freeman, 1997.

Bardovi-Harling, K., "One functional approach to second language acquisition: The concept-oriented approach", In Vanpatten, B. and J. Williams (eds.), *Theories in Second Language Acquisition: An Introduction* (57 – 75), Mahwah: Lawrence Erlbaum Associates, Inc. Publishers, 2007.

Barrows, H. S. and R. N. Tamblyn, *Problem-based learning: An approach to medical education*, New York: Springer, 1980.

Bartolomé, L., "Beyond the methods fetish: Toward a humanizing pedagogy", *Harvard Educational Review*, 1994, 64 (2): 173 – 194.

Bastable, S. B., *Nurse as Educator. Principles of Teaching and Learning*, Toronto: Jones and Barlett Publishers, 1997.

Beckett, G. H., *Project-based instruction in a Canadian secondary school's ESL classes: Goals and evaluations*, Vancouver: University of British Columbia, 1999.

Bell, D. M., "Method and postmethod: Are they really so incompatible?", *TESOL quarterly*, 2003, 37 (2): 325 – 336.

Berchoud, M. J. and D. Rolland, *Français sur objectifs spécifiques: de la langue aux métiers*, París: Clé International, 2004.

Bernaus, Mercé, Anne-Marie Masgoret, Robert C. Gardner and Edith Reyes, "Motivation and Attitudes Towards Learning Languages in Multicultural Classrooms", *International Journal of Multilingualism*, 2004, 1 (2): 75 – 89.

Bertkau, J., "Comprehension and production of relative clauses in adult second language and child first language acquisition", *Language Learning*, 1974, 24: 279 – 286.

Blanco Canales, A., "Enseñanza de las lenguas especiales a estudiantes extranjeros: programación de unidades didácticas", In Kira Alonso, K., F. Moreno Fernández and M. Gil Bürmann (dirs.), *Actas del VIII Congreso Internacional de ASELE* (Alcalá de Henares, 17 – 20 de septiembre de 1997) (165 – 174), Alcalá de Henares: Universidad de Alcalá de Henares, Servicio de Publicaciones, 1997.

Blanco Canales, A., "Propuesta de simulación funcional para un curso de español de la empresa", *Porta Linguarum*, 2010, 14: 105 – 122.

Blanco Canales, A., "Convertir la evaluación en una oportunidad para aprender, Una propuesta para la asignatura de lengua española", *Contextos Educativos*, 2011, 14: 175 – 190.

Block, D., *The social turn in second language acquisition*, Edinburgh: Edinburgh University Press, 2003.

Bloomfield, L., *Language*, New York: Holt, Rinehart & Winston, 1933.

Breen, M. and C. N. Candlin, "The essentials of a communicative curriculum in language teaching", *Applied Linguistics*, 1980, 1 (2): 89 – 112.

Breto-Flores, L. A., "Un caso de relaciones internacionales, The Guyana Trade Game", *Ciencias Naturales and Tecnología*, 1976, 14: 71 – 73.

Bright, J. and G. McGregor, *Teaching English as a Second Language: Theory and Techniques for the Secondary Stage*, Londres: Longman, 1970.

Brinton, D. M., M. A. Snow and M. B. Wesche, *Content-Based Second Language Instruction*, New York: Newbury House, 1989.

Brock, C., "The effects of referential questions on ESL classroom discourse", *TESOL Quarterly*, 1986, 20 (1): 47 – 59.

Brookfield, S. D., *Adult Education and the community*, Milton Keynes: Open University Press, 1983.

Brooks, N., *Language and Language Learning: Theory and Practice*, New York: Harcourt Brace, 1964.

Brown, H. D., *Teaching by Principles. In glewood Cliffs*, NJ: Prentice Hall, 1994.

Brown, H. D., *Principles of language learning and teaching*, White Plains: Addison Wesley Longman, 2000.

Brown, H. D., *Principles of Language Learning and Teaching*, Pekín: Foreign Language Teaching and Research Press, 2001.

Brown, H. D., *Strategies for Success: A Practical Guide to Learning English*, Des Moines: Addison Wesley Longman, Inc. (Pearson Education Company), 2002a.

Brown, H. D., "English Language Teaching in the 'Post-Method' Era: Towards Better Diagnosis, Treatment and Assesment", In Richards, J. C. and W. A. Renandya, *Methodology in language teaching: An anthology of current* practice (9 – 18), Cambridge UK: Cambridge University Press, 2002b.

Brown, R., "Exploring the social positions that students construct within a classroom community of practice", *International Journal of Educational Research*, 2007, 46 (3 – 4): 116 – 128.

Brumfit, C. J., *General English Syllabus Design, Curriculum and Syllabus Design for the General English Classroom*, Pergamon Press, Maxwell House, Fairview Park, Elmsford, New York 10523, 1984.

Brumfit, C. and K. Johnson (eds.), *The Communicative Approach to Language Teaching*, Oxford: Oxford University Press, 1979.

Budner, D., "Intolerance of ambiguity as a personality variable", *Journal of Personality*, 1962, 39: 29 – 50.

Burgess, T. F., "The use of computerised management and business simulation in the United Kingdom", Simulation & Gaming: An International Journal of Theory, Practice and Research, 1991, 22: 174 – 195.

Burns, A. and S. Moore, "Questioning in simulated accountant-client consultations: Exploring implications for ESP teaching", In *glish for Specific Purposes*, 2008, 27: 322 – 337.

Byram, M., *Teaching and assessing intercultural communicative competence*, Clevedon: Multilingual Matters, 1997.

Byram, M., *Routledge encyclopedia of language teaching and learning*, Londres: Routledge, 2000.

Byrne, D., *Materials for Language Teaching: Interaction Packages*, Londres: Modern English Publications, 1978.

Cabré, M. T. and J. Gómez de Enterría, *La enseñanza de los lenguajes de especialidad, La Simulación Global*, Madrid: Gredos, 2006.

Cabrera, A. F., *Evaluación de la formación*, Madrid: Síntesis, 2003.

Caillois, R., *Les jeux et les hommes*, París: Gallimard, 1967.

Cali, C., "Les simulations globales: élaboration de programmes et évaluation", *Recherches et Applications du Français dans le monde* (numéro spécial): 134 –

147. [on line]: < http: //www. francparler. org/dossiers/simulations_cali. htm >, 2004.

Can, N., *Post-method pedagogy: Teacher growth behind walls*, Conference: The 10th METU ELT Convention, 2009.

Canale, M., "From communicative competence to communicative language pedagogy", *Language and communication*, 1983, 1 (1): 1 –47.

Canale, M., & Swain, M., "Theoretical bases of communicative approaches to second language teaching and testing", *Applied linguistics*, 1980, 1 (1): 1 –47.

Canroni-Harvey, G., *Content-area Language Instruction: Approaches and Strategies*, Reading: Addison-Wesley, 1987.

Caré, J. M., "Inventer pour apprendre: Les simulations globales" ["Inventing to learn: Global simulations"], *Die neueren Sprachen*, 1995, 94 (1): 69 –87.

Caré, J. M. and F. Debyser, *Simulations globales*, Sèvres: Centre International d'études Pedagogiques, 1995.

Carroll, S., "Putting 'input' in its proper place", *Second Language Research*, 1999, 15: 337 –388.

Carroll, S. E., "Autonomous induction theory", In Vanpatten, B. and J. Williams (eds.), *Theories in Second Language Acquisition: An Introduction* (155 –173), Mahwah: Lawrence Erlbaum Associates, Inc. Publishers, 2007.

Cassany, D., "La cooperación en ELE: de la teoría a la práctica", *TINKUY*, 2009, 11: 7 –29.

Celce-Murcia, M., "Rethinking the role of communicative competence in language teaching", In Alcon Soler, E. and M. P. Safont Jorda (eds.), *Intercultural language use and language learning* (41 –57), Springer Netherlands, 2008.

Celce-Murcia, M. and E. Olshtain, *Discourse and Context in Language Teaching*, Cambridge: Cambridge University Press, 2000.

Celce-Murcia, M. , Z. Dörnyei and S. Thurrell, "Communicative competence: A pedagogically motivated model with content specifications", *Issues in Applied linguistics*, 1995, 6 (2): 5 - 35.

Centeno-Cortes, B. , Private speech in the second language classroom: Its role in internalization and its link to social production, *The Pennsylvania State University*, 2003.

Centeno-Cortés, B. and A. F. Jiménez-Jiménez, "Problema-solving tasks in a foreign language: The importance of L1 in private verbal thinking", *International Journal of applied Linguistics*, 2004, 14 (1): 7 - 35.

Centro Virtual Cervantes (CVC), *Diccionario de términos clave de ELE, Adquisición de segundas lenguas* [on line]: < http: //cvc. cervantes. es/ensenanza/biblioteca_ ele/diccio_ ele/diccionario/adquisicion. htm >, 1999.

Centro Virtual Cervantes (CVC), *Diccionario de términos clave de ELE, Análisis de necesidades* [on line]: < http: //cvc. cervantes. es/ensenanza/biblioteca_ ele/diccio_ ele/diccionario/analisisnecesi dades. htm >, 1999.

Centro Virtual Cervantes (CVC), *Diccionario de términos clave de ELE, Aprendizaje deductivo* [on line]: < http: //cvc. cervantes. es/ensenanza/biblioteca_ ele/diccio_ ele/diccionario/aprendizajedeductivo. htm >, 1999.

Centro Virtual Cervantes (CVC), *Diccionario de términos clave de ELE, Aprendizaje inductivo* [on line]: < http: //cvc. cervantes. es/ensenanza/biblioteca_ ele/diccio_ ele/diccionario/aprendizajed eductivo. htm >, 1999.

Centro Virtual Cervantes (CVC), *Diccionario de términos clave de ELE, Ejercicio estructural* [on line]: < http: //cvc. cervantes. es/ensenanza/biblioteca_ ele/diccio_ ele/diccionario/ejercicioestru ctural. htm >, 1999.

Centro Virtual Cervantes (CVC), *Diccionario de términos clave de ELE, ELE* [on line]: < http: //cvc. cervantes. es/ensenanza/biblioteca_ ele/diccio_ ele/diccionario/ele. htm >, 1999.

Centro Virtual Cervantes (CVC), *Diccionario de términos clave de ELE, In señanza situacional de la lengua* [on line]: < http: //cvc. cervantes. es/

ensenanza/biblioteca_ ele/diccio_ ele/diccionario/ensenanzasituacional. htm >, 1999.

Centro Virtual Cervantes (CVC), *Diccionario de términos clave de ELE*, *Inmersión lingüística* [on line]: < http://cvc.cervantes.es/ensenanza/biblioteca_ ele/diccio_ ele/diccionario/inmersionlin guistica.htm >, 1999.

Centro Virtual Cervantes (CVC), *Diccionario de términos clave de ELE*, *Interlengua* [on line]: < http://cvc.cervantes.es/ensenanza/biblioteca_ ele/diccio_ ele/diccionario/interlengua.htm >, 1999.

Centro Virtual Cervantes (CVC), *Diccionario de términos clave de ELE*, *Juego teatral* [on line]: < http://cvc.cervantes.es/ensenanza/biblioteca_ ele/diccio_ ele/diccionario/juegoteatral.htm >, 1999.

Centro Virtual Cervantes (CVC), *Diccionario de términos clave de ELE*, *La respuesta física total* [on line]: < http://cvc.cervantes.es/ensenanza/biblioteca_ ele/diccio_ ele/diccionario/respuestafisic atotal.htm >, 1999.

Centro Virtual Cervantes (CVC), *Diccionario de términos clave de ELE*, *Lengua materna* [on line]: < http://cvc.cervantes.es/ensenanza/biblioteca_ ele/diccio_ ele/diccionario/lenguamatern a.htm >, 1999.

Centro Virtual Cervantes (CVC), *Diccionario de términos clave de ELE*, *Método audiovisual* [on line]: < http://cvc.cervantes.es/ensenanza/biblioteca_ ele/diccio_ ele/diccionario/ejercicioestructural.htm >, 1999.

Centro Virtual Cervantes (CVC), *Diccionario de términos clave de ELE*, *Método silencioso* [on line]: < http://cvc.cervantes.es/ensenanza/biblioteca_ ele/diccio_ ele/diccionario/metodosilenc ioso.htm >, 1999.

Centro Virtual Cervantes (CVC), *Diccionario de términos clave de ELE*, *Negociación del significado* [on line]: < http://cvc.cervantes.es/ensenanza/biblioteca_ ele/diccio_ ele/diccionario/negociacion.htm >, 1999.

Centro Virtual Cervantes (CVC), *Diccionario de términos clave de ELE*, *Sugestopedia* [on line]: < http://cvc.cervantes.es/ensenanza/biblioteca_ ele/diccio_ ele/diccionario/sugestopedia.htm >, 1999.

Centro Virtual Cervantes (CVC), *Diccionario de términos clave de ELE*, *Variación lingüística* [on line]: < http://cvc.cervantes.es/ensenanza/biblioteca_ ele/diccio_ ele/diccionario/variacionlinguistica. htm >, 1999.

Cerrón-Palomino, R., *Castellano andino: aspectos sociolingüísticos, pedagógicos and gramaticales*, Lima: Fondo Editorial PUCP, 2003.

Chaiklin, S., "The zone of proximal development in Vygotsky's analysis of learning and instruction", In Kozulin, A., B. Gindis, V. S. Ageev and S. M. Miller (eds.), *Vygotsky's Educational Theory in Cultural Context* (65 – 82), Cambridge: Cambridge University Press, 2003.

Chapelle, C. and C. Roberts, "Ambiguity tolerance and field independence as predictors of proficiency in English as a second language", *Language learning*, 1986, 36 (1): 27 – 45.

Chapelle, C. and P. Green, "Field Independence/Dependence in Second-Language Acquisition Research", *Language learning*, 1992, 42 (1): 47 – 83.

Charriére, P. and M. C. Magnin, "Simulations globales: le surf et la survie", *Le français dans le monde*, 1997, 292: 54 – 59.

Chesterfield, R. and K. B. Chesterfield, "Natural order in children's use of second language learning strategies", *Applied Linguistics*, 1985, 6 (1): 45 – 59.

Cheval, M., "Simulation globale et apprentissages sur objectifs spécifiques", [Global simulation and learning for specific purposes], *Le Français dans le Monde* (número especial), 1995: 124 – 127.

Chomsky, N., *Estructuras sintácticas*, México: Siglo Veintiuno Editores, 1957/1974.

Chomsky, N., "A Review of B. F. Skinner's Verbal Behavior", *Language*, 1959, 35: 26 – 58.

Chomsky, N., *Aspectos de la teoría de la sintaxis*, Madrid: Ediciones Aguilar, 1965/1971.

Chomsky, N., "A minimalist program for linguistic theory", In Hale, K. L. and S. J. Keyser (eds.), *The view from Building 20: Essays in linguistics* in honor of Sylvain Bromberger (1 – 52), Cambridge: MIT Press, 1993.

Chomsky, N., *The Minimalist Program*, Cambridge: The MIT Press, 1995.

Chomsky, N., *Una aproximación naturalista a la mente and al lenguaje*, Barcelona: Prensa Ibérica, 1998.

Chomsky, N., "Minimalist inquiries: the framework", In Roger Martin, D. M. and J. Uriagereka (eds.), *Step by Step: Essays on Minimalist Syntax in Honor of Howard Lasnik* (89 – 155), Cambridge: MIT Press, 2000.

Cincotti, Alessandro, Hiroyuki Iida, and Jin Yoshimura, "Refinement and complexity in the evolution of chess", *Information Sciences*, 2007.

Clark, A. and N. Minami, "Communication Skills, Cultural Sensitivity, and Collaboration in an Experiential Language Village Simulation", *Foreign Language Annals*, 2015, 48 (2): 184 – 202.

Clarke, M. A., "The scope of approach, the importance of method, and the nature of technique", In Alatis, J. E., H. Stern and P. Strevens (eds.), *Georgetown University Round Table on Languages and Linguistics* 1983: *Applied linguistics and the preparation of second language teachers* (106 – 115), Washington: Georgetown University, 1983.

Clement, R., Z. Dörnyei and K. A. Noels, "Motivation, Self-Confidence, and Group Cohesion in the Foreign Language Classroom", *Language learning*, 1994, 44: 417 – 448.

Clement, R., Z. Dörnyei and K. A. Noels, "Motivation, Self-Confidence, and Group Cohesion in the Foreign Language Classroom", *Language learning*, 1994, 44: 417 – 448.

CoBaLTT, "Content-Based Second Language Instruction: What is it?", *Center for Advanced Research on Language Acquisition* (CARLA) [on line]: < http: //carla. umn. edu/cobaltt/CBI. html >, 2014.

Coca, M., L. Hernández Martín and R. Peñas Cruz, "El uso de simulaciones globales: una ONG en América Latina", *MarcoELE*, 2011, 13: 19 – 34.

Coelho, E., "Cooperative learning: foundation for communicative curriculum",

In Kessler, C. (ed.), *Cooperative Language Learning: A Teacher's Resource Book*, In glewood Cliffs: Prentice Hall, 1992.

Cohen, A. D., "The learner's side of foreign language learning: Where do styles, strategies, and tasks meet?", *IRAL*, 2003, 41 (4): 279 – 292.

Cohen, A. D. and E. Macaro, "Research methods in second language acquisition", In E. Macaro (ed.), *Continuum companion to second language acquisition* (107 – 133), Londres: Continuum, 2010.

Cohen, A., R. L. Oxford and J. C. Chi, "Learning style survey", [on line]: < http://www.carla.umn.edu/maxsa/documents/LearningStyleSurvey_MAXSA_IG.pdf >, 2001.

Cohen, P. R., "On Knowing What to Say: Planning Speech Acts", [Technical Report 118], *Department of Computer Science. University of Toronto, Canadá* [on line]: < https://books.google.es/books?id = Pa9GzY1A8XUC&pg = PA306&lpg = PA30 6&dq = Cohen, + P. + R. + (1978). + On + Knowing + What + to + Say + Planning + Speech + Acts.&source = bl&ots = a6khzDMR82&sig = − T1RTQUOK60wvZY3LioXytXdEwQ&hl = es&sa = X&ved = 0ahUKEwiKto3xi8nTAhULK8AKHTSHBDAQ6AEINDAD # v = onepage&q = Cohen%2C%20P.%20R.%20(1978).%20On%20Knowing%20What%20to%20Say%20Planning%20Speech%20Acts.&f = false >. 1978.

Cohen, P. R. and C. R. Perrault, "Elements of a plan-based theory of speech acts", *Cognitive science*, 1979, 3 (3): 177 – 212.

Cook, G., *Discourse and literature*, Oxford: Oxford University Press, 1994.

Cook, V., "Using the first language in the classroom", *Canadian Modern Language Review*, 2001, 57 (3): 402 – 423.

Corder, S. P., "The significance of learner's errors", *IRAL-International Review of Applied Linguistics in Language Teaching*, 1967, 5 (1 – 4): 161 – 170.

Costa, G. and P. A. Mori, *Introduzione alla teoria dei giocchi*, Bolonia: Il Mulino, 1994.

Coughlan, P. and P. Duff, "Same task, different activity: analysis of a SLA task from an activity theory perspective", In Lantolf, J. P. and G. Appel (eds.), *Vygotskyian approaches to second language research* (173 – 194), Norwood: Ablex Press, 1994.

Coyle, Doreen, "Post-method pedagogies: Using a second or other language as a learning tool in CLIL settings", *Content and foreign language integrated learning: contributions to multilingualism in European contexts*, 2011.

Crandall, J. (ed.), *ESL through Content-area Instruction*, In glewood Cliffs: Prentice Hall Regents, 1987.

Crookall, D. and R. L. Oxford, "Linking language learning and simulation/gaming", In Crookall, D. and R. L. Oxford (eds.), *Simulation, gaming, and language learning* (3 – 26), New York: Newbury House Publishers, 1990.

Crookall, D. and R. L. Oxford (eds.), *Simulation, gaming, and language learning*, New York: Newbury House Publishers, 1990.

Crookes, G. and R. Schmidt, *Motivation: reopening the research agenda*, Language Learning, 1991, 40: 45-78.

Csizér, K., & Dörnyei, Z., The internal structure of language learning motivation and its relationship with language choice and learning effort, *The modern language journal*, 2005a, 89 (1): 19 – 36.

Csizér, K., & Dörnyei, Z., Language learners' motivational profiles and their motivated learning behavior, *Language learning*, 2005b, 55 (4): 613 – 659.

Cunningsworth, A. and D. Horner, "The role of simulations in the development of communication strategies", *System, Simulation Applications in L2 Education and Research*, 1985, 13: 211 – 218.

Curran, C., *Councelling-Learning in Second Languages*, Illinois: Apple River Press, 1976.

D'Anglejan, A., "Language learning in and out of classrooms", In Richards, Jack C. (ed.) *Understanding Second of Foreign Language Learning* (71 –

92), Rowley: Newbury House, 1978.

D'Anglejan, A. and R. Tucker, "The acquisition of complex English structures by adult learners", *Language Learning*, 1975, 25 (2): 281 – 296.

Danesi, M. , "Neurological bimodality and theories of language teaching", *Studies in Second Language Acquisition*, 1988, 10: 13 – 31.

Debyser, F. , "La mort du manual et le déclin de l' illusion méthodologique", In Ali Bouacha, A. (ed.), *La pédagogie du français, langue étrangère*, París: Hachette, 1978.

Debyser, F. , Les simulations globales, *Education et pédagogies*, 10, 1991.

Debyser, F. , *L'immeuble*, París: Hachette, 1996.

Debyser, K. , *Simulations in language teaching*, Cambridge: Cambridge University Press, 1982.

Deci, E. L. and Ryan, R. M. , *Intrinsic Motivation and Self-Determination in Human Behavior*, New York: Plenum, 1985.

Delamont, S. , *Interaction in the classroom*, Londres: Methuen, 1976.

Dewey, J. , "The reflex arc concept in psychology", *Psychological review*, 1896, 3 (4): 357.

Dewey, J. , *Democracy and Education: An Introduction to the Philosophy of Education*, New York: Macmillan, 1926.

Dewey, J. , *John Dewey Experience & Education*, New York: Simon & Schuster, 1997a.

Dewey, J. , The Collected Works of John Dewey, 1882 – 1953. The Early Works: 1882 – 1898 (tomos 1 – 5), *Ed. a cargo de Jo Ann Boydston*, Carbondale and Edwardsville: Southern Illinois University Press, 1997b.

Dewey, J. , The Collected Works of John Dewey, 1882 – 1953. The Middle Works: 1899 – 1924 (tomos 1 – 15), *Ed. a cargo de Jo Ann Boydston*, Carbondale and Edwardsville: Southern Illinois University Press, 1997c.

Dewey, J. , The Collected Works of John Dewey, 1882 – 1953. The Later Works 1925 – 1953 (tomos 1 – 17), *Carbondale and Edwardsville: Southern Illinois*

University Press, 1997d.

Díaz Gervassini, J., "Simulación para la clase de E/LE. 'Almacenes Tengotodo'", In *Actas del Primer Congreso Virtual E/LE* [on line]: < http: //civele. org/biblioteca/cvele06/1diaz. htm >, 2006.

Díaz, F. and G. Hernández, *Estrategias docentes para un aprendizaje significativo, Una interpretación constructivista*, México: McGraw-Hill Interamericana, 2002.

Dishon, D. and P. W. O' Leary, *A Guidebook for Cooperative Learning*, Holmes Beach: Learning Publications, 1984.

Donato, R., "Collective scaffolding in second language learning", In Lantolf, J. P. and Appel, G. (eds.), *Vygotskian approaches to second language research* (33 – 56), Norwood: Ablex Publishing Corporation, 1994.

Donato, R. and F. B. Brooks, "Literary discussion and advanced speaking functions: Researching the (dis) connection", *Foreign Language Annals*, 2004, 37: 183 – 199.

Dörney, Z. and A. Malderez, "The Role of Group Dynamics in Foreign Language Learning and Teaching", In Arnold, J. (ed.), *Affect in Language Learning* (155 – 173), Cambridge: Cambridge University Press, 1999.

Dörnyei, Z., "Motivation and motivating in the foreign language classroom", *Modern Language Journal*, 1994, 78: 273 – 84.

Dörnyei, Z., *Motivation and second language acquisition* (Vol. 23), Honolulu: National Foreign Language Resource Centre, 2001.

Dörnyei, Z., *Motivational Strategies in the Language Classroom*, Cambridge: Cambridge University Press, 2001a.

Dörnyei, Z., *Teaching and Researching Motivation*, Harlow: Longman, 2001b.

Dörnyei, Z., "New themes and approaches in second language motivation research", *Annual Review of Applied Linguistics*, 2001c, 21: 43 – 59.

Dörnyei, Z., *The psychology of the language learner: individual differences in second language acquisition*, Mahwah: Lawrence Erlbaum, 2005.

Dörnyei, Z. , *Research Methods in Applied Linguistics: Quantitative, Qualitative and Mixed Methodologies*, Oxford: Oxford University Press, 2007.

Dörnyei, Z. and E. Ushioda, *Teaching and researching: Motivation*, Londres: Pearson, 2013.

Dörnyei, Z. and I. Ottó, "Motivation in action: a process model of L2 motivation", *Working Papers in Applied Linguistics* (Thames Valley University), 1998, 4: 43–69.

Dörnyei, Z. and K. Csizér, "Ten commandments for motivating language learners: Results of an empirical study!", *Language teaching research*, 1998, 2 (3): 203–229.

Dörnyei, Z. , K. Csizér and N. Németh, *Motivational dynamics, language attitudes and language globalisation: a Hungarian perspective*, Clevedon: Multilingual Matters, 2006.

Doron, S. , *Reflectivity-impulsivity and their influence on Reading for inference for adult students of ESL* [manuscrito inédito], Míchigan: University of Michigan, 1973.

Dragomir, I. A. and B. O. Niculescu, "Using Simulations in Communicative English Language Teaching", *Scientific Bulletin-Nicolae Balcescu Land Forces Academy*, 2011, 1 (31): 18–24.

Du, Xujia, and J. Jackson, "From EFL to EMI: The evolving English learning motivation of Mainland Chinese students in a Hong Kong University", *System*, 2018, 76: 158–169.

Dulay, H. , M. Burt and S. Krashen, *Language Two*, Oxford: Oxford University Press, 1982.

Dunn, K. E. and S. W. Mulvenon, "A Critical Review of Research on Formative Assessments: The Limited Scientific Evidence of the Impact of Formative Assessments in Education", *Practical Assessment Research & Evaluation*, 14 (7): 1–11 [on line]: < http: //pareonline. net/getvn. asp? v = 14&n = 7 > , 2009.

Duranti, A., E. Ochs, and B. B. Schieffelin (eds.), *The handbook of language socialization*, West Sussex: John Wiley & Sons, 2012.

Edge, J. (ed.), *Action research*, Washington DC: TESOL, 2001.

Edwards, J., *Language and Identity, An Introduction*, New York: Cambridge University Press, 2009.

Ehrman, M. E., "An exploration of adult language learner motivation, self-efficacy, and anxiety", In Oxford. J. L. (ed.), *Language learning motivation: Pathways to the new century* (81 – 103), Honolulu: University of Hawai'I Press, 1996.

Ehrman, M. E., "Affect, cognition, and learner self-regulation in second language learning. In O. Kagan and B. Rifkin" (eds.) *The Learning and Teaching of Slavic Languages and Cultures: Toward the 21st Century* (109 – 133), Bloomington: Slavica, 2000.

Ehrman, M. E. and B. L. Leaver, "Cognitive styles in the service of language learning", *System*, 2003, 31 (3): 393 – 415.

Ehrman, M. E. and R. L. Oxford, "Cognition plus: Correlates of language learning success", *The modern language journal*, 1995, 79 (1): 67 – 89.

Ehrman, M. E. and Z. Dörnyei, *Interpersonal Dynamics in Second Language Education*, Thousand Oaks: Sage, 1998.

Ehrman, M. E., B. L. Leaver, and R. L. Oxford, "A brief overview of individual differences in second language learning", *System*, 2003, 31 (3): 313 – 330.

Ellis, N. C., "Selective attention and transfer phenomena in L2 acquisition: Contingency, cue competition, salience, interference, overshadowing, blocking and perceptual learning", *Applied Linguistics*, 2006a, 27 (2): 164 – 194.

Ellis, N. C., "Language Acquisition as Rational Contingency Learning", *Applied Linguistics*, 2006b, 27 (1): 1 – 24.

Ellis, N. C., "Cognitive perspectives on SLA: The Associative-Cognitive CREED", *AILA Review*, 2006c, 19: 100 – 121.

Ellis, N. C., "The associative-cognitive CREED", In Vanpatten, B. and J. Williams (eds.), *Theories in Second Language Acquisition: An Introduction* (77 – 95), Mahwah: Lawrence Erlbaum Associates, Inc. Publishers, 2007.

Ellis, R., *Understanding second language acquisition*, Oxford: Oxford University Press, 1986.

Ellis, R., *The interaction hypothesis: A critical evaluation*, Presentado en the Regional Language Center Seminar, Singapore, abril, 22 – 28. (N. o de documento en ERIC: ED338037), 1991.

Ellis, R., *Task-based language learning and teaching*, Oxford university press, 2003.

Ellis, R., 21 individual differences in second language learning, *The handbook of applied linguistics*, 2004: 525.

Ellis, R., *Grounding visual object representation in action*, The Mind, the Body and the World: Psychology After Cognitivism? 2015.

Ellis, R., *Understanding Second Language Acquisition*, Shanghai: Shanghai Foreign Language Education Press, 1999.

Engeström, Y., *Learning by expanding: An activity-theoretical approach to developmental research*, Retrieved November 30, 1987, 2009.

Engeström, Y., "Developmental studies of work as a testbench of activity theory: Analyzing the work of general practitioners", *Understanding practice: Perspectives on activity and context*, 1993: 64 – 103.

Engeström, Y., "Expansive visibilization of work: An activity-theoretical perspective", *Computer Supported Cooperative Work* (CSCW), 1999, 8 (1): 63 – 93.

Engeström, Y., "Expansive learning at work: Toward an activity theoretical reconceptualization", Journal of education and work, 2001, 14 (1): 133 – 156.

Engeström, Y., *Learning by expanding*, Cambridge University Press, 2015.

Escandell Vidal, M. V., *La comunicación*, Madrid: Gredos, 2005.

Escandell Vidal, M. V., *La comunicación: lengua, cognición and sociedad*, *Akal*, 2014.

Eyring, J. L., *Teacher experience and student responses in ESL project work instruction: A case study*, Los Angles: University of California, 1989.

Eysenck, D. J., *Fact and Fiction in Psychology*, Harmondsworth: Penguin, 1965.

Eysenck, H. J. and S. B. G. Eysenck, *Manual of the Eysenck Personality Inventory*, Londres: Hodder & Stoughton, 1964.

Faria, A. J., "A survey of the use of business games in academia and business", *Simulation & games*, 1987, 18 (2): 207-224.

Faria, A. J., "Business simulation games: Current usage levels—An update", *Simulation & Gaming*, 1998, 29 (3): 295-308.

Faria, A. J., & Wellington, W. J., "A survey of simulation game users, former-users, and never-users", *Simulation & Gaming*, 2004, 35 (2): 178-207.

Felder, R. M. and E. R. Henriques, "Learning and teaching styles in foreign and second language education", *Foreign language annals*, 1995, 28 (1): 21-31.

Ferlito, G., & Sanvito, A., *On the Origins of Chess*, 1990.

Fernández Ríos, V. and M. Rabadán Gómez, "El espaöol del turismo a través de la simulación funcional", In Instituto Cervantes de Mánchester (ed.), *I Jornadas Didácticas del Instituto Cervantes de Mánchester (48 - 57)*, Mánchester: Instituto Cervantes [on line]: < http://cvc.cervantes.es/ensenanza/biblioteca_ele/publicaciones_centros/PDF/manchester_2008/07_fernandez-rabadan.pdf >, 2008.

Field, R., "John Dewey (1859 - 1952)", *Internet Encyclopedia of Philosophy*, *A Peer-Reviewed Academic Resourse* [on line]: < http://www.iep.utm.edu/dewey/ >, 2017.

Finocchiaro, M. and C. Brumfit, *The Functional-Notional Approach: From Theory to Practice*, New York: Oxford Universty, 1983.

Firth, J. R., *Papers in linguistics, 1934 - 1951*, Oxford: Oxford University

Press, 1957.

Flavell, J., "La language privé", *Bulletin de Psychologie*, 1966, 19: 698 – 701.

Foley, C. and S. Flynn, "The role of the native language", In Herschensohn, J. and M. Young-Scholten (eds.), *The Cambridge Handbook of Second Language Acquisition* (97 – 113), Cambridge: Cambridge University Press, 2013.

Frawley, W., *Vygostky and Cognitive Science*, *Language and the Unification of the Social and Computational Mind*, Cambridge: Harvard University Press, 1997.

Freeman, D., "Mistaken constructs: Re-examining the nature and assumptions of language teacher education", In Alatis, J. (ed.), *Georgetown University Round Table on Languages and Linguistics 1991: Linguistics and language pedagogy: The state of the art* (25 – 39), Washington: Georgetown University Press, 1991.

Frisby, A. W., *Teaching English: Notes and Comments on Teaching English Overseas*, Londres: Longman, 1975.

Fuchida, M. and M. Okumiya, *Midway: The Battle that Doomed Japan: The Japanese Navy's Story*, Maryland: Naval Institute Press, 2004.

Gallagher, S. A., "Problem-based learning: Where did it come from, what does it do, and where is it going?", *Journal for the Education of the Gifted*, 1997, 20: 332 – 362.

García-Carbonell, A., *Simulación telemática en el aprendizaje de inglés técnico*, Tesis doctoral, Valencia: Universidad Politécnica de Valencia, 1998.

García-Carbonell, A. and F. Watts, "Investigación empírica del aprendizaje con simulación telemática", *Revista Iberoamericana de Educación* (versión digital), 2012, 59 (3): 1 – 11.

García-Carbonell, A., B. Rising, B. Montero and F. Watts, "Simulation/gaming and the acquisition of communicative language in another language", *Simulation and Gaming*, 2001, 32 (4): 481 – 491.

García-Carbonell, A., F. Watts, "Perspectiva histórica de simulación and juego como estrategia docente: de la guerra al aula de lenguas para fines específicos", *Ibérica: Revista de la Asociación Europea de Lenguas para Fines Específicos* (AELFE), 2007, 13: 65 – 84.

García-Carbonell, A., F. Watts, "The effectiveness of telematic simulation in languages for specific purposes", *Linguistic and Didactic Aspects of Language in Business Communication*, Hamburgo: Universität Hamburg [online]: < https: //www. academia. edu/5224174/The_ Effectiveness_ of_ Telematic_ Simulation_ i n_ Languages_ for_ Specific_ Purposes >, 2010.

García-Carbonell, A., F. Watts, and B. Montero, "Learning communities in simulation and gaming", In Kriz, W. C. and T. Eberle (eds.), *Bridging the Gap: Transforming Knowledge into Action through Gaming and Simulation* (254 – 262), Alemania: SABSAGA, 2004.

García-Carbonell, A., M. A. Andreu-Andrés and F. Watts, "Simulation and Gaming as the future's language of language learning and acquisition of professional competences", In Duke, R. D. and W. C. Kriz (eds.), *Back to the future of gaming* (214 – 228), Austria: WB Verlag, 2014.

García-Carbonell, A. and F. Watts, "Telematic simulation and language learning", In García-Carbonell, A. and F. Watts (eds.), *Simulation Now! Simulación ¡Ya!* (585 – 595), Valencia: Diputació de València, 1996.

Gardner R. C. and R. Lalonde, "Social psychological considerations", In Crookall, D. and R. L. Oxford (eds.), *Simulation, gaming, and language learning* (215 – 221), New York: Newbury House, 1990.

Gardner, D. and L. Miller, *Establishing self-access: From theory to practice*, Cambridge: Cambridge University Press, 1999.

Gardner, R. C., *Social Psychology and Second Language Learning: The Role of Attitudes and Motivation*, Londres: Edward Arnold, 1985.

Gardner, R. C., "The socio-educational model of second-language learning: assumptions, findings, and issues", *Language Learning*, 1988, 38: 101 – 126.

Gardner, R. C., "Correlation, causation, motivation and second language acquisition", *Canadian Psychology*, 2000, 41: 1 – 24.

Gardner, R. C., "Integrative motivation and second language acquisition", In Z. Dörnyei and R. Schmidt (eds.), *Motivation and second language acquisition* (1 – 19), Honolulu: National Foreign Language Resource Center, 2001.

Gardner, R. C., *Motivation and Second Language Acquisition: The Socio-educational Model*, New York: Peter Lang Publishing, 2010.

Gardner, R. C. and P. C. Smythe, "On the Development of the Attitude/Motivation Test Battery", *Canadian Modern Language Review*, 1981, 37: 510 – 525.

Gardner, R. C. and P. D. MacIntyre, "A student's contributions to second-language learning, Part II: Affective variables", *Language teaching*, 1993, 26 (1): 1 – 11.

Gardner, R. C. and W. E. Lambert, "Motivational variables in second language acquisition", *Canadian Journal of Psychology*, 1959, 13: 266 – 272.

Gardner, R. C. and W. E. Lambert, *Attitudes and Motivation in Second-Language Learning*, Rowley: Newbury House, 1972.

Gardner, R. C., A. M. Masgoret and P. F. Tremblay, "Home background characteristics and second language learning", *Journal of Language and Social Psychology*, 1999, 18: 419 – 37.

Gardner, R. C., J. B. Day and P. D. MacIntyre, "Integrative Motivation, Induced Anxiety, and Language Learning in a Controlled Environment", *Studies in Second Language Acquisition*, 1992, 14: 197 – 214.

Garner, M. and E. Borg, "An ecological perspective on content-based instruction", *Journal of English for Academic Purposes*, 2005, 4 (2): 119 – 134.

Garrison, J., S. Neubert and K. Reich, *John Dewey's Philosophy of Education, An Introduction and Recontextualization for Our Times*, New York: Palgrave MacMillan, 2012.

Gass, S. M., "Integrating research areas: A framework for second language studies", *Applied Linguistics*, 1988, 9: 198 – 217.

Gass, S. M. , *Input, Interaction, and the Second Language Learner*, Mahwah: Lawrence Erlbaum Associates, 1997.

Gass, S. M. and L. Selinker, *Second Language Acquisition: An Introduction Course*, Mahwah: Lawrence Erlbaum Associates, 2001.

Gass, S. and A. Mackey, "Input, interaction and output: an overview", In Bardovi-Harlig, K. and Z. Dörnyei (eds.), *AILA Review* (3 – 17), Amsterdam: John Benjamins, 2006.

Gattegno, C. , *Teaching Foreign Languages in Schools: The Silent Way*, New York: Educational Solutions, 1972.

Gaultier, M. Th. and J. Masselin, "L'enseignement del langues de spécialité a des étudiantes étrangers", *Langue Francaise*, 1973, 17: 112 – 128.

Gee, J. P. , G. Hull and C. Lankshear, *The New Work Order*, Sydene/Boulder: Allen and Unwin and Westview Press, 1996.

Genesee, F. , *Brain research: Implications for second language learning*, Center for Research on Education, Diversity & Excellence, 2000.

Giles, Howard, and Jane L. Byrne, "An intergroup approach to second language acquisition", *Journal of Multilingual & Multicultural Development*, 3.1, 1982.

Gómez de Enterría, J. , "Enseñanza interactiva del español para fines específicos: la simulación global", In *Actas de las IV Jornadas de Lenguas para Fines Específicos* (483 – 489), Alcalá de Henares: Servicio de Publicaciones de la Universidad de Alcalá, 1996.

Gómez, L. M. , "Entrenamiento basado en la simulación, una herramienta de enseñanza y aprendizaje", *Revista Colombiana de Anestesiología*, 2004, 32: 201 – 208.

Goodman, M. , "Cooperative learning", *The English Connection: The Newsletter of Korea Teachers of English to Speakers of Other Languages*, 1998, 2/3: 1, 6 – 7.

Gordon, P., A. Rogers and M. Comfort, "A taste of problem-based learning increases achievement of urban minority middle-school students", *Educational Horizons*, 2001, 79: 171 – 175.

Gredler, M., *Designing and Evaluating Games and Simulations*, *A Process Approach*, Londres: Kogan Page, 1992.

Gregg, K., Krashen's monitor and Occam's razor, *Applied Linguistics*, 1984, 5: 79 – 100.

Gregg, K., "Krashen's monitor theory, acquisition theory, and theory", In Barasch, R. and C. Vaughan James (eds.), *Beyond the monitor model* (37 – 55), Boston: Heinle & Heinle, 1994.

Grice, H. P., "Logic and conversation", In P. Cole and J. L. Morgan (eds.), *Syntax and Semantic*, *Speech Acts* (41 – 58), New York: Academic Press, 1975.

Grice, H. P., "Further Notes on Logic and Conversation", In P. Cole (ed.) *Syntax and Semantics*, Vol. 9 (41 – 57), New York: Academic Press, 1978.

Gumperz, J. J., *Discourse strategies*, Cambridge, UK: Cambridge University Press, 1982.

Halliday, M., "New ways of meaning", In Fills, A. and Mühlhäusler, P. *The ecolinguistics reader*: *Language, ecology and environment* (175 – 202), New York: Continuum, 2006.

Halliday, M. A., *Functional grammar*, Londres: Edward Arnold, 1994.

Halliday, M. A. K., "Language structure and language function", In Lyons, J. (ed.), *New Horizons in Linguistics* (140 – 165), Harmondsworth: Penguin, 1970.

Halliday, M. A. K., *Explorations in the functions of language*, Londres: Edward Arnold, 1973.

Halliday, M. A. K., "A sociosemiotic perspective on language development", *Bulletin of the School of Oriental and African Studies*, 1974, 37 (1): 98 –

118.

Halliday, M. A. K., *Learning How To Mean: Explorations in the Development of Language*, Londres: Edward Arnold, 1975.

Halliday, M. A. K., *On language and linguistics* (Vol. 3), Londres: Continuum, 2003.

Halliday, M. A. K., A. McIntosh and P. Strevens, *The Linguistic Sciences and Language Teaching*, Londres: Longmans, 1964.

Halliday, M. A. K., Matthiessen, C. M., and Yang, X., *Construing experience through meaning: A language-based approach to cognition*, Londres: Cassell, 1999.

Halliday, M. and C. M. Matthiessen, *An introduction to functional grammar*, Oxon: Routledge, 2014.

Hammond, J. S., *Learning by the case method* (9-376-241), Boston, MA: Harvard Business School Publishing (Original work published 1976), 2002.

Harel, Y., "Teacher talk in the cooperative learning classroom", In Kessler, C. (ed.), *Cooperative Language Leaning: A Teacher's Resource Book* (153-162), New York: Prentice Hall, 1992.

Hargreaves, A., *Changing teachers; changing times*, New York: Teachers College Press, 1994.

Harley, B., "Functional grammar in French immersion: a classroom experiment", *Applied Linguistics*, 1989, 19 (3): 331-359.

Harre, R. and G. Gillett, *The discursive mind*, Thousand Oaks: Sage, 1994.

Hausrath, A. H., *Venture Simulation in War, Business and Politics*, New York: McGraw-Hill, 1971.

Hawkins, E., *Awareness of language: An Introduction*, . Cambridge: Cambridge University Press, 1984.

Hedegaard, M., S. Chaiklin and U. J. Jensen, "Activity Theory and social pratice: an introduction", In Chaiklin, S., M. Hedegaard and U. J. Jensen (eds.), *Activity theory and social practice: Cultural historical approaches* (235-253),

Aarhus: Aarhus University Press, 1999.

Henzl, V., "Foreigner talk in the classroom", *International Review of Applied Linguistics*, 1979, 17: 159 – 167.

Hernández, T., "Integrative Motivation as a Predictor of Achievement in the FL Classroom", *Applied Language Learning*, 2008, 18: 1 – 15.

Hesse-Biber, N. S. and P. Leavy, *The Practice of Qualitative Research*, Thousand Oaks: Sage, 2006.

Higgins, E. T., "Making a good decision: value from fit", *American Psychologist*, 2000, 55: 1217 – 1230.

Higgins, E. T., "Value from regulatory fit", *Current Directions in Psychological Science*, 2005, 14: 209 – 213.

Higgs, T. and R. Clifford, "The push toward communication", In Higgs, T. (ed.), *Curriculum, Competence and the Foreign Language Teacher* (57 – 79), Skokie: National Textbook Company, 1982.

Hockett, C. F., *A course in modern linguistics*, New York: Macmillan, 1959.

Holmes, J. and D. Brown, "Developing sociolinguistic competence in a second language", *TESOL Quarterly*, 1976, 10 (4): 423 – 431.

Horwitz, E., "Language anxiety and achievement", *Annual Review of Applied Linguistics*, 2001, 21: 112 – 126.

Houdebine, A. M. (ed.), *L'imaginaire linguistique*, París: L'Harmattan, 2002.

Howatt, A. P. R., *A history of English language teaching*, Oxford: Oxford University Press, 1984.

Howatt, A. P. R. and H. G. Widdowson, *A history of English language teaching*, Oxford: Oxford University Press, 2004.

Huang, J., & Brown, K., "Cultural factors affecting chinese esl students' academic learning", *Education*, 2009, 129 (4).

Hurd M. S. and T. W. Lewis (eds.), *Language Learning Strategies inIndependent Settings*, Clevedon: Multilingual Matters, 2008.

Hymes, D., "On linguistic theory, communicative competence, and the education of disadvantaged children", In M. Wax et al. (eds.), *Anthropological perspectives on education* (51 – 66), New York: Basic Books, 1971a.

Hymes, D., "Competence and performance in linguistic theory", In Huxley, R. and E. Ingram (eds.), *Language Acquisition: Models and Methods* (3 – 28), Londres: Academic Press, 1971b.

Hymes, D., "On communicative competence", In Pride, J. B. and J. Holmes (eds.), *Sociolinguistics* (269 – 293), Harmondsworth: Penguin, 1972.

Inhelder, B. B. I. and J. Piaget, J., *De la lógica del niño a la lógica del adolescente*, Ensayo sobre la construcción de las estructuras operatorias formales, Barcelona: Ediciones Paidós, 1985.

Jackson, J. R., "Learning from experience in business decision games", *California Management Review*, 1959, 1 (2): 92 – 107.

Jackson, K. and R. Whitnam, "Evaluation of the Predictive Power of Contrastive Analyses of Japanese and English, Final Report", *Contract* No. CEC – 0 – 70 – 5046 (– 823), US Office of Health, Education and Welfare, 1971.

Jacobs, G., "Cooperative learning or just grouping students: The difference makes a difference", *Paper Presentado en RELC Seminar*, Singapore, 1998.

Jamieson, J., "The cognitive styles of reflection/impulsivity and field independence/dependence and ESL success", *The Modern Language Journal*, 1992, 76 (4): 491 – 501.

Jogan, M. K., H. A. Heredia and M. G. Aguilera, "Cross-cultural e-mail: Providing cultural input for the advanced foreign language student", *Foreign Language Annals*, 2001, 34 (4): 341 – 346.

Johnson, K. E., Second language teacher education: A sociocultural perspective, *Routledge*, 2009.

Johnson, D. W., *Cooperation in the classroom*, American Psychological Association, 1991.

Johnson, D. W. and R. T. Johnson, "Toward a Cooperative Effort: A response to Slavin", *Educational leadership*, 1989, 46 (7): 80 – 81.

Johnson, D. W. , R. Johnson and E. Holubec, *Advanced cooperative learning* (3. a ed.), Edina: Interaction Books Co, 1998.

Johnson, D. W. , R. T. Johnson and E. J. Holubec, *Cooperation in the Classroom*, Edina: Interaction Books, 1988.

Johnson, D. W. , R. T. Johnson and K. A. Smith, "Cooperative learning: Improving university instruction by basing practice on validated theory", *Journal on Excellence in College Teaching*, 2014, 25 (3&4): 85 – 118.

Johnson, D. W. , R. T. Johnson, and Holubec, E. , *Circles of learning, Cooperation in the classroom*, Edina, MN: Interaction Books Company, 1984, 1993.

Johnson, K. , *Communicative syllabus design and methodology*, Oxford: Pergamon, 1982.

Johnson, K. , *An Introduction to Foreign Language Learning and Teaching*, Pekín: Language Teaching and Research Press, 2002.

Johnson, K. and K. Morrow (eds.), *Communication in the Classroom*, Essex: Longman, 1981.

Jones, K. , *Simulations, A Handbook for teachers and trainers*, Londres: Kogan Page Ltd. , 1995.

Jupp, T. and S. Hodlin, *Industrial English*, Londres: Heinemann, 1975.

Kagan, S. , "The structural approach to cooperative learning", *Educational leadership*, 1989, 47 (4): 12 – 15.

Kagan, S. , *Cooperative Learning, Resources for Teachers*, San Juan Capistrano: Resource for Teachers, 1990.

Kaplan, A. , *French lessons: a memoir*, Chicago: University of Chicago Press, 1993.

Katz, J. J. , *Propositional structure and illocutionary force: A study of the contribution of sentence meaning to speech acts*, New York: Crowell, 1977.

Kecskes, I. , "Sociopragmatics and cross-cultural and intercultural studies", In Allan, K. and K. M. Jaszczolt (eds.), *The Cambridge Handbook of Pragmatics* (559 – 616), Cambridge: Cambridge University Press, 2012.

Keefe, J. W., "Learning style: An overview", *Student learning styles: Diagnosing and prescribing programs*, 1979, 1 (1): 1 – 17.

Kerbrat-Orecchioni, C., *Les interactions verbales: Variations culturelles et echanges rituels*, París: Colin, 1998.

Kessler, C. (ed.), *Cooperative Language Learning: A Teacher's Resource/Book*, In glewood Cliffs: Prentice Hall Regents, 1992.

Keys, B., "The role of management games and simulations in education and research", *Journal of Management*, 1990, 16: 307 – 337.

Kiekintveld, C., Wellman, M. P., & Singh, S., *Empirical game-theoretic analysis of chaturanga*, In AAMAS – 06 Workshop on Game-Theoretic and Decision-Theoretic Agents, 2006.

Kinginger, C., "Defining the zone of proximal development in US foreign language education", *Applied Linguistics*, 2002, 23 (2): 240 – 261.

Knell, E. and Y. Chi, "The roles of motivation, affective attitudes, and willingness to communicate among Chinese students in early English immersion programs", *International Education*, 2012, 41 (2): 66 – 87.

Kohler, R., *Jean Piaget*, Londres/New York: Bloomsbury Publishing, 2014.

Kolb, A. and D. Kolb, "The Learning Way: Meta-cognitive Aspects of Experiential Learning", *Simulation & Gaming*, 2009, 40: 297 – 327.

Kolb, D. A., *Experiential learning: Experience as the source of learning and development* (Vol. 1), In glewood Cliffs: Prentice-Hall, 1984/2014.

Kraaijeveld, A. R., *Origin of chess-a phylogenetic perspective*, Board Games Studies, 2000, 3: 39 – 50.

Kramsch, C., *Context and culture in language teaching*, Oxford: Oxford University Press, 1993.

Krashen, S., *Second language acquisition and second language learning*, New York: Pergamon Press, 1981.

Krashen, S., *Principles and practice in second language acquisition*, New York: Pergamon Press, 1982.

Krashen, S., *Theory Versus Practice in Language Training*, In riching Esol Pedagogy: Readings and Activities for Engagement, Reflection, and Inquiry, 2002, 211.

Krashen, S. D., *The Input Hypothesis: Issues and Implications*, Londres: Longman, 1985.

Krashen, S. D., *Language acquisition and language education: Extensions and applications*, New York: Prentice Hall International, 1989.

Krashen, S. D. and T. Terrell, *The natural approach: Language acquisition in the classroom*, Oxford: Pergamon, 1983.

Kroskrity, P. V., "Regimenting languages: Language ideological perspectives", In Kroskrity, P. V. (ed.), *Regimes of language* (1 –34), Santa Fe: School of American Research Press, 2000.

Krueger, M. and F. Ryan, *Language and content: discipline-and content-based approaches to language study*, Lexington: D. C. Heath, 1993.

Kumaravadivelu, B., *Language-learning tasks: Teacher intention and learner interpretation*, 1991.

Kumaravadivelu, B., "Maximizing learning potential in the communicative classroom", *ELT Journal*, 1993a, 47: 12 –21.

Kumaravadivelu, B., "The name of the task and the task of naming: Methodological aspects of task-based pedagogy", In Crookes, G. and S. Gass (eds.), *Tasks in a pedagogical context* (69 –96), Clevedon, UK: Multilingual Matters, 1993b.

Kumaravadivelu, B., "The postmethod condition: (E) merging strategies for second/foreign language teaching", *TESOL quarterly*, 1994, 28 (1): 27 –48.

Kumaravadivelu, B., "A multidimensional model for peer evaluation of teaching effectiveness", *Journal of Excellence in College Teaching*, 1995, 6 (3): 95 –114.

Kumaravadivelu, B., "Maximizing learning potential in the communicative classroom", In Hedge, T. and N. Whitney (eds.) *Power, Pedagogy & Practice* (241 – 153), Oxford: Oxford University Press, 1996.

Kumaravadivelu, B., "Toward a postmethod pedagogy", *TESOL quarterly*, 2001, 35: 537 – 560.

Kumaravadivelu, B., "Method, antimethod, postmethod", In Alan Pulverness (ed.), *IATEFL 2002 Conference Selections* (11 – 22), Londres: International Association of Teachers of English as a Foreign Language, 2002.

Kumaravadivelu, B., "A postmethod perspective on English language teaching", *World Englishes*, 2003, 22 (4): 539 – 550.

Kumaravadivelu, B., *Understanding language teaching: From method to postmethod*, Routledge, 2006.

Kumaravadivelu, B., *Understanding Language Teaching, From Method to Postmethod*, Mahwah: Lawrence Erlbaum Associates, Inc. Publishers, 2008.

Kumaravadivelu, B., *Language teacher education for a global society*, New York: Routledge, 2012.

Kumaravadivelu, B., "Rethinking global perspectives and local initiatives in language teaching", *Language teachers and teaching: Global perspectives and local initiatives*, 2013.

Labov, W., "The linguistic variable as a structural unit", *Washington Linguistics Review*, 1969, 3: 4 – 22.

Labov, W., "Variation in language", In Carroll Reed (ed.), *The Learning of Language* (187 – 222), Champaign: National Council of Teachers of English, 1971.

Labov, W., *Modelos Linguisticos*, Madrid: Cátedra, 1972.

Labov, W., "Where does the sociolinguistic variable stop? A response to Beatriz Lavendera", *Working Papers in Sociolinguistics*, 1978, 44: 3 – 22.

Labov, W., "The exact description of the speech community: short a in Philadelphia", In Fasold, R. and D. Schiffrin (eds.), *Language Change and*

Variation (1 - 57), Philadelphia: Benjamins, 1989.

Labov, W., *Principios del cambio lingüístico*, Factores Internos, Madrid: Gredos, 1994.

Labov, W., *Principles of Linguistic change*, Volume II: Social Factors, Oxford: Blackwell, 2001a.

Labov, W., *Studies in Sociolinguistics by William Labov*, Pekín: Beijing Language and Culture University Press, 2001b.

Labov, W., *Principles of Linguistic change*, Volume III: Cognitive and Cultural Factors, Oxford: Wiley Blackwell, 2001c.

Labov, W., "Quantitative Analysis of Linguistic Variation", In Ammon, U., N. Dittmar, K. Mattheier and P. Trudgill (eds.), *HSK Sociolinguistics/Sociolinguisik Vol I.* (6 - 21), Berlin: De Gruyter, 2004.

Lado, R., *Linguistics Across Cultures*, Ann Arbor: University of Michigan Press, 1957.

Lambert, W. E. and G. R. Tucker, *Bilingual Education of Children: The St. Lambert Experiment*, Rowley: Newbury House, 1972.

Lantolf, J. P., "Language play and the acquisition of L2 Spanish", In Glass, W. R. and A. T. Perez-Leroux (eds.), Contemporary perspectives on the acquisition of Spanish: Vol. 2. Production, *processing and comprehension* (3 - 35), Somerville: Cascadilla Press, 1997.

Lantolf, J. P., "Second language learning as a meditational process", *Language Teaching*, 33: 79 - 96, 2000.

Lantolf, J. P., "Intrapersonal communication and internalization in the second language classroom", In Kozulin, A., V. S. Ageev, S. Miller and B. Gindis (eds.), *Vygotsky's theory of education in cultural context* (349 - 370), New York: Cambridge University Press, 2003.

Lantolf, J. P., "Sociocultural theory and L2: State of the art", *Studies in second language acquisition*, 2006, 28 (1): 67 - 109.

Lantolf, J. P. and C. Yáñez-Prieto, "Talking yourself into Spanish: Intrapersonal communication and second language learning", *Hispania*, 2003, 86: 97–109.

Lantolf, J. P. and P. B. Genung, "I'd rather switch than fight: An activity-theoretic study of power, success, and failure in a foreign language", In Kramsch, C. (ed.), *Language acquisition and language socialization: Ecological perspectives* (175–196), Londres: Continuum, 2002.

Lantolf, J. P. and S. L. Thorne, *Sociocultural Theory and the Genesis of Second Language Development*, Oxford: Oxford University Press, 2006.

Lantolf, J. P. and S. L. Thorne, "Sociocultural Theory and second language learning", In Vanpatten, B. and J. Williams (eds.), *Theories in Second Language Acquisition: An Introduction* (201–223), Mahwah: Lawrence Erlbaum Associates, Inc. Publishers, 2007.

Larsen-Freeman, D., *Techniques and principles in language teaching*, Oxford: Oxford University Press, 1986.

Larsen-Freeman, D., "Learning reaching is a lifelong process", *Perspectives*, 1998, XX IV/2: 5–11.

Larsen-Freeman, D., *Techniques and Principles in Language Teaching*, 2nd edition, Oxford: Oxford University Press, 2000.

Larsen-Freeman, D., "Reflection on the cognitive-social debate in second language acquisition", *The Modern language Journal*, 2007, 5: 773–787.

Laur, D., *Authentic learning experiences: A real-world approach to project-based learning*, New York: Routledge, 2013.

Lecumberri, E. and T. Súarez, "La simulación global en el contexto de una clase de lengua y contenido, Aprendizaje en cooperación y mejoramiento de destrezas comunicativas", *MarcoELE*, 2013, 16: 66–74.

Lederman, L. C., "Intercultural communication, simulation and the cognitive assimilation of experience: An exploration of the post-experience analytic process", *In 3rd Annual Conference of the Speech Communication Association of Puerto Rico*, San Juan, 1–3, 1983.

Lee, J. F. and B. van Patten, *Making Communicative Language Teaching Happen*, New York: McGraw-Hill, 1995.

Legutke, M., & Thomas, H., *Building bricks: communicative learningtasks*, Process and experience in the language classroom, 1991.

Leont'ev, A. N., Activity, *Consciousness and Personality*, In glewood Cliffs: Prentice Hall, 1978.

Leont'ev, A. N., "The problem of activity in psychology", In J. V. Wertsch (ed.), *The Concept of Activity in Soviet Psychology* (4 – 43), Armonk: Sharpe, 1981.

Leont'ev, A. N., "Joint activity, communication, and interaction (toward well-grounded "pedagogy of cooperation")", *Journal of Russian and East European Psychology*, 1999, 3: 43 – 58.

Leow, R., "Toward operationalizing the process of attention in SLA: Evidence for Tomlin and Villa's (1994) fine-grained analysis of attention", *Applied Psycholinguistics*, 1998, 19: 133 – 159.

Leow, R., "Attention, awareness and foreign language behavior", *Language Learning*, 2001, 51 (Supl. 1): 113 – 155.

Leow, R. P., "Models, attention, and awareness in SLA", *Studies in Second Language Acquisition*, 2002, 24 (01): 113 – 119.

Leow, R. P. and M. A. Bowles, "Attention and awareness in SLA", In Sanz, C. (ed.), *Mind and context in adult second language acquisition: Methods, theory, and practice* (179 – 203), Washington: Georgetown University Press, 2005.

Levine, G., "Global simulation: A student-centered task-based format for intermediate foreign language courses", *Foreign Language Annals*, 2004, 37 (1): 26 – 36.

Levine, G. S., N. Eppelsheimer, F. Kuzay, S. Moti, and J. Wilby, "Global simulation at the intersection of theory and practice in the intermediate-level German classroom", *Die Unterrichtspraxis/Teaching German*, 2004: 99 –

116.

Levinson, Stephen, *Presumptive Meanings: The Theory of Generalized Conversational Implicature*, Cambrige: MIT Press, 2000.

Levitt, S. H., "Chess—Its South Asian Origin and Meaning", *Annals of the Bhandarkar Oriental Research Institute*, 1991, 72/73 (1/4): 533 –547.

Lewin, K., *Field Theory in Social Sciences*, New York: Harper-Row, 1951.

Lewis, M., The lexical approach (Vol. 1). Hove: Language teaching publications, 1993.

Lewis, M., "Learning in the lexical approach", In Lewis, M. (ed.), *Teaching Collocation: Further Developments in the Lexical Approach* (155 –184), Londres: Language Teaching Publication, 2000.

Liaw, M. L. and R. J. Johnson, "E-mail writing as a cross-cultural learning experience", *System*, 2001, 29 (2): 235 –251.

Lippitt, R., *Training in Community Relations*, New York: Harpers, 1949.

Littlejohn, A., "Testing: The use of simulation/games as a language testing device", In Crookall, D. and R. L. Oxford (editores), *Simulation, gaming, and language learning* (125 –141), New York: Newbury House Publishers, 1990.

Littlewood, W., *Communicative Language Teaching*, Cambridge: Cambridge University Press, 1981.

Littlewood, W., *La enseñanza comunicativa de idiomas: introducción al enfoque comunicativo*, Cambridge university press, 1998.

Littlewood, W., "Communicative and task-based language teaching in East Asian classrooms", *Language Teaching*, 2007, 40 (3): 243 –249.

Lompscher, J., "The category of activity as a principal constituent of cultural-historical psychology", In Robbins, D. and A. Stetsenko (eds.), *Voices with Vygotsky's Non-Classical Psychology* (79 –99), New York: Nova Science Publishers, 2003.

Long, M. H., "Input, interaction and second language", In Winitz, H. (ed.), *Native language and foreign language acquisition* (259 –278), New York:

Annals of the New York Academy of Sciences, 1981.

Long, M. H., "Linguistic and conversational adjustments to non-native speakers", *Studies in Second Language Acquisition*, 1983a, 5: 177 – 194.

Long, M. H., "Native speaker/non-native speaker conversation and the negotiation of comprehensible input", *Applied Linguistics*, 1983b, 4: 126 – 141.

Long, M. H., "Input and second language acquisition theory", In Gass, S. M. and C. G. Madden (eds.), *Input in second language acquisition* (377 – 393), Rowley: Newbury House, 1985.

Long, M. H., "The role of the linguistic environment in second language acquisition", In Ritchie, W. C. and T. K. Bahtia (eds.), *Handbook of second language acquisition* (413 – 468), New York: Academic Press, 1996.

Long, M. H., "A rationale for needs analysis and needs analysis research", In M. H. Long, (ed.), *Second language needs analysis* (1 – 16), Cambridge: Cambridge University Press, 2005.

Long, M. H., & Porter, P. A., "Group work, interlanguage talk, and second language acquisition", *TESOL quarterly*, 1985, 19 (2): 207 – 228.

Long, M. and C. Sato, "Classroom foreigner talk discourse: Formsand functions of teachers' questions", In Seliger, H. and M. Long (eds.), *Classroom-Oriented Research in Second Language Acquisition*, Rowley: Newbury House, 1983.

Lukmani, Y. M., "Motivation to learn and language proficiency", *Language Learning*, 1972, 22: 261 – 73.

Luria, A. R., *Language and Cognition*, New York: Wiley, 1982.

Lyons, J., "On competence and performance and related notions", In Brown, G., K. Malmkjaer and J. Williams (eds.), *Performance and competence in second language acquisition* (11 – 32), Cambridge, UK: Cambridge University Press, 1996.

MacIntyre, P. D. and C. Charos, "Personality, Attitudes, and Affect as Predictors of Second Language Communication", *Journal of Language & Social Psychology*, 1996, 15: 3 – 26.

Mackey, A., "Input, interaction, and second language development: An empirical study of question formation in ESL", *Studies in second language acquisition*, 1999, 21 (4): 557 – 587.

Magnin, M. C., "The Building: An Adaptation of Francis Debyser's Writing Project: A Global Simulation to Teach Language and Culture", In Walz, G. R. (comp.), China-US Conference on Education Beijing, *Collected Papers* (Beijing, People's Republic of China, July 9 – 13, 1997) (55 – 62), Greensboro, NC: Eric Publications. [on line]: < http://home.sandiego.edu/~mmagnin/simulation.html >, 1997.

Magnin, M. C., "An interdisciplinary approach to teaching foreign languages with global and functional simulations", *Simulation & Gaming*, 2002, 33 (3): 395 – 399.

Malinowski, B., "The problem of meaning in primitive languages", In Ogden, C. K. and I. A. Richards (eds.), *The Meaning of Meaning* (296 – 336), New York: Harcourt, Brace and World, Inc., 1923.

Marco Martínez, C. and J. Lee Marco, "La enseñanza del español en China: evolución histórica, situación actual and perspectivas", *Revista Cálamo Faspe*, 2010, 56: 3 – 14.

Marshall, T., *The Whole World Guide to Language Learning*, Yarmouth: Intercultural Press, 1989.

Masgoret, A. M., and R. C. Gardner, "Attitudes, motivation, and second language learning: a meta-analysis of studies conducted by Gardner and associates", *Language learning*, 2003, 53 (1): 123 – 163.

Mauffette-Leenders, L. A., & Leenders, M. R., *Teaching with Cases Workshop*, Université Laval, Faculté des sciences de l'administration, 1994.

Maxwell, N. L., Y. Bellisimo and J. R. Mergendoller, "Problem-based learning: Modifying the medical school model for teaching high school economics", *Social Studies*, 2001, 92: 73-78.

McCafferty, S. G., G. M. Jacobs and A. C. D. Iddings, *Cooperative learning and second language teaching*, Cambrige: Cambridge University Press, 2006.

McCarthy, M. and R. Carter, *Language as discourse: Perspectives for language teaching*, Londres: Longman, 1994.

McLaughlin, B., "The Monitor Model: Some Methodological Considerations", *Language learning*, 1978, 28: 309-332.

McLaughlin, B., *Theories of second language learning*, London: Edward Arnold, 1987.

Meier, R. C., "Simulations for transmitting concepts of social organization", In Hirsch, W. Z. (ed.), *Inventing Education for the Future* (156-175), San Francisco: Chandler, 1967.

Melero Abadía, P., *Métodos yenfoques en la enseñanza/aprendizaje del español como lengua extranjera*, Madrid: Edelsa, 2000.

Meyerhoff, M., *Introducing sociolinguistics*, New York: Routledge Taylor & Francis Group, 2015.

Michelson, K., *Mediating pedagogies for teaching and learning language and culture as discourse: A multiliteracies-based global simulation in intermediate French*, Tucson: The University of Arizona, 2015.

Mielants, E., *The Importance of Simulation as a Mode of Analysis: Theoretical and Practical Implications and Considerations*, Revue Belge d'Histoire Contemporaine, 1997, 27 (3-4).

Mills, N. A. and M. Péron, "Global simulation and writing self-beliefs of college intermediate French students", *International Journal of Applied Linguistics*, 2009, 156: 239-273.

Mitchell R. and F. Myles, *Second Language Learning Theories*, Londres: Hodder Arnold, 2004.

Modiano, M., "Linguistic imperialism, cultural integrity, and EIL", *ELT Journal*, 2001, 55 (4): 339-347.

Mohammed, Y., *Foreign Language Teaching Methodology*, Pekín: Intellectual Property Publishing House, 2013.

Mohan, B., *Language and Content*, Reading: Addison-Wesley, 1986.

Mokhtari, K., & Reichard, C. A., "Assessing students' metacognitive awareness of reading strategies", *Journal of educational psychology*, 2002, 94 (2): 249.

Montero Fleta, B., "Enhancing Innovation Competences through a Research-based Simulation: From Framework to Hands-on Experience", *Porta Linguarum*, 2013, 20: 239–252.

Mufwene, S. S., "Colonization, globalization, and the future of languages in the twenty-first century", *International Journal on Multicultural Societies*, 2002, 4 (2): 162–193.

Munby, J., *Communicative syllabus design*, Cambridge: Cambridge University Press, 1978.

Murphey, T., "Content-based instruction in an EFL setting: issues and strategies", In Snow, M. A. and D. M. Brinton (eds.), *The content-based classroom* (117–131), White Plains: Addison Wesley Longman, 1997.

Naiman, N., H. Fröhlich, H. Stern and A. Todesco, *The Good Language Learner*, Toronto: Ontario Institute for Studies in Education, 1978.

Nassaji, H. and M. Swain, "A Vygotskian perspective on corrective feedback in L2: the effect of random versus negotiated help in the learning of English articles", *Language Awareness*, 2000, 8: 34–51.

Nattinger, J. R. and J. S. DeCarrico, *Lexical Phrases and Language Teaching*, Oxford: Oxford University Press, 1992.

Neale, Stephen, "Paul Grice and the Philosophy of Language", *Linguistics and Philosophy*, 1992, 15: 509–559.

Nel, C., "Learning style and good language learners", In C. Griffiths (ed), *Lessons from good language learners* (49–60), Cambrige: Cambridge University Press, 2008.

Neville, D. O. and D. W. Britt, "A Problem-Based Learning Approach to Integrating Foreign Language Into Engineering", *Foreign Language Annals*, 2007, 40 (2): 226 – 246.

Newman, D., P. Griffin and M. Cole, *The Construction Zone: Working For Cognitive Change in School*, Cambridge: Cambridge University Press, 1989.

Noels, K. A., "Learning Spanish as a second language: learners' orientations and perceptions of their teachers' communication style", *Language Learning*, 2001, 51: 107 – 44.

Noels, K. A., "Learning Spanish as a second language: Learners' orientations and perceptions of their teachers' communication style", In Z. Dörnyei (ed.), *Atitudes, orientations, and motivations in language learning* (97 – 136), Oxford: Blackwell, 2003.

Noels, K. A., "The internalisation of language learning into the self and social identity", In Z. Dörnyei and E. Ushioda (eds.), *Motivation, language identity and the L2 self* (295 – 313), Bristol: Multilingual Matters, 2009.

Noels, K. A., L. Pelletier, R. Clément and R. Vallerand, "Why are you learning a second language? Motivational orientations and self-determination theory", *Language Learning*, 2000, 50: 57 – 85.

Noels, K. A., R. Clément and L. G. Pelletier, "Perceptions of teachers' communicative style and students' intrinsic and extrinsic motivation", *Modern Language Journal*, 1999, 83: 23 – 34.

Noels, K. A., R. Clément and L. G. Pelletier, "Intrinsic, extrinsic, and integrative orientations of French Canadian learners of English", *Canadian Modern Language Review*, 2001, 57: 424 – 444.

Norton, B. and K. Toohey (eds.), *Critical Pedagogies and Language Learning*, New York: Cambridge University Press, 2004.

Nunan, D., "Communicative language teaching: Making it work", *ELT Journal*, 1987, 41: 136 – 145.

Nunan, D., *The Learner-Centred Curriculum*, Cambridge: Cambridge University Press, 1988.

Nunan, D., *Designing tasks for the communicative classroom*, Cambridge, UK: Cambridge University Press, 1989.

Nunan, D., *Language teaching methodology: A textbook for teachers*, New York: Prentice Hall, 1991.

Nunan, D., "Getting started with learner-centred teaching", *In glish Teaching Professional*, 1997, 4: 24 – 25.

O'Malley, J. M. and A. U. Chamot, *Learning strategies in second language acquisition*, New York: Cambridge University Press, 1990.

O'Malley, J. M., A. U. Chamot, G. Stewner-Manzanares, R. Russo and L. Küpper, "Learning strategy applications with students of English as a second language", *TESOL Quarterly*, 1985, 19: 285 – 96.

Ohta, A., "Applying sociocultural theory to an analysis of learner discourse: learner-learner collaborative interaction in the zone of proximal development", *Issues in Applied Linguistics*, 1995, 6 (2): 93 – 121.

Ohta, A. S., "Rethinking interaction in SLA: developmentally appropriate assistance in the zone of proximal development and the acquisition of L2 grammar", In Lantolf, J. P. (ed.), *Sociocultural theory and second language learning* (51 – 78), Oxford: Oxford University Press, 2000.

Ohta, A. S., *Second language acquisition processes in the classroom: Learning Japanese*, Mahwah: Erlbaum, 2001.

Olea Ferrero, Rosa María., "La simulación global como experiencia didáctica", *El Guiniguada*, 1990, 1: 231 – 236.

Oller, J. W., "Can Affect Be Measured?", *International Review of Applied Linguistics in Language Teaching*, 1981, 19: 227 – 235.

Oller, J. W., L. Baca, and F. Vigil, "Attitudes and attained proficiency in ESL: a sociolinguistic study of Mexican Americans in the Southwest", *TESOL Quarterly*, 1979, 11: 173 – 83.

Olsen, R. and S. Kagan, "About cooperative learning", In Kessler, C. (ed.),

Cooperative Language Learning: *A Teacher's Resource Book* (1 – 30), New York: Prentice Hall, 1992.

Omaggio, A. C., *Helping Learners Succeed*: *Activities for the Foreign Language Classroom*, Washington: Center for Applied Linguistics, 1981.

Ortega, L., *Understanding second language acquisition*, Londres: Hodder, 2009.

Ortega, L., *Understanding second language acquisition*, Londres: Routledge, 2014.

Oxford, R. L., *Teaching and researching language learning strategies*: *Self-regulation in context*, Taylor & Francis, 2016.

Oxford, R., *Language learning strategies*: *What every teacher should know*, New York: Newbury House/Harper & Row, 1990.

Oxford, R. L., "Anxiety and the language learner: New insights", In Arnold, J. (ed.), *Affect in language learning* (58 – 67), Cambridge: Cambridge University Press, 1999.

Oxford, R. L. (ed.), *Language learning styles and strategies*, Berlín: Mouton de Gruyter, 2003.

Oxford, R. L. and D. Crookall, "Research on language learning strategies: findings, and instructional issues", *The Modern Language Journal*, 1989, 73 (3): 404 – 419.

Oxford, R. L. and M. Ehrman, M., "Second language research on individual differences", *Annual review of applied linguistics*, 1992, 13: 188 – 205.

Oxford, R. and J. Shearin, "Language learning motivation: expanding the theoretical framework", *The Modern Language Journal*, 1994, 78 (1): 12 – 28.

Packer, M. J., "Social interaction as practical activity: Implications for the study of social and moral development", In Kurtines, W. and J. Gewirtz (eds.), *Moral Development through Social Interaction* (245 – 280), New York: Wiley, 1987.

Packer, M. J., "Away from internalization", In Forman, E., N. Minick, and A. Stone (eds.), *Contests for learning*: *Sociocultural dynamics in children's de-*

velopment (254 – 265), Oxford: Oxford University Press, 1993.

Palmer, H. E., *Specimens of English Construction Patterns*, Tokyo: Department of Education, 1934.

Palmer, H. E., *Grammar of English Words*, Londres: Longman, 1938.

Palmer, H. E., *The Teaching of Oral English*, Londres: Longman, 1940.

Palmer, H. E. and F. G. Blandford, *A Grammar of Spoken English on a Strictly Phonetic Basis*, Cambridge: Heffer, 1939.

Palmer, H. E., *The oral method of teaching languages*, Cambridge: Heffer, 1921.

Palomero Pescador, J. E., M. R. Fernández Domínguez, C. Tirado Anadón and J. Cerdá Bixquert, "La expresión oral libre de Jean Villégier en el contexto de los diferentes métodos para la enseñanza-aprendizaje de los idiomas extranjeros", *Revista Interuniversitaria de Formación del Profesorado*, 1990, 8: 65 – 86.

Pattison, B., *In glish Teaching in the World Today*, Londres: Evans. Pattison, 1952.

Pattison, B., *Modern methods of language teaching*, ELT Journal, 1964, 19 (1): 2 – 5.

Pávlov, I. P., *The work of the digestive glands*, Londres: Griffin, 1897.

Pávlov, I. P., *Lectures on conditioned reflexes*, Londres: Allen and Unwin, 1928.

Pawlak, M., *New Perspectives on Individual Differences in Language Learning and Teaching*, Berlín: Springer, 2012.

Pawley, A. and F. H. Syder, "Two puzzles for linguistic theory: native like selection and native like fluency", In Richards, J. C. and R. W. Schmidt (eds.), *Language and Communication* (191 – 225), Londres: Longman, 1983.

Pennycook, A., "The concept of method, interested knowledge, and the politics of language teaching", *TESOL Quarterly*, 1989, 23: 589 – 618.

Pentcheva, M. and T. Shopov, Whole Language, *Whole Person. A Handbook of Language Teaching Methodology*, Viseu: Passagem Editores, 2003.

Pérez Gutiérrez, M., "La simulación como técnica heurística en la clase de español con fines profesionales", *In I Congreso Internacional de Español para Fines Específicos* (169 – 183), [on line]: <http://cvc.cervantes.es/ensenanza/biblioteca_ ele/ciefe/indice1.htm>, 2000.

Perez, Yuddy, and Paige Poole, "Making language real: Developing communicative and professional competences through global simulation", *Simulation & Gaming*, 50.6, 2019: 725 – 753.

Philips, S., "Participant Structures and Communicative Competence; Warm Springs Children in Community and Classroom", In Cazden, C., V. John and D. Hymes (eds.), *Functions of Language in the Classroom* (370 – 394), Columbia University: Teachers College Columbia, 1972.

Phipps, S., "Constructivist Language Teacher Education: An Example from Turkey", In T. S. C. Farrell (ed), *International Perspectives on English Language Teacher Education Innovations from the Field* (16 – 35), New York: Palgrave Macmillan, 2015.

Piaget, J., "Psychoanalyse und geistige Entwicklung", In Volkmann-Raue, S. (ed.), Jean Piaget, *Drei fruhe Schriften zur Psychoanalyse* (147 – 153), Friburgo: Kore, 1933.

Piaget, J., *Origins of intelligence in the child*, London: Routledge & Kegan Paul, 1936.

Piaget, J., *The construction of reality in the child*, New York, 1954.

Piaget, J., "Development and learning", In Ripple, R. E. and V. N. Rockcastle (eds.), *Piaget Rediscovered: a Report of the Conference on Cognitive Studies and Curriculum Development*, March (7 – 20), Ithaca: Cornell University, 1964.

Piaget, J., *The Language and Thought of the Child*, New York: Word Publishing Co, [1. a ed. 1923], [on line]: https://books.google.es/books?id = VCjwBgAAQBAJ&pg = PA260&lpg = PA260&dq = Piaget, + J. + 1936. + Das + Erwachen + der + Intelligenz + beim + Kinde&source =

bl&ots = _ dV FqAZJor&sig = wQ7RxUWPDk6pdeBY9vYy4AQxwgs&hl = es&sa = X&ved = 0ahUKE wi6ktfNsN3TAhWMVhoKHUFcAusQ6AEITTAG# v = onepage&q = Piaget% 2C% 20J. % 201936. % 20Das% 20Erwachen% 20der% 20Intelligenz% 20beim% 20Kinde&f = false, 1965.

Piaget, J., *Genetic epistemology* (trad. E. Duckworth), New York: Columbia University Press, 1970a.

Piaget, J., *Abriss der genetischen Epistemologie* [The Principles of Genetic Epistemology], Olten: Walter, 1970b.

Piaget, J., *El nacimiento de la inteligencia en el niño*, Barcelona: Crítica. [1. a ed., 1936], 1990.

Pienemann, M., B. Di Biase, S. Kawaguchi and G. Håkansson, "Processing constraints on L1 transfer", In Kroll, J. F. and A. M. B. DeGroot (eds.), *Handbook of Bilingualism: Psycholinguistic Approaches*, New York: Oxford University Press, 2005.

Piepho, H. E., "Establishing objectives in the teaching of English", In Candlin, C. (ed.), *The Communicative Teaching of English: Principles and an Exercise Typology*, Londres: Longman, 1981.

Pittman, G., *Teaching Structural English*, Brisbane: Jacaranda, 1963.

Plough, I. and S. Gass, "Interlocutor and task familiarity: effect on interactional structure", In Crookes, G. and S. Gass (eds.), *Tasks and Language Learning: Integrating Theory and Practice* (35 – 36), Clevedon: Multilingual Matters, 1993.

Potts, Christopher, *The Logic of Conventional Implicature*, Oxford: Oxford University Press, 2005.

Poulisse, N. and Bongaerts, T., "First language use in second language production", *Applied Linguistics*, 1994, 15: 36 – 57.

Prabhu, N. S., *Second language pedagogy* (Vol. 20), Oxford: Oxford University Press, 1987.

Ramage, K., "Motivational factors and persistence in foreign language study",

Language Learning, 1990, 40: 189 – 219.

Rampton, B., "A sociolinguistic perspective on L2 communication strategies", In Kasper, G. and E. Kellerman (eds.), *Communication Strategies: Psycholinguistic and Sociolinguistic Perspectives* (279 – 303), Londres: Longman, 1997.

Rawlings, M. and E. Sue, "Preparedness of Chinese students for American culture and communicating in English", *Journal of International Students*, 2013, 3 (1): 29 – 40.

Reguillo Pelayo, A. I., "Contextos para la enseñanza/aprendizaje de la comprensión lectora dentro de una simulación global en español", In Barrueco, S. (coord.), *Lenguas para fines específicos. V, Investigación and enseñanza* (579 – 582), Alcalá de Henares: Universidad de Alcalá, 1996.

Reid, J. M., *Learning styles in the ESL/EFL classroom*, Boston: Heinle & Heinle Publishers, 1995.

Reilly, P., "The guru and the conjurer: aspects of counseling for self-access", In P. Benson and P. Voller (eds.), *Autonomy and Independence in Language Learning* (114 – 131), Londres: Longman, 1997.

Reynolds, F., "Studying psychology at degree level: Would problem-based learning enhance students' experience?", *Studies in Higher Education*, 1997, 22: 263 – 275.

Ricciardi, F. M., C. J. Craft, D. G. Malcolm, R. Bellman, C. Clark, J. M. Kibbee and R. H. Rawdon, *Top Management Decision Simulation: The AMA approach*, New York: American Management Association, 1957.

Richards, J. C., "The secret life of methods", In Richards J. C. (ed.), *The Context of Language Teaching* (32 – 45), Cambrige: Cambridge University Press, 1985.

Richards, J. C., *The language teaching matrix*, Cambridge: Cambridge University Press, 1990.

Richards, J. C. and R. Schmidt, *Longman Dictionary of Language Teaching and*

Applied Linguistics, Londres: Pearson Education Limited, 2010.

Richards, J. C. and T. Rodgers, "Method: Approach, design, procedure", *TESOL Quarterly*, 1982, 16: 153-168.

Richards, J. C. and T. S. Rodgers, *In foques and métodos en la enseñanza de idiomas*, Segunda ed, actualizada, Cambridge: Cambridge University Press, 2003.

Richards, J. C. and W. A. Renandya, *Methodology in language teaching: An anthology of current practice*, Cambridge: Cambridge University Press, 2002.

Richterich, R., *A model for the definition of language needs of adults learning a modern language*, Strasbourg: Council of Europe, 1972.

Richterich, R. and J. L. Chancerel, *Identifying the needs of adults learning a foreign language*, Estrasburgo: Council of Europe, 1977.

Rico Ortega, A., "El estructuralismo", *Boletín Académico, Escola Técnico Superior de Arquitectura da Coruña*, 1996, 20: 17-19.

Ringbom, H., *The Role of the First Language in Foreign Language Learning*, Clevedon: Multilingual Matters, 1987.

Rivers, W. M., *The Psychologist and the Foreign Language Teacher*, Chicago: University of Chicago Press, 1964.

Rivers, W. M., *Speaking in many tongues: Essays in foreign language teaching*, Rowley: Newbury House, 1972.

Rivers, W. M., "Mental representations and language in action", *The Canadian Modern Language Review*, 1991, 47: 249-265.

Robinson, P., A. Mackey, S. M. Gass and R. Schmidt, "Attention and awareness in second language acquisition", In Gass S. M. and A. Mackey (eds.), *The Routledge handbook of second language acquisition* (247-267), Londres: Routledge, 2012.

Roebuck, R., "Subjects speak out: how learners position themselves in a psycholinguistic task", In Lantolf, J. P. (ed.), *Sociocultural theory and second language learning* (81 – 98), Oxford: Oxford University Press, 2000.

Roldán, M., "Plaza de la Luna Llena, 13. Una experiencia de Simulación Global en la clase de ELE", *Cable*, 1990, 5: 46 – 49.

Roldán, M., "La Simulación Global en cursos de profesores o cómo vivir en Barcelona sin salir de Marruecos", *Aljamía* 4. *Consejería de Educación de la Embajada de España en Marruecos*, Rabat, 1993.

Roldán, M., "Simulación y narrativas en la clase de ELE", In Sans, N. and L. Miquel (coords), *Didáctica del español como lengua extranjera*, 3 (211 – 222), Madrid: Fundación Actilibre, 1996.

Roldán, M., "Simulación y narrativas en la clase de ELE", *MarcoELE*, 2009, 9: 211 – 222.

Rosa, E. M. and R. P. Leow, "Awareness, different learning conditions, and second language development", *Applied psycholinguistics*, 2004, 25 (02): 269 – 292.

Rossi-Le, L., *Perceptual learning style preferences and their relationship to language learning strategies in adult students of English as a second language*, Des Moines: Drake University, 1989.

Roth, W. M., K. Tobin, R. Elmesky, C. Carambo, Y. McKnight and J. Beers, "Re/making identities in the praxis of urban schooling: A cultural historical perspective", *Mind, Culture, & Activity*, 2004, 11: 48 – 69.

Ruben, B. and L. C. Lederman, "Communication, culture, and language", In Crookall, D. and R. L. Oxford (eds.), *Simulation, gaming, and language learning* (205 – 213), New York: Newbury House Publishers, 1990.

Rubin, J., "What the 'good language learner' can teach us", *TESOL Quarterly*, 1975, 9: 41 – 51.

Rubin, J. and I. Thompson, *How to be a more successful language learner*, Boston: Heinle and Heinle Publishers, 1982.

Ruiz de Mendoza Ibáñez, F. J. and A. Galera-Masegosa, "Modelos cognitivos, operaciones cognitivas y usos figurados del lenguaje", *Forma and Función*, 2012, 25 (2): 11 -38.

Rutherford, W. E., *Second language grammar: Learning and teaching*, Londres: Longman, 1987.

Sánchez Pérez, A., *Historia de la enseñanza del español como lengua extranjera*, Madrid: Sociedad General Española de Librería (SGEL), [on line]: http://www.um.es/lacell/miembros/asp/masterELE/histoele.pdf, 1992.

Sandelowski, M., "Tables of tableaux? The challenges of writing and reading mixed methods studies", In Tashakkori, A. and C. Teddlie (eds.) *Handbook of Mixed Methods in Social and Behavioral Research* (321 - 350), Thousands Oaks: Sage, 2003.

Savignon, S., *Communicative Competence: Theory and Classroom Practice*, New York: McGraw-Hill, 1997.

Savignon, S. J., "On the Other Side of the Desk: A Look at Teacher Attitudes and Motivation in Second-Language Learning", *Canadian Modern Language Review*, 1976, 32: 293 - 302.

Saville-Troike, M., *Introducing second language acquisition*, New York: Cambridge University Press, 2012.

Scarcella, R. C., and R. C. Oxford, *The tapestry of language learning: The individual in the communicative classroom*, Boston: Heinle & Heinle, 1992.

Schachter, J., "An error in error analysis", *Language Learning*, 1974, 24: 205 - 214.

Scharle, A. and A. Szabo, *Learner autonomy: A guide to developing learner responsibility*, Cambridge: Cambridge University Press, 2000.

Schein, E. H. and W. G. Bennis, *Personal and Organizational Change Through Group Methods*, New York: Wiley, 1965.

Schieffelin, B. B. and E. Ochs, "Language socialization", *Annual review of anthropology*, 1986a, 15: 163 - 191.

Schieffelin, B. B. and E. Ochs, *Language socialization across cultures*, New

York: Cambridge University Press, 1986b.

Schmidt, R., "The role of consciousness in second language learning", *Applied Linguistics*, 1990, 11: 129 – 158.

Schmidt, R., "Psychological mechanisms underlying second language fluency", *Studies in Second Language Acquisition*, 1992, 14: 357 – 385.

Schmidt, R., "Consciousness, learning and interlanguage pragmatics", In Kasper, G. and S. Blum-Kulka (eds.), *Interlanguage pragmatics* (21 – 42), New York: Oxford University Press, 1993.

Schmidt, R., "Implicit learning and the cognitive unconscious", In Ellis, N. (ed.), *Implicit and explicit learning of languages* (165 – 209), Londres: Academic Press, 1994.

Schmidt, R., "Attention", In Robinson, P. (ed.), *Cognition and second language instruction* (3 – 32), Cambridge: Cambridge University Press, 2001.

Schumann, J., *The Pidginization Process: A Model for Second Language Acquisition*, Rowley: Newbury House, 1978a.

Schumann, J., "The acculturation model for second language acquisition", In Gingras, R. (ed.), *Second Language Acquisition and Foreign Language Teaching* (27 – 50), Arlington: Center for Applied Linguistics, 1978b.

Schumann, J. H., "Social distance as a factor in second language acquisition", *Language learning*, 1976, 26: 135 – 143.

Schwab, J. J., "The teaching of science as enquiry", In Schwab, J. J. and P. F. Brandwein (eds.), *The teaching of science* (3 – 103), Cambridge: Harvard University Press, 1962.

Schwartz, B. and R. Sprouse, "L2 cognitive states and the full transfer / full access model", *Second Language Research*, 1996, 12 (1): 40 – 72.

Scollon, R., *Mediated Discourse, The Nexus of Practice*, Londres: Routledge, 2001.

Scovel, T., "Questions concerning the application of neurolinguistic research to second language learning/teaching", *Tesol Quarterly*, 1982, 16 (3): 323-331.

Seargeant, P., "More English than England itself: the simulation of authenticity in foreign language practice in Japan", *International Journal of Applied Linguistics*, 2005, 15 (3): 326-345.

Searle, J. R., *Actos de habla*, Madrid: Cátedra, 1969a.

Searle, J. R., *Speech acts: An essay in the philosophy of language* (*Vol.* 626), Cambridge: Cambridge University Press, 1969b.

Searle, J. R., *Expression and meaning: Studies in the theory of speech acts*, Cambridge: Cambridge University Press, 1985.

Searle, J. R., F. Kiefer and M. Bierwisch (eds.), *Speech act theory and pragmatics* (*Vol.* 10), Dordrecht: D. Reidel, 1980.

Shaw, W. D., "Asian student attitudes towards English", In Smith, L. E. (ed.), *English for Cross-Cultural Communication* (108-122), Londres: Macmillan, 1981.

Shulman, L. S., "Knowledge and teaching: Foundations of the new reform", *Harvard Educational Review*, 1987, 57 (1): 1-22.

Silva-Corvalán, C., *Sociolingüística: teoría y análisis*, Sevilla: Editorial Alhambra Longman, 1989.

Silva-Corvalán, C. and A. In rique-Arias, *Sociolingüística y pragmática del español*, Washington: Georgetown University Press, 2001.

Silva, H., *Jeu et littérature, Les niveaux et les paradigmes à l'œuvre*, Tesis DESS, París: Universidad de París XIII, 1996.

Simard, D. and W. Wong, "Alertness, orientation and detection: The conceptualization of attentional functions in SLA", *Studies in Second Language Acquisition*, 2001, 23: 103-124.

Skehan, P., *Individual Differences in Second-Language Learning*, Londres: Edward Arnold, 1989.

Skinner, B. F., *Verbal Behavior*, New York: Appleton-Century-Crofts, 1957.

Slavin, R., *Cooperative Learning*, Boston: Allyn & Bacon, 1995.

Smith, K. A., S. D. Sheppard, D. W. Johnson and R. T. Johnson, "Pedagogies of engagement: Classroom-based practices", *Journal of Engineering Education*, 2005, 94 (1): 1 – 15.

Snow, M. A., "Content-based instruction: A method with many faces", In Alatis, J. E. (ed.), *Georgetown University Round Table on Languages and Linguistics* (461 – 470), Washington: Georgetown University Press, 1991.

Snow, M. A., "Trends and issues in content-based instruction", In Grabe Ferguson, W. C., R. B. Kaplan, G. R. Tucker and H. G. Widdowson (eds.), *Annual review of applied linguistics* 18 (243 – 267), New York: Cambridge University Press, 1998.

Snow, M. A. and D. Brinton, *The content-based classroom: Perspectives on integrating language and content*, New York: Pearson PLC, 1997.

Spada, N. and P. M. Lightbown, "Instruction, first language influence, and developmental readiness in second language acquisition", *Modern Language Journal*, 1999, 83: 1 – 22.

Spencer, H., *Les principes de biologie*, París: Germer Baillière, Sperber, Dan and Wilson, Deirdre (1986), Relevance: communication and cognition. Cambridge: Harvard University Press, 1863/1877.

Sperber, Dan and D. Wilson, *La relevancia, Comunicación and cognición* (Trad. esp. de Eleanor Leonetti), Madrid: Visor. (Original en inglés, 1986), 1994.

Stapa, S. and Majid, A., "The Use of First Language in Developing Ideas in Second Language Writing", *European Journal of Social Sciences*, 2009, 7: 41 – 47.

Stern, H. H., *Fundamental Concepts of Language Learning*, Oxford: Oxford University Press, 1983.

Stern, H. H., *Issues and options in language teaching*, Oxford: Oxford University Press, 1992.

Stetsenko, A. , "Social interaction, cultural tools and the zone of proximal development: In search of a synthesis", In Chaiklin, S. , M. Hedegaard and U. J. Jensen (eds.), *Activity theory and social practice: Cultural historical approaches* (235 – 253), Aarhus: Aarhus University Press, 1999.

Stevick, E. , *Teaching and Learning Languages*, Cambridge: Cambridge University Press, 1982.

Stockwell, R. , J. D. Bowen and J. Martin, *The Grammatical Structure of English and Spanish*, Chicago: University of Chicago Press, 1965.

Stoller, F. and W. Grabe, "A six-T's approach to content-based instruction", In Snow, M. A. and D. M. Brinton (eds.), *The content-based classroom* (cap. 6), New York: Longman, 1997.

Stone, C. A. , "What's missing in the metaphor of scaffolding?" En Forman, E. A. , N. Minick and C. A. Stone (eds.), *Contexts of Learing: Sociocultural Dyanamic of Children's Development* (169 – 183), New York: Oxofrd University Press, 1993.

Storch, N. , "Patterns of interaction in ESL pair work", *Language Learning*, 2002, 52: 119 – 158.

Strawson, P. F. , "Intention and convention in speech acts", *The Philosophical Review*, 1964, 73 (4): 439 – 460.

Stryker, S. and B. Leaver, *Content-Based Instruction in Foreign Language Education*, Washington: Georgetown University Press, 1993.

Stubbs, M. , *Language, Schools and Classrooms*, Londres: Methuen, 1976.

Sturtridge, G. , "Role-play and simulations", In Johnson, K. and K. Morrow (eds.), *Communication in the classroom* (126 – 130), Harlow: Longman, 1981.

Sudajit-apa, M. , "Role of Simulations in the Thai Graduate Business English Program: Can They Engage and Elicit Learners' Realistic Use of Specific Language?", *Theory and Practice in Language Studies*, 2015, 5 (2): 282 – 291.

Sugarman, L. , "Kolb's Model of Experiential Learning: Touchstone for Trainers, Students, Counselors and Clients", *Journal of Counseling and Devel-*

opment, 1985, 64 (4): 264 – 268.

Sunderman, G. and J. Kroll, "First language activation during second language lexical processing: An investigation of lexical form, meaning and gram-matical class", *Studies in Second Language Acquisition*, 2006, 28: 387 – 422.

Sutherland, J., F. Watts, A. García-Carbonell, B. Montero and A. Eidsmo, "Fostering a sense of community in networked environments: IDEELS telematic simulations", In V. Rodrigo Peñarrocha and M. Ferrando Bataller (eds.), Networked universities and e-learning, [en líena]: < http://www.upv.es/menuconf/CD%20MENU%20CONFERENCE/1B%20Education/janet_ sutherland.pdf >, 2003.

Svanes, B., "Motivation and Cultural Distance in Second-Language Acquisition", *Language Learning*, 1987, 37: 341 – 359.

Swaffar, J., K. Arens and M. Morgan, "Teacher classroom practices: Redefining method as task hierarchy", *Modern Language Journal*, 1982, 66: 24 – 33.

Swain, M., "Communicative competence: Some roles of comprehensible input and comprehensible output in its development", In Gass, S. M. and C. G. Madden (eds.), *Input in Second language Acquisition* (235 – 253), Rowley, MA: Newbury House, 1985.

Swain, M., "Three functions of output in second language learning", In Cook, G. and B. Seidlhofer (eds.), *Principle and practice in applied linguistics: Studies in Honour of H. G. Widdowson* (125 – 144), Oxford: Oxford University Press, 1995.

Swain, M., "The output hypothesis and beyond: mediating acquisition through collaborative dialogue", In Lantolf, J. P. (ed.), *Sociocultural theory and second language learning* (97 – 114), Oxford: Oxford University Press, 2000.

Swain, M., "The output hypothesis: Theory and research", In Hinkel, E. (ed.), *Handbook on Research in Second Language Learning and Teaching* (64 – 81),

Mahwah: Laurence Erlbaum Associates, 2005.

Swain, M., "The output hypothesis: Theory and research", In Hinkel, E. (ed.), *Handbook on Research in Second Language Learning and Teaching* (64 – 81), Mahwah: Laurence Erlbaum Associates, 2005.

Swain, M. and S. Lapkin, "Interaction and second language learning: Two adolescent French immersion students working together", *Modern Language Journal*, 1998, 82 (3): 320 – 337.

Swain, M. and S. Lapkin, "Task-based second language learning: The uses of the first language", *Language teaching research*, 2000, 4 (3): 251 – 274.

Taboada Sarrado, M. A., *Simulaciones globales en cursos de lengua extranjera*, Monterrey: Instituto Tecnológico y de Estudios Superiores de Monterrey, 2004.

Tarone, E., "Some thoughts on the notion of communication strategy", *TESOL Quarterly*, 1981, 15: 285 – 295.

Tavakoli, H., *A Dictionary of Language Acquisition, A Comprehensive Overview of Key Terms in First and Second Language Acquisition*, Teherán: Rahnama Press, 2012.

Tedick, D. J. (Ed.), *Second language teacher education: International perspectives*, Taylor & Francis, 2013.

Teitelbaum, H., A. Edwards and A. Hudson, "Ethnic Attitudes and the Acquisition of Spanish as a Second Language", *Language Learning*, 2006, 25 (2): 255 – 266.

Terkourafi, M., "Politeness and pragmatics", In Allan, K. and K. M. Jaszczolt (eds.), *The Cambridge Handbook of Pragmatics* (617 – 637), Cambridge: Cambridge University Press, 2012.

Thatcher, D., "A Consideration of the Use of Simulation for the Promotion of Empathy in Training for the Caring Professions-ME-THE SLOW LEARNER: a Case Study", *Simulation & Gaming*, 1990, 21 (3): 248 – 255.

Thornbury, S., "Teachers research teacher talk", *In glish Language Teach-*

ing, 1996, 50: 279 – 288.

Tims, N. R., *Project-based learning (PBL) in adult English as a second language (ESL) programs: students' perpectives*, Las Cruces: New Mexico State University, 2009.

Tomlin, R. S., "Mapping conceptual representations into linguistic representations: The role of attention in grammar", In Nuyts, J. and E. Pederson (eds.), *Language and conceptualization* (162 – 189), Cambridge: Cambridge University Press, 1997.

Tomlin, R. and V. Villa, "Attention in cognitive science and second language acquisition", *Studies in Second Language Acquisition*, 1994, 16: 183 – 203.

Tompkins, P. K., "Role Playing/Simulation", *The Internet TESL Journal*, 4 (8): 143 – 150. [on line]: < http://iteslj.org/Techniques/Tompkins-RolePlaying.html >, 1998.

Torrance, E. P., *Your Style of Learning and Thinking*, Forms B and C. Athens: University of Georgia, 1980.

Trice, E., 80 – *Square Chess. J. Int. Comput*, Games Assoc, 2004, 27 (2): 81 – 95.

Trim, J. L. M., *Developing a Unit/Credit Scheme of Adult Language Learning*, Oxford: Pergamon Press, 1980.

Trudgill, P., *Sociolinguistics: An introduction to language and society*, Londres: Penguin UK, 2000.

Trudgill, P., *Sociolinguistic Variation and Change*, Baltimore Georgetown University Press, 2002.

Trudgill, P., *Sociolinguistic typology: Social determinants of linguistic complexity*, Oxford: Oxford University Press, 2011.

Uribe, D., J. Gutiérrez and D. Madrid, "Crossnation Differences in Attitudes of Secondary English Learners", *World Journal of English Language*, 2011, 1 (1): 9 – 18.

Ushioda, C., "Motivation and good language learners", In C. Griffiths (ed),

Lessons from good language learners (19 – 34), Cambrige: Cambridge University Press, 2008.

Ushioda, E., "Motivation as a socially mediated process", In D. Little, J. Ridley and E. Ushioda (eds.), Learner Autonomy in the Foreign Language Classroom: Teacher, Learner, *Curriculum and Assessment* (90 – 102), Dublin: Authentik, 2003.

Ushioda, E., "Motivation, autonomy and sociocultural theory", In Benson P. (ed.), *Learner Autonomy* 8: *Teacher and Learner Perspectives* (5 – 24), Dublin: Authentik, 2007.

Ushioda, E. and Z. Dörnyei, "Motivation, language identities and the L2 self: A theoretical overview", In Ushioda, E. and Z. Dörnyei (eds.), *Motivation, language identity and the L2 self* (1 – 8), Bristol/Buffalo/Toronto: Multilingual Matters, 2009.

Vainikka, A. and M. Young-Scholten, "Gradual development of L2 phrase stractures", *Second Language Research*, 1996, 12 (1): 7 –39.

Vallerand, R. J., "Toward a hierarchical model of intrinsic and extrinsic motivation", *Advances in Experimental Social Psychology*, 1997, 29: 271 – 360.

Vallerand, R. J., L. G. Pelletier, M. R. Blais, N. M. Briere, C. Senecal, and E. F. Vallieres, "The academic motivation scale: A measure of intrinsic, extrinsic, and amotivation in education", *Educational Psychological Measurement*, 1992, 52: 1003 – 1017.

Vallerand, R. J., L. G. Pelletier, M. R. Blais, N. M. Briere, C. Senecal, and E. F. Vallieres, "On the assessment of intrinsic, extrinsic, and amotivation in education: Evidence on the concurrent and construct validity of the Academic Motivation Scale", *Educational and psychological measurement*, 1993, 53 (1): 159 –172.

Vallerand, R. J., M. R. Blais, N. M. Brière and L. G. Pelletier, "Construction et validation de l'échelle de motivation en éducation (EME) /Construction and validation of the Motivation toward Education Scale", *Canadian Journal of Behavioural Science/Revue canadienne des sciences du comportement*, 1989, 21 (3): 323 - 349.

Van Ek, J., *The Threshold Level in a European Unit/Credit System for Modern Language Teaching by Adults*, Strasbourg: Council of Europe, 1975.

Van Lier, L., "A tale of two computer classrooms: The ecology of project-based language learning", In J. H. Leather and J. Van Dam (eds.), *The ecology of language acquisition* (49 - 63), Dordrecht: Kluwer Academic Publishers, 2003.

Van Lier, L., *The ecology and semiotics of language learning*, Dordrecht: Kluwer Academic Publishers, 2004.

Van Lier, L., "Foreword", In Beckeet, G. H. and P. C. Miller (eds.), Project-based second and foreign language education: Past, present, and future (xi-xvi), Greenwich: *Information Age Publishing*, Inc., 2006.

Van Manen, M., "Linking ways of knowing with ways of being practical", *Curriculum Inquiry*, 1977, 6: 205 - 228.

Van Patten, B. and A. Benati, *Key Terms in Second Language Acquisition*, Londres: Continuum, 2010.

Van Patten, B. and T. Houston, "Contextual effects in processing L2 input sentences", *Spanish Applied Linguistics*, 1998, 1 (2): 53 - 70.

Vansteenkiste, M., W. Lens and E. L. Deci, "Intrinsic versus extrinsic goal contents in self-determination theory: another look at the quality of academic motivation", *Educational Psychologist*, 2006, 41: 19 - 31.

Vega González, J., *La simulación en el aula: contextos imaginarios en la enseñanza de ELE. Universidad de Oviedo*, Trabajo de fin de máster. [on line]: < http: // dspace. sheol. uniovi. es/ dspace/ bitstream/ 10651/4016/6/TFM _ Joaqu% C3% ADnVegaGonz% C3% A1lez. pdf >, 2012.

Villanueva Javier, A. L., *Una propuesta de Simulación Global para la enseñanza del francés dirigida a los estudiantes mexicanos principiantes de educación básica se-*

cundaria, Ciudad de México: Universidad Pedagógica Nacional, 2009.

Vygotsky, L., *Thought and Language*, Cambridge: MIT Press, 1962.

Vygotsky, L., *Mind in society: The development of higher psychological processes*, Cambridge: Harvard University Press, 1978.

VYGOTSKY, L., *History of higher psychic functions*, The Collected Works of LS Vygotsky, 4, 1981.

Vygotsky, L., *The collected works of L. S. Vygotsky* (R. W. Rieber and J. Wollock, eds.; vol. 3), New York: Plenum, 1997.

Vygotsky, L., *The collected works of L. S. Vygotsky* (R. W. Rieber ed., vol. 4), New York: Plenum, 1999.

Wagner-Gough, J. and E. Hatch, "The importance of input data in second language acquisition studies", *Language Learning*, 1975, 25: 297–307.

Wakamoto, N., "Language learning strategy and personality variables: Focusing on extroversion and introversion", *IRAL-International Review of Applied Linguistics in Language Teaching*, 2000, 38 (1): 71–81.

Wallace, M. J., & Bau, T. H., *Training foreign language teachers: A reflective approach*, Cambridge University Press, 1991.

Walqui, A., *Contextual factors in second language acquisition*, Washington: ERIC Clearinghouse on Languages and Linguistics. [on line]: < http://files.eric.ed.gov/fulltext/ED444381.pdf >, 2000.

Wang, F., *La simulación global en la enseñanza del español a intérpretes and traductores chinos especializados en el ámbito de la construcción de infraestructuras en América Latina*, Trabajo final de máster. Universidad de Sevilla, 2015.

Wardhaugh, R. and J. M. Fuller, *An introduction to sociolinguistics*, West Sussex: John Wiley & Sons, Inc., 2015.

Wassermann, S., *Introduction to Case Method Teaching. A Guide to the Galaxy*, Teachers College Press, Teachers College, Columbia University, 1234 Amsterdam Avenue, New York, NY 10027 (paper, ISBN-0-8077-3367-

9, MYM18.95; cloth, ISBN -0 -8077 -3368 -7, MYM39), 1994.

Watson, G., *Watson-Glaser critical thinking appraisal*, San Antonio, TX: Psychological Corporation, 1980.

Watson, H. J., *Computer Simulation in Business*, New York: John Wiley, 1981.

Watson, J., *Behaviorurism*, New York: Norton, 1924.

Watson, R. A., *The philosopher's demise: learning French*, Columbia: University of Missouri Press, 1995.

Watts, F. A. García-Carbonell, N. Martínez Alzamora and B. Rising, "Participation assessment in dysfunctional groups in simulation and gaming", In Kin, Y. G. (ed.), *Learn to Game, Game to Learn* (71 -92), Singapur: SSG Singapore, 2009.

Wells, G., "Using L1 to Master L2: A Response to Antón and DiCamilla's 'Socio-Cognitive Functions of L1 Collaborative Interaction in the L2 Classroom'", *The Modern Language Journal*, 1999, 83 (2): 248 -254.

Wenden, A., *Learner Strategies for Learner Autonomy: Planning and Implementing Learner Training for Language Learners*, In glewood Cliffs: Prentice-Hall, 1991.

West, M., *The Teaching of English: A Guide to the New Method Series*, Londres: Longman, 1953b.

West, M. (ed.), *A General Service List of English Words*, Londres: Longman, 1953a.

West, R., *Needs analysis in language teaching*, Language Teaching, 1994, 27, 1: 1 -19.

White, L., "Against comprehensible input: The input hypothesis and the development of second-language Competence", *Applied linguistics*, 1987, 8 (2): 95 -110.

White, L., "Linguistic theory, universal grammar and second language acquisition", In Vanpatten, B. and J. Williams (eds.), *Theories in Second Language Acquisition: An Introduction* (37 -55), Mahwah: Lawrence Erlbaum Associates, Inc. Publishers, 2007.

Widdowson, H. G., *Teaching Language as Communication*, Oxford: Oxford University Press, 1978.

Widdowson, H. G., *Aspects of language teaching*, Oxford: Oxford University Press, 1990.

Wilkins, D. A., *National syllabuses*, Oxford: Oxford University Press, 1976.

Williams, M. and R. L. Burden, *Psicología para profesores de idiomas: enfoque del constructivismo social*, Madrid: Edinumen, 1999.

Willis, D., *The Lexical Syllabus: A New Approach To Language Learning*, Londres: Collins ELT, 1990.

Wilson, A., *The bomb and the computer: Wargaming from ancient Chinese mapboard to atomic computer*, Londres: Barrie & Rockliff the Cresset Press, 1968.

Winitz, H., *The comprehension approach to foreign language instruction*, Newbury House Publishers, Inc., Rowley, MA 01969, 1981.

Winke, P. M., "The psychology of the language learner: Individual differences in second language acquisition", *Studies in Second Language Acquisition*, 2007, 29 (01): 143–144.

Witkin, H. A., C. A. Moore, D. R. Goodenough and P. W. Cox, "Field-dependent and field-independent cognitive styles and their educational implications", *ETS Research Report Series*, 1975, 2: 1–64.

Wode, H., "Developmental sequences in naturalistic L2 acquisition", *Working Papers on Bilingualism*, 1976, 15: 37–57.

Wolfe, J., "The role of management games and simulations in education research", *Journal of Management*, 1990, 16: 307–336.

Wolfe, J., "Successful student case analysis strategies", *Simulation & Gaming*, 1993, 24: 464–475.

Wolfram, W. A., *A Sociolinguistic Description of Detroit Negro Speech* (Urban Language Series, No. 5), Washington: Centre for Applied Linguistics,

1969.

Wong, W., "Modality and attention to meaning and forming the input", *Studies in Second Language Acquisition*, 2001, 23: 345 – 368.

Wood, D., J. S. Bruner and G. Ross, "The role of tutoring in problem solving", *Journal of Child Psychology and Psychiatry*, 1976, 17: 89 – 100.

Wright, A., *Visual Material for the Language Teacher*, Londres: Longman. Wright, A., D. Betteridge and M. Buckby (2006), Games for language learning, New York: Cambridge University Press, 1976.

Yaiche, F., *Les simulations globales*, *mode d'emploi*, París: Hachette, udents, Neusprachliche Mitteilungen aus Wissenschaft und Praxis, 1996, 51 (4): 227 – 235.

Yalden, J., *The communicative syllabus: evolution, design and implementation*, New York: Pergamon Press, 1983.

Yalden, J., *The communicative syllabus: evolution, design, and implementation*, Oxford: Prentice Hall Intl, 1987.

Yamamoto, N. Y., "The Oral Method: Harold E. Palmer and the Reformation of ELT in Japan", *In glish Language Teaching Journal*, 1978, 32 (2): 151 – 158.

Yando, R. and J. Kagan, "The Effect of Teacher Tempo on the Child", *Child Development*, 1968, 39: 27 – 34.

Yanguas, I. A., "A Look at Second Language Learners' Task Motivation", *ASJU*, 2007, XLI – 2: 333 – 345.

Yashima, T., L. Zenuk-Nishide and K. Shimizu, "The influence of attitude and affect on willingness to communicate and second language communication", *Language Learning*, 2004, 54: 119 – 152.

Yoos, G. E., *Politics & Rhetoric*, *Coming to Terms with Terms*, New York: Palgrave Macmillan, 2009.

Yu, L. and S. Seepho, "Problem-based Learning Materials Design for a Medical English Course", *Theory and Practice in Language Studies*, 2015, 5

(7): 1346 – 1351.

Zandvoort, R. W., *A Handbook of English Grammar*, Groningen: Wolters, 1945.

Zhang, L. F. and R. J. Sternberg, "A threefold model of intellectual styles", *Educational psychology review*, 2005, 17 (1): 1 – 53.

Zhu, Jiani, *Chinese overseas students and intercultural learning environments*, Vol. 9. London: Palgrave Macmillan, 2016.